統治のデザイン

Constitutional Design of Government

日本の「憲法改正」を考えるために

駒村圭吾・待鳥聡史 編

楠 綾子×富井幸雄／大村華子×吉川智志／松浦淳介×村西良太／竹中治堅×横大道聡／浅羽祐樹×櫻井智章／上川龍之進×片桐直人／砂原庸介×芦田 淳

弘文堂

はじめに――なぜ「統治のデザイン」なのか

現代日本の政治制度、統治機構にはどのような特徴があり、変革するとすればどの点なのか、そしてそれらは憲法とどのような関係にあるのか。本書で問おうとするのは、このような事柄である。

日本国憲法は、第二次世界大戦、とりわけ太平洋戦争に対する痛切な後悔や反省と、20世紀後半の近代国家としての基本的諸価値を踏まえて制定された。それは、戦後日本が行ったひとつの重要なコミットメントだったことは疑いがない。国民の多数はそのコミットメントをおおむね受け入れたが、受け入れがたいと考えた人や、占領下で無理に押しつけられたものだと考えた人もいた。その結果として日本国憲法は、敗戦に至るまでの近代国家としての日本の歩みをどう評価するか、今後の日本がいかなる国家を目指すべきかについて、様々な異なる立場からの批判に晒されることにつながり、それが憲法改正をめぐる議論の焦点になってきたのである。9条をめぐる、ほとんど神学的とも言える論争は、そのような性質を帯びたものであった。

しかし、それはいわば「内なる歴史認識問題」としては重要かもしれないが、憲法とその改正をめぐる議論として、どのくらいの意味があるのだろうか。9条についての対立と論争から日本国憲法を解き放ち、さらには日本国憲法という法典から憲法を解き放つとき、いったい何が見えてくるのだろうか。コミットメントとは離れたところで、憲法が何をもたらし、どこが不足しているのかを考える余地はないのだろうか——。

本書の姉妹篇とも言うべき『「憲法改正」の比較政治学』を企画し、２０１６年に公刊した際に、編者に共有されていたのは、このような問題意識であった。同書は、憲法学・国制史・政治学を専攻する多数の研究者による共同研究として、アメリカ・イギリス・イタリア・韓国・ドイツ・フランスの各国と、明治憲法体制下の日本を対象にしながら、日本国憲法以外の憲法において、改正をめぐりいかなる議論がなされているのか、実際の改正はどの点について、いかにして進められているのかを、実証的に解明することを目指した。このような試みに一定の評価が得られたのは、編者として望外の喜びであった。

そこで明らかになったのは、憲法改正とはもっぱら統治機構の変革を対象としており、その際には憲法典（成文憲法）以外のルールの変更によって行われることも少なくないという事実であった。憲法典をもたないイギリスはもちろん、たとえばアメリカや韓国では裁判所による判例や憲法解釈の変化が統治機構の変革を導いていること、ドイツやフランスのように憲法典の改正を行う場合にもその対象は統治機構の変革が主目的であること、イタリアのように超党派の多数派形成を必ずしも重視しない場合もあることなど、従来の日本での憲法改正論議では注目されてこなかった、多くの知見が得られた。憲法学を専攻する研究者にとっては憲法変遷として理論的には知られた事柄ではあったが、その実相を国際比較によって解明したことは、同書の重要な成果だったと言えるだろう。

　同じ頃、もうひとつの重要な研究成果が現れた。比較政治学を専攻するケネス・盛・マッケルウェイン教授らが行った、憲法典の規律密度と改正のあり方を関連づける研究である（Kenneth Mori McElwain and Christian Winkler, "What's Unique about the Japanese Constitution? A Comparative and Historical Analysis," *Journal of Japanese Studies* 41(2): 249-280 (2015); ケネス・盛・マッケルウェイン「日本国憲法の特異な構造が改憲を必要としてこなかった」中央公論２０１７年5月号）。規律密度とは、法典の文言によって細部にわたる規定がなされている程度を指しており、それが高ければ高いほど改正頻度は多くなる傾向がある。規定が詳細であるために、わずかな変更も憲法典の改正という形をとらざるを得ないからである。

　日本国憲法は条文数も文字数も少なく、規律密度が低い。そのため、規律密度が高い憲法典をもつ国であれば改正によって行わなくてはならない変革を、憲法典の改正をせずに進めることができる。マッケルウェイン教授らの研究から、戦後日本で憲法典の改正がなされなかったのは、改正賛成派（改憲派）と反対派（護憲派）の理念的な綱引きが続いてきたという事情に加えて、そもそも改正の必要が乏しいという理由があったことが示されたのであった。

　これらを総合して考えるならば、戦後日本について、他国であれば憲法改正を通じて実現されても不思議ではないような変革がすでになされている可能性を、十分に見出すことができるだろう。ここで言う変革とは「実質的意味の憲法」の改正である。実質的意味の憲法とは、統治についての基本的なルールの総称であり、憲法典以外の法律や慣行も含まれる。

そして実際にも、1990年代以降の日本で進められた統治機構改革は、実質的意味の憲法改正であった。もっぱら法律の改正によりながら、極めて広範かつ大規模な、統治機構に関する制度変革が進められた。具体的には、1994年の選挙制度改革を皮切りに、行政改革、地方分権改革、司法改革など、いわゆる三権をすべて含む多くの領域が対象となったのである（この点につき詳しくは、待鳥聡史『政治改革再考』〔新潮選書、2020年〕参照）。

憲法改正とは統治についての基本的なルールの変更、すなわち統治機構改革を意味すること、そのあり方を考えるためには憲法典のみならず実質的意味の憲法にまで分析の射程を広げる必要があること、そして戦後日本においてはこのような意味での憲法改正はすでに行われており、他の主要国と比較可能であること。近年の研究が明らかにしてきたことは、おおむね右の各点に要約することができるだろう。

＊　＊　＊

ここまで述べてきたような認識と近年の研究成果を踏まえ、現代日本の政治制度のあり方と課題、およびそれらと憲法が規定する統治機構との関係、そしてそれを踏まえた制度設計《デザイン》のあり方について、憲法学と政治学の協働により明らかにしようとすることが、本書の意図するところである。「統治のデザイン」という書名も、このような意図に由来する。

日本の政治制度は、終戦直後に制定された日本国憲法とその附属法、およびそれらに前後して形成された慣行などによって成り立ってきた。これを仮に「日本国憲法体制」と呼ぶことにしよう。ここで言う憲法体制とは、実質的意味の憲法によって規定される代議制民主主義のあり方を意味する。

代議制民主主義の根幹を形成しているのは、主権者たる国民（有権者）が公共部門の運営と日常的な政策決定を担当する統治エリートをいかに選任するかを定める選挙制度と、複数の機関や人物によって構成される統治エリートの間にいかなる分業関係を形成するかを定める執政制度であり、両者を総称して「基幹的政治制度」と呼ぶことができる。基幹的政治制度には、中央政府と地方政府の間の関係（中央地方関係）や、地方政府内部における代議制民主主義のあり方も含める場合があり、本書はその立場に拠っている。

日本国憲法体制は、先にも述べたように、1990年代以降の諸改革によって大きな変容を経験した。すなわち、戦後日本の代議制民主主義の根幹をなす基幹的政治制度が変革され、実質的意味の憲法の改正がなされたのである。それが具体的にどのような変革だったのかを改めて確認することが、本書の第一の意義だと言えよう。さらに、大規模な変革を行っても、なお変わらないまま残されている領域、変化が不十分なままにとどまっている領域、あるいは意図せざる変化が生じて別の課題が生じている領域なども少なくない。それらを明らかにするとともに、さらなる変革が必要だとすればその方向性を提示することが、本書の第二の意義である。

しかし、政治制度の望ましい変革を構想することができたとしても、それが日本の憲法体制においてどこまで実現可能なのかは、また別の問題である。本書は日本国憲法という憲法典のみを憲法だとみなしておらず、憲法体制を構成するルールを広く捉えてはいるが、だからといって日本国憲法やその附属法があらゆる政治制度を許容すると考えているわけではない。代議制民主主義であることを否定するような制度変革はもちろんだが、統治エリートによる無制限な権力行使を許容しないという近代立憲主義の基本原則に反した制度変革もまた、それが特定の制度の作動をいかに円滑にするとしても、やはり認められないだろう。日本国憲法体制の下でこれまでに蓄積されてきた政治制度の位置づけをめぐる議論との接点は、いかなる制度変革にも必要なのである。本書のもうひとつの意義は、そのような接点を示すことにある。

本書の構成は次のような方針によっている。まず、取り上げるテーマについては、日本国憲法の統治機構に関する順序（ここでは憲法における章の名称を〈 〉で括る）に従い、〈戦争の放棄〉に関連した「安全保障」、〈国会〉に関連した「代表」と「議会」、〈内閣〉に関連した「内閣」、〈司法〉に関連した「司法」、〈財政〉に関連した「財政」、〈地方自治〉に関連した「地方自治」という七つとした。各章は共通して、次のような順序で構成されている。まず冒頭の**概観**で、近年の制度変革がどのようになされてきたのかを示す。次のⒾ**分析と論点**で、政治学を専攻する執筆者が、憲法の規定をあえて必ずしも考慮することなく、実態と課題について論じる。これがいわば問題提起である。続くⅡ**応答と展望**で、政治学側からの問題提起を受けるかたちで、憲法学を専攻する執筆者が現状や制度変革の方向性について憲法上の位置づけや課題を応答的に議論する。

概観を除く各論文での議論について、簡単にではあるが紹介しておこう。

第1章「安全保障」では、政治学（楠綾子）により、1950年代から今日までの諸立法や外国との協定・合意などがすでに大きな変化を生み出していること、残された課題はむしろ行政府の安全保障上の措置に対する立法府や司法府による統制であること、今日の武力行使は日本の中央政府の判断のみならず同盟国や地方政府の影響も受けることなどが指摘される。それに対して憲法学（富井幸雄）は、憲法が安全保障の基本法としての性格をもつこと、安全保障は憲法秩序や価値を擁護するための手段であることを指摘し、そのために必要な法体系が構築されてきたことを明らかにしつつ、非軍事面での緊急事態や安全保障も視野に入れるべきことを論じる。

第2章「代表」においては、政治学（大村華子）が、従来の憲法と選挙との接点が「一票の格差」という平等性の問題に限定されすぎていたことを指摘し、委任と応答のメカニズムから民主主義における代表を考える政治学の視点からは、平等よりもむしろ代表性を確保するための選挙制度のあり方を考えるべきだとの論点が提起される。憲法学（吉川智志）は、憲法が選挙制度について規律する程度は意外に小さいが、それでもなお望ましい選挙制度を描き出すことは可能であり、そこでは投票価値の平等を実現することのみならず、選挙制度を誰がどのように設計するかについての原則も導かれうると論じる。

第3章「議会」について、政治学（松浦淳介）は、主に二院制の問題に焦点をあわせて、予算関連法案における両院の対等性には変革の余地があること、しかし全体的に国会改革案が基本的な制度構造と実態を踏まえているとは言いがたいことを指摘する。憲法学（村西良太）は、国会が立法権のみを担っているわけではなく、議院内閣制の下で内閣の選任と存続を担うという大きな役割があること、その役割をどのように果たすのかについては選挙制度と密接に関係することを論じる。憲法は「代表」と「議会」を同じ章に収めているが、本書第2章と第3章の議論もまた密接に関連していることが注目される。

第4章「内閣」に関して、政治学（竹中治堅）が指摘するのは、1990年代の内閣機能強化を中心とした諸改革がもたらした影響の大きさと、その一方で残存する権力分立的な議院内閣制理解の根強さである。選挙制度改革とあわせた政治権力の集権化が、それに見合うはずの権力融合的な議院内閣制理解とつながっていないというのである。これに対して憲法学（横大道聡）からは、内閣機能強化などによる変化を受け入れつつも、なお内閣から自律的な国会や官僚制の活動範囲が残され得るのではないかという応答がなされるとともに、憲法学における権力分立論の多様性と可能性についての理論的な検討も示される。

第5章「司法」においては、政治学（浅羽祐樹）により、司法部門のあり方は「統治のデザイン」にとって重要な意味をもつことが指摘され、その上で広くは認識されていないが重要なテーマとして、最高裁判事の任用、最高裁判事の個別意見、政権交代と司法部門の関係、最高裁の違憲審査が挙げられる。憲法学（櫻井智章）は、最高裁が違憲審査をはじめとして部門間関係に関与することについて、最高裁の多忙さ、その役割がもつ曖昧さ、さらに最上級審としての自己規定の結果として消極的とならざるを得なかったことを指摘し、それらについての制度改革がなされない限り変化は難しいと論じる。

第6章は「財政」を扱う。政治学（上川龍之進）は、近年の予算編成が首相中心に集権化されているという理解を出発点に、憲法レヴェルの財政健全化条項や独立財政機関設置の効果について、有権者を含む主要政治アクターの意思を欠いたままでは効果が乏しいと論じる。憲法学（片桐直人）は、第4章で示されたように国会と内閣が権力分立的ではないにもかかわらず、財政をめぐる従来の憲法や財政法の議論が、両者の抑制と均衡に依拠した予算編成や財政のあり方を想定していたこと、それを転換して予算編成における利害調整を財政法に基づいて規律するという発想が必要であることを主張する。

第7章「地方自治」では、政治学（砂原庸介）が、同じように憲法に定められていても、単一の章で基幹的政治制度をすべて包括するという点で、〈地方自治〉の章が統治機構を定めるほかの章とはやや異なった位置づけにあること、しかし規律密度はやはり低いことを指摘する。その上で、中央地方関係と地方政治制度という二つの側面から、国際比較も交えつつ変革の可能性を探る。憲法学（芦田淳）は、砂原の提起する自主財政権や直接民主主義、地方選挙制度などの具体的課題を丹念に取り上げて、現在の条文との関係に加えて、追求されるべき憲法的価値は何か、そこから導かれる制度のあり方はどのようなものかを論じている。

本書を手にした方が、ここに紹介した各章の議論から、統治機構のあり方に考えをめぐらすとともに、憲法の論じ方についても何かを感じ取っていただければ、編者としてこれ以上嬉しいことはない。

2020年5月

編者を代表して

待鳥 聡史

CONTENTS

第1章

安全保障

概観

1　制度

アジア・太平洋戦争後の日本の安全保障政策は、憲法9条の下で米国との安全保障協力を維持・拡大し、自衛のための実力組織である自衛隊を整備することを基本方針として展開されてきた。異なる国際環境の下で生まれ、軍縮と安全保障という本質的に相容れない二つの規範を共存させるこの政策は、しばしば「9条＝安保体制」と言われる（酒井 1991）。憲法は安全保障政策に対して規範的な拘束性をもつものとして理解される一方で、統治の一形態たる実力組織による武力の行使については何も規定していない。そのため、国内法と日米間の条約および協定・合意の集合体が自衛隊の統制と自衛隊および同盟の運用を支えてきた。

まず自衛隊については、防衛省設置法・自衛隊法が組織の存立の根拠と運用の原則を示している。自衛隊は、「我が国の平和と独立を守り、国の安全を保つため、我が国を防衛することを主たる任務とし、必要に応じ、公共の秩序の維持に当たる」（自衛隊法3条1項）とされ、内閣総理大臣の最高指揮監督権の下で防衛出動（76条）、治安出動（78条）、海上警備行動（82条）、弾道ミサイル破壊措置（82条の3）、災害派遣（83条）、後方支援活動（84条の5）、合衆国軍隊に対する物品または役務の提供（100条6）等に従事し、任務の遂行にあたって武器の保有と使用、または武力の行使が認められる（87〜95条）。自衛隊の行動については武力攻撃事態法などで、また自衛隊の海外派遣は国際平和協力法や国際緊急援助隊法、国際平和支援法、重要影響事態安全確保法などによって手続きや自衛隊の権限が規定されている。これらの法律においては、自衛隊の活動に国会の事前または事後の承認を要すること、すなわち国会が自衛隊を統制することが明記されている。また非核三原則は、法的拘束力はないものの、日本の保有する「自衛力」の枠組みを設定する。

日米同盟の中心は日米安全保障条約である（1951年9月調印、1960年改定）。この条約は基地提供と共同防衛の原則を示したものであるから、それぞれについて政府間の協定や合意が存在する。基地の使用・運用については、安保条約6条の実施に関する交換公文や日米地位協定、共同防衛については、自衛隊と在日米軍の共同行動の概要を定めた「日米防衛協力のための指針（ガイドライン）」（1978年合意、1997年、2015年に改定）が中心的な取り決めとして挙げられよう。これらの取り決めに加えて、日米間には秘密軍事情報の保護や技術供与、兵器のライセンス生産などにかかわる協定が取り決められている。さらに、政府間の様々なレヴェルの協議枠組みや首脳会談における合意なども日米同盟を方向づける。日米安保条約を中心に各種協定や公式、非公式の政府間合意の総体が、日米同盟の日常的運用を支えているのである。

2 制度変革の試み

「9条＝安保体制」の内実が変化しはじめたのは冷戦終結後である。湾岸危機・戦争（1990～1991年）の「敗北」経験を契機として、日本政府は国際緊急援助や国連平和維持活動（ＰＫＯ）への参加を目的に自衛隊を海外に派遣する制度を構築した。また1995年の阪神・淡路大震災をきっかけに自衛隊法施行令や災害対策基本法が改正され、都道府県知事の自衛隊への災害派遣要請の手続きが簡略化されるとともに、市町村長が知事に対して派遣要請をするよう求めることができるようになった。防災業務計画の修正によって、自衛隊の自主派遣の基準も明確化された（防衛庁防衛局運用課 1996）。非軍事目的で国内外の各地で積極的に行動する自衛隊の姿が定着するのが1990年代以降であった。他方で、1980年代に入る頃から、日米の安全保障協力は従来の在日米軍基地の運用に加えて自衛隊と在日米軍との協力にも拡大していた。そして直接的には、北朝鮮の核・ミサイル開発と中国の大国化が地域の不安定要因として顕在化したことを背景に、日米両国は1990年代半ば以降、日米同盟を地域の平和と安定のための装置として維持することを確認した(「日米安保再定義」)。ガイドラインの改定とこれに対応する武力攻撃事態法など有事法制の整備によって、日米の安全保障協力は深化した（春原 2007：佐道 2015)。

グローバルな安全保障問題への対応をめぐって、「9条」と「安保」の関係が問われるようになったのが2000年代以降である。小泉純一郎内閣は、米国を中心とする対テロ戦争に協力するためにテロ対策特別措置法（2001年)、イラク特措法（2003年）を成立させ、自衛隊は「自衛」も「周辺事態」も大きく超えてインド洋での給油活動やイラク戦争後のイラクの復興支援に従事した。またこの時期、ブッシュ政権が進めた米軍再編にともなって、日米間では在日米軍の利用する施設や区域の機能や役割、米軍と自衛隊との相互運用性などが再検討され、戦略目標の共有が進んだ。2003年秋から2年以上に及ぶ日米当局者間の協議を通じて、日米の安全保障上の協力関係はさらに緊密化し、グローバルな安全保障を支える同盟という性格が強まった（久江 2002; 2005)。

日米同盟の深化と拡大のプロセスで最後に残された問題が、集団的自衛権を有してはいるが憲法上行使できないという日本政府の立場であった。また、PKOは2000年代以降、軍事的強制措置をともなう「平和強制」を視野に入れるようになっており、国際平和協力法（1998年、2001年の二度改正）との乖離は大きかった（藤重 2016)。同盟に一層の実効性を与えるとともにグローバルな安全保障環境の変化に対応するために、2012年12月に発足した第2次安倍晋三内閣は安全保障政策の基盤となる制度の検討に着手した。2014年7月1日、安倍内閣は集団的自衛権の限定的行使の容認を閣議決定し、翌年9月には自衛隊法や国際平和協力法、重要影響事態安全確保法（周辺事態安全確保法の名称を変更）、事態対処法など10本の法律の改正からなる平和安全整備法と国際平和支援法が「平和安全法制」として成立した（2016年3月29日施行）。これに先立つ2013年12月から翌年1月にかけて、「我が国の安全保障に関する重要事項を審議する機関」（国家安全保障会議設置法1条）として国家安全保障会議が、その事務局として内閣官房に国家安全保障局が設置されるとともに国家安全保障担当総理補佐官が常設され、国家安全保障に関する内閣官邸の司令塔機能が強化された（千々和 2015: 205-234）。

（楠　綾子）

参考文献

酒井哲哉 1991「『9条＝安保体制』の終焉—戦後日本外交と政党政治」国際問題372号．

佐道明広 2015『自衛隊史論—政・官・軍・民の60年』吉川弘文館．

春原　剛 2007『同盟変貌—日米一体化の光と影』日本経済新聞出版社．

千々和泰明 2015『変わりゆく内閣安全保障機構—日本版NSC成立への道』原書房．

久江雅彦 2002『9・11と日本外交』講談社現代新書．

——— 2005『米軍再編—日米「秘密交渉」で何があったか』講談社現代新書．

藤重博美 2016「国連平和維持活動の潮流と日本の政策—5つの政策課題における『PKOギャップ』に注目して」国際安全保障43巻4号．

防衛庁防衛局運用課 1996「阪神・淡路大震災の教訓を踏まえた自衛隊の災害派遣に係る各種の措置について」消防防災の科学47号 <https://www.isad.or.jp/pdf/information_provision/information_provision/no47/43p.pdf>（2020年1月6日最終アクセス）．

Ⅰ 分析と論点

「事態」主義の効用と限界

楠　綾子

あらゆる統治は強制力をともなう。国家のもつ最大の強制力は軍事力であり、それは憲法秩序、あるいは立憲的価値を守るための最終手段として行使されることになる。国家における最大の実力組織を統治システムの中にどのように位置づけるかが憲法上の重要な課題であることは言うまでもない。一方で、国家による武力の行使は国際の平和と安全に対する重大な挑戦を構成するから、その統制は国際政治における最も大きな課題でもある。国内の統治システムのみならず、国際システムを視野に入れて統治のデザインを考えなければならない点に、安全保障の特徴があると言えよう。より具体的に言えば、国内の法制度に加えて国際法や条約、これに付随する各種の協定や合意、慣行が軍事力の行使の輪郭を決めるのである。

本稿では、日本の安全保障政策の中心的手段である自衛隊と日米安保条約を基礎とする米国との安全保障協力が、「統治」の問題としてどのようにとらえられてきたのか、統治システムの中でどのようにデザインを描くことが可能なのかを考える。まず、自民党政権の積年の目標である憲法9条の改正に焦点を当て、自衛権や「国防軍」の明記がもつ意味を検討する（**1**）。次に、行政府による武力の行使を誰が、いかに統制するかを考える。自由民主主義的な統治システムの根幹を支える文民統制（シビリアン・コントロール）のあり方に加えて、民主主義的な手続きで選ばれた政権による「暴力」の行使にいかに統制を加えるか。司法の役割、立法のもつ統制機能とその限界、国際法と日米安保条約を中心とする日米同盟の条約体系、地方自治による制約が検討の対象となる（**2**・**3**）。第三に、軍法会議について考える（**4**）。自衛隊の海外での活動範囲が拡大するにつれて、その制度的不備が外交問題を引き起こすおそれが生じており、実は緊急性が高い問題である。最後に、戦争放棄を定めた憲法と主権国家体制の現実との乖離を、武力の保有と行使に対する厳格な法的制約と日米同盟によって埋めてきた日本の行動が、技術革新や国際秩序の変容の著しい今日、いかなる意味をもつのかを考察する（**5**）。

1　自衛権の明文化

冷戦終結後、段階的に進んだ制度改革によって、海外における自衛隊の活動や地域的およびグローバルな安全保障を目的とする在日米軍と自衛隊との協力の範囲は、法的には大きく拡大した。

しかし、憲法9条の改正は依然として安倍晋三内閣の最重要課題に設定されているようである。自衛権を明記し、憲法上の地位が明確ではない自衛隊を統治機構の一環に位置づけることが、改正の最大の目的になっている。

２０１２年4月に決定された自民党の憲法改正草案は、9条2項を「前項の規定は、自衛権の発動を妨げるものではない」と修正するとともに、9条の2に「我が国の平和と独立並びに国及び国民の安全を確保するため、内閣総理大臣を最高指揮官とする国防軍を保持する」との条項を設けた（自由民主党 2012: 4）。ところが２０１７年5月、安倍首相が9条を維持しつつ9条の2で自衛隊を明記する案を提示したことから、憲法改正推進本部はこの方向で取りまとめる方針を決定した（２０１８年3月）。自民党が２０１８年に発表した「憲法改正に関する議論の状況について」によれば、「前条〔9条〕の規定は、我が国の平和と独立を守り、国及び国民の安全を保つために必要な自衛の措置をとることを妨げず、そのための実力組織として、法律の定めるところにより、内閣の首長たる内閣総理大臣を最高の指揮監督者とする自衛隊を保持する」といった条項を追加すべきという意見が大勢を占めているようである。ただ、「自衛隊」と「戦力」、「交戦権」の不保持との関係が不明確なまま残されることから、9条2項を削除すべきとの議論も根強い（自由民主党 2018: 2-3）。

侵略戦争の禁止という、第一次世界大戦後に確立された国際規範を内在化することについては、自民党内で広く合意されているようである。問題は、国連憲章で加盟国に認められた自衛権および自衛のための軍事力を憲法上どのようなかたちで表現するかであろう。ただ、自民党内で議論されているいずれの方法をとるにせよ、9条の改正は実力組織の運用という統治行為の実質にはほとんど影響を与えず、国内政治上象徴的な意味しかもたないように思われる。

独立直後の1950年代は、憲法改正が内外の再軍備の要請と連動してもっとも現実味をもった時代であった。自衛に必要な軍備を建設するためにはまず憲法を改正して法的基盤を整備しなければならないという観点であり、それは、日本が真の独立を回復するためにはGHQに押しつけられた憲法を破棄して「自主憲法」を制定しなければならないという主権感覚と結びついていた（池田 2011）。1955年11月、自民党結党時には、「現行憲法の自主的改正をはかり、また占領諸法制を再検討し、国情に即してこれが改廃を行う」「国力と国情に相応した自衛軍備を整え、駐留外国軍隊の撤退に備える」ことが、「独立体制の整備」の要諦であると理解された（自由民主党 1955）。

実際には、自衛力の建設は憲法改正のないままなし崩しに進み、1954年6月には防衛庁・自衛隊が発足した。非武装中立を訴える社会党、特に左派が顕著に勢力を伸ばしていた時期であり、世論は必ずしも改憲・再軍備を歓迎していないとみられたことに加えて、厳しい財政事情が軍備建設の規模とスピードを厳しく制約したためであると考えられる。その間、憲法9条は自衛権やそれを行使するための必要最小限度の自衛力の保有を否定したものではない、自衛のために必要相当な限度の実力部隊は「戦力」にはあたらない、との政府見解が固まっていった。他方で、憲法9条の下において許容されている自衛権は国連憲章51条の規定する個別的自衛権に限定され、同じく同条が言及する集団的自衛権の行使は憲法上許されないとする解釈が登場するのも１９５０年代半ばであり、それは１９８０年代初頭に至って政府解釈として明確化されることになる。国連の集団安全保障についても、その軍事的措置については個別的自衛権の範囲を超えるものであるから日本は参加できないという見解が示された（中村 1996；井上 2005）。

芦田均は、憲法９条の下で自衛権の行使とそのための軍事力の保有は容認されるのであり、また１９５１年９月に調印された対日講和条約第５条と日米安保条約前文によって、個別的自衛権はもとより集団的自衛権の行使も国連の集団安全保障措置への参加も可能となると考えていた（楠 2016）。日本政府がこうした解釈に立って安全保障政策を組み立てるという選択はあり得たかもしれない。しかし、１９５０年代の日本政府は芦田のような解釈は採用せず、日本が憲法上容認されているのは自衛のための必要最小限の実力の保有と行使であるという説明で自衛隊を正当化したのだった。日米安保条約の改定にあたっては、この憲法解釈に適合するように日米間の相互防衛関係が設計され、共同防衛に際しての日本の行動は個別的自衛権の行使として説明されることになった（坂元 2000）。１９８０年代に入る頃から顕著になった日米間の安全保障協力の深化と拡大は憲法の規範的な拘束性を空洞化させるものであったが、日本政府は個別的自衛権の範囲を拡張することによって憲法規範との調整を図った（酒井 1991）。

そして１９９０年代初頭、湾岸危機・戦争後に「国際貢献」のあり方が議論になったときも、２０１０年代に安倍政権下で集団的自衛権の行使の容認が議論になったときも、自衛隊の行動と憲法との関係は「必要最小限」論の延長線上で正当化された。この間、中国の軍事大国化と海洋進出、北朝鮮の核・ミサイル開発は、米軍と自衛隊との協力関係をさらに強化する必要を示す明白な根拠となった。また、国際テロリズムや大量破壊兵器の拡散などグローバルな安全保障問題は、国際社会全体の協力を必要とする分野であり、個別的自衛権の範疇の拡大で対応するには限界がある。それでも、日本政府は「極東」を超える在日米軍の活動地域は日本の安全保障に密接にかかわる地域として説明し、あるいは「武力行使との一体化」や「戦闘地域」「非戦闘地域」といった独自の概念を案出し精緻化して、従来の憲法解釈との整合性を図った（平和安全法制においては、「非戦闘地域」に代わって「他国が『現に戦闘行為を行っている現場』ではない場所」が自衛隊の活動できる範囲として定義された）。すなわち、「我が国が行う他国の軍隊に対する補給、輸送等、それ自体は直接武力の行使を行う活動ではないが、他の者の行う武力の行使への関与の密接性等から、我が国も武力の行使をしたとの法的評価を受ける場合があり得るというものであり、そのような武力の行使と評価される活動を我が国が行うことは、憲法第9条により許されない」（内閣官房・内閣法制局 2015）という考え方によって、自衛隊の行動範囲は拡大されることになったのである（千々和 2019: 7-10）。

こうして憲法9条の下で自衛隊の運用に関する法制度の整備が進み、日米安全保障条約を中心とする政府間の諸協定や公式・非公式の合意、実務レベルの慣行等が積み上げられたことによって、日本の行動範囲は、講和・独立時に比較すれば米国との安全保障協力についても国際平和協力についても格段に大きくなっている。特に日米間では、日米安保条約が想定している範囲をはるかに超える共同行動が実現し、安保条約を改定したのに等しい効果が生じていると言っても過言ではない。日米同盟を破棄するという選択をとらない限り、自衛権や「国防軍」を憲法に明記することによって日本の行動が大きく変わることはないであろう。むしろ9条の規範的役割を考えたとき、改正は対外的には「平和国家日本」のイメージ――ある種のソフトパワーになっている――を損なう可能性を認識すべきであろうし、タイミングによっては軍拡の意思として受け取られる可能性もある。軍縮という究極の目標を掲げておくことの利点は考慮されねばならない。

2　行政府の武力行使に対する統制

国家安全保障の究極の目的は憲法秩序、あるいは立憲的価値を守ることである。その手段としての軍事力は、対外的には領土・領海・領空を防衛する役割を果たす一方で、対内的にも警察力とともに秩序維持を担うことになる。それは同時に統治の安定を脅かす実力組織となるから、近代の自由民主主義的な統治システムの確立の歴史は文民統制（シビリアン・コントロール）の確立過程でもあった。日本においては、現状では「内閣総理大臣その他の国務大臣は、文民でなければならない」と規定する憲法66条および「内閣総理大臣は、内閣を代表して自衛隊の最高の指揮監督権を有する」とする自衛隊法7条によって、文民の軍に対する優越が確保されていると考えられる。戦略策定や各種事態への対処のための機能の強化がねらいとされる国家安全保障会議と国家安全保障局についても、文民統制を確保するために慎重に審議するような制度設計が維持されている（千々和 2015）。憲法9条を改正して自衛権の存在を明確化し、自衛隊を統治機構に位置づける場合、内閣総理大臣に自衛隊の最高指揮監督権が存することを憲法にも明記し、規範として確立することが検討される必要があろう。

これに加えて、民主主義的な手続きで選ばれた政権による「暴力」の行使にいかに統制を加えるか、言い換えれば、国民の意思に基づかない武力の行使をいかに防ぐか。自衛隊の行動範囲が拡大し「武器の使用」、さらには「武力の行使」の理論的可能性が高まると、この点がより具体的な統治の問題として浮上する。行政府に対する司法や立法府の統制機能が制度設計されなければならない。

司法の統制機能は、行政府の安全保障上の措置に対する違憲審査によって担保されることになる。自衛隊の集団的自衛権の行使としての防衛出動や重要影響事態における後方支援活動などの差し止め、憲法の保障する平和的生存権や人格権などの侵害に対する賠償を求めて提訴された平和安全法制の違憲訴訟は、２０１５年9月の法案成立以降、全国22地域で合計25に上る（２０１９年12月現在。安保法制違憲訴訟の会ウェブサイトより）。現時点では、差し止め請求も平和的生存権や人格権の侵害の存在も認められていないし、１９５９年12月の砂川判決（最高裁昭和34年12月16日大法廷判決（刑集13巻13号３２２５頁））以来、司法は日米安保条約に基づく日米の安全保障協力については統治行為として判断を避けるようになったから、今後も最高裁で違憲判決が出される可能性は低いと思われる。ただ、理論的には司法が平和安全法制やこれに基づく自衛隊の出動を違憲と判断する可能性はあるし、その場合は政府による自衛隊の運用は大きく制約されることになる。

国会のもつ統制機能は、まず安全保障関係の法律と予算が国会の議決によって成立することに求められる。しかしながら、行政権の行使として政府が武力行使を決定したとき国会はどのように関与できるだろうか。トンキン湾事件（1964年8月）をきっかけに、当時の米リンドン・ジョンソン政権は、東南アジアにおいて大統領が「米軍に対するいかなる武力攻撃をも撃退し、かつ新たな侵略を防止するために必要なあらゆる手段」をとる権限を議会から取りつけた（「トンキン湾決議」）。これが1965年以降、米軍による本格的な北爆と地上軍の派遣に根拠を与えた事実はよく知られている。近年でも、英トニー・ブレア政権によるイラク侵攻の正当化と英国の参戦は、同政権の下で政府中枢への集権化が著しく進んでいたこと、イラクが保有するとされた大量破壊兵器の脅威が過度に強調されるなど情報操作の疑いがあることが指摘されている（細谷 2009：高安 2018）。首相官邸に情報が集約し、政策立案・決定機能が集中する傾向にある今日、官邸の武力行使の決定に対してチェック機能をいかに有効に働かせるかを考えなければならない。

平和安全法制によって自衛隊による武力行使の蓋然性が増していることも、チェック機能の必要をより現実的な課題にしている。自衛隊には新たに以下のような任務が追加された。第一に、邦人保護や平時からの米軍への物品役務の提供やアセット防護などの協力である。第二に、「重要影響事態」に際して、米軍および他の軍隊への支援、弾薬の提供、戦闘作戦行動のために発進準備中にある他国軍の航空機に対する給油・整備などである。第三に、「存立危機事態」においては、日本に対する武力攻撃の前に自衛隊による米軍の艦船・航空機の護衛、敷設機雷の除去、不審船舶への強制立ち入りなどが可能となった。第四に、国際平和協力については、「他国が現に戦闘行為を行っている現場ではない場所」での活動が可能とされ、「駆け付け警護」のように自己保存のみならず任務遂行のための武器使用も容認されるようになった。また治安部門改革や復興支援、そのための人材教育など任務も拡大されるとともに、国連の統括しない「国際連携平和安全活動」への参加も可能となった。第五に、アフガニスタン戦争やイラク戦争のような事態を想定した「国際平和共同対処事態」においては、自衛隊は後方支援を行う（国家安全保障局「平和安全法制等の整備について」；千々和 2019）。

こうした自衛隊の活動の一部は、自衛隊法および各種事態における手続きや行動を規定した法律において国会の承認が必要とされ、自衛隊が国会の統制に服することが規定されている。武力の行使に加えて、公権力によって国民の権利を制限し義務を課す可能性もあり、特に慎重を期する必要から、国権の最高機関である国会の承認が要請されると考えられている（富井 2009: 67）。武力攻撃事態や存立危機事態、治安出動については事後の国会承認が、重要影響事態に際しての後方支援活動、捜索救助活動、船舶検査活動などは原則として事前の（緊急時には事後の）国会承認がそれぞれ必要である。これに対して、ＰＫＯおよび国際連携平和安全活動、国際平和共同対処事態に際しての後方支援活動については、国会の事前承認がなければ自衛隊は参加することはできない。日本の安全に対する直接的な脅威の度合いが低い場合の自衛隊の海外活動については、より高いハードルが設定されているのである。時々刻々と変化する情勢に柔軟に対応し、迅速に行動する必要があるという要請と国会による行政の監視、統制機能を両立させることが意図されていると考えられる。

さらに日本政府による武力行使の決定は、様々な「事態」を想定して自衛隊の出動の要件を法律に規定し、最高指揮官である内閣総理大臣の裁量に枠を設定している。なかでも集団的自衛権については、必要性および均衡性という国際法上の制約に加えて、第一に「我が国と密接な関係にある他国に対する武力攻撃が発生」した場合、第二に「これにより我が国の存立が脅かされ、国民の生命、自由及び幸福追求の権利が根底から覆される明白な危険がある」場合に行使できると規定されている。いずれも国際法上は存在しない厳格な要件である。援助要請の要件については明記されていないものの、自衛隊法88条2項により、武力攻撃を受けた国の要請または同意があることが当然の前提となるとみられる（森 2016）。そして、「事態」とそれへの対応に関する総理の判断に正当性が存在するか否かを国会が判断するという手続きをとることによって、行政府による武力行使は二重の制約を受けている。

憲法9条を改正する場合は、あわせて自衛隊が国会の統制に服するという原則を規範化することが考えられるであろう。自民党の憲法改正草案でも、9条の2に「国防軍は、……法律の定めるところにより、国会の承認その他の統制に服する」といった規定を設けることが想定されているようである（自由民主党 2012: 4）。

しかし、立法府と行政府との間で武力行使の権限の線引きをするのは容易ではない。米国の場合、ベトナム戦争への反省から、議会は1973年11月に戦争権限法を可決した。これによって、大統領は海外派兵を行う場合には可能な限り事前に議会と協議すること、これができない場合でも48時間以内に派兵の事実を議会に報告し、60日以内に議会の承認を得ることが必要になった。ただ、その後の歴代大統領は、大統領の戦争権限に対する議会からの制約を事実上否定し、条約の履行義務や人道的要請、国連決議などを根拠として議会の承認なしに海外に派兵してきた。戦争権限法をめぐって、議会と大統領との間の綱引きは今日に至るまで続いている。他方で、議会が戦争権限法の厳密な解釈や判断を回避し、米国の戦争遂行能力に足枷をかけて米国の安全保障上の利益や信頼性を損なわないような配慮が働いている（渡部 2017）ことは理解されるべきであろう。英国においては、イラク戦争後に議会の武力行使への関与が議論になったものの、議会が討議する機会を与えられる慣習が確認されるにとどまり、法律での規定には至っていない（太田 2018）。

そして、政府の武力行使に対する国会の関与が制度的に保障されていることは、それが実際に機能することを保障するものではない。第一に、安全保障分野の専門化が進んだ今日にあって行政府と立法府の間には著しい情報の非対称性が存在するから、立法府が行政府の判断を評価することは容易ではない。国政調査権に加えて内閣から国会への安全保障に関する情報提供の制度や慣行を確立するとともに、機密情報を扱う討議を秘密会にするなど国会承認の手続きが形骸化しないような工夫が同時に検討される必要があろう。

第二に、米国のような大統領制とは異なり、議院内閣制において国会が内閣に対する統制機能を有効にもち得るかどうかを考慮しなくてはならない。また日本の場合、2007年から2012年までの5年間（一時期を除く）のように衆参で多数を占める政党が異なるねじれ国会（分裂議会）状態になれば、国会の承認手続きに時間を要することが予想されるし、政府は自衛隊の派遣をともなう安全保障政策の決定を控えるかもしれない。2007年参議院選挙の大敗と第1次安倍晋三内閣の突然の退陣によってテロ特措法が失効し、これに代わる新テロ特措法が衆議院の3分の2の多数をもって翌年1月に成立したが、その間およそ3カ月、インド洋での給油活動が中断したことはひとつの参照事例になる。逆に2012年以降の日本政治のように自民党の一強状態が続くと、国会は実質的には協賛機関になりかねず、チェック機能は損なわれるであろう。総理総裁がもつ強大な制度的権力は小泉純一郎首相によって実証されたところである。行政府と立法府との間にいかなる関係が構築されているかが、政府の武力行使に対する国会の統制機能を左右するのである。

それでも、政府の武力行使に対する国会承認に意味がないわけではない。国会における討議を通じて政府は国民に説明責任を果たすことが求められる。また、国会での政府の答弁は法律や条約・協定の解釈の枠組みとなり、それらの運用やその後の立法の基礎を形成する。安全保障に関する政策決定の透明性と法制度の一貫性を確保する場として、国会承認は機能すると期待される。

3 同盟が制約するもの、同盟を制約するもの

行政府による武力行使は、以上の立法、司法による統制に加えて国際法や条約、地方自治から制約を受けると考えられる。

国連加盟国である日本は、武力による威嚇または武力の行使を原則として禁止した国連憲章を遵守する義務がある。加えて核不拡散条約など軍縮・軍備管理に関連する条約や国際人道法は、日本政府が保有し使用できる武力の範囲を決めることになる。すべての国家をすべからく拘束する現代国際社会の制度と規範の体系に日本も組み込まれている。こうした一般的な国際法・条約以上に日本政府の対外行動の決定に影響するのは、日米同盟である。

日米同盟がグローバルな安全保障を支える同盟という性格を強め、両国間の安全保障協力が拡大・深化していることによって、在日米軍基地はもとより自衛隊も米国のアジア太平洋、あるいはインド太平洋戦略の不可欠の一部を構成しつつある。もとより同盟はすべての締約国の主権を制約する。しかし、日本と米国との間に厳然たる軍事力の格差が存在する以上、日本がより強く拘束を受けることは避けがたい。同盟国としての日本の役割の拡大は、日本の発言力を強める方

向に作用するものの、武力行使を含めて同盟の運用に関する日本政府の意思決定が、米国政府の意思から完全に独立して行われることは困難であろう。米国は、いわゆる「瓶の蓋」として、日本の単独の武力行使を統制するべく影響力を行使することができるし、逆に日本の「見捨てられる恐怖」を逆手にとって、米軍へのさらなる協力や米軍との共同行動を決定するよう促すこともできる。ドナルド・トランプ大統領がしばしば口にする同盟のコスト負担の分担に関する不満も、共同行動への圧力となるかもしれない。この意味において主権は溶融しているのであり、統治権の行使として武力行使を決定するという国家像は、日本に関する限りは相当に空洞化しているように思われる。

在日米軍の使用する施設・区域の維持と運用への協力は日本政府の責任において実施されるが、これにともなう様々な負担は、当該施設・区域の所在する地域が多くを負う。特に米軍専用施設の基地面積割合が全国の7割を占める沖縄県の負担は大きい。普天間基地の移設先をめぐって国と県が鋭く対立し、県による辺野古埋め立ての承認取り消しと国による取り消し撤回の指示の是非を裁判で争う事態となった（2015〜2016年）——普天間基地の返還はいまだに実現していない——ことは、基地の運用という形態をとる政府の外交・安全保障政策に地方公共団体が制約を加えられる可能性を示している。

「住民に身近な行政は、できる限り地方公共団体が担い、その自主性を発揮するとともに、地域住民が地方行政に参画し、共同していくことを目指す」という地方分権改革の趣旨（第24次地方制度調査会 1994）に基づけば、在日米軍の使用する施設・区域の利用や拡大（新たな土地収用）、装備における重要な変更、日本領域外への出撃に、地方公共団体が異議を申し立てる、あるいは拒否することはできるだろうか。全国知事会は2018年7月、米軍基地が「防衛に関する事項であることは十分認識しつつも、各自治体住民の生活に直結する重要な問題であることから、何よりも国民の理解が必要」であるとして、以下の点を提言している。①米軍機による低空飛行訓練については、訓練ルートや訓練が行われる時期について速やかに事前に情報を提供すること、②日米地位協定の抜本的見直し、③米軍人等による事件・事故に対する具体的かつ実効的な防止策の提示と継続的な取り組み、飛行場周辺の航空機騒音規制の検証、④基地の整理・縮小、返還の促進などである（全国知事会 2018）。知事会の提言が法的効力をもつわけではない。また司法は、外交・国防政策については地方公共団体の所管事項ではなく、「国と地方の役割分担の原則」に基づき、「国の説明が具体的な点で不合理が認められない」限り、国の判断を尊重すべきとの判断に立っているようである（福岡高裁那覇支部平成28年9月16日判決）。ただ、地方公共団体の主張を無視して米軍基地を運用すれば、日本政府のみならず米軍にとってもその政治的コストは大きく、結果的に基地の円滑な運用が妨げられることになる。在日米軍の使用する施設・区域の維持や運用をめぐる協議の場に地方公共団体を参加させ、三者合意を形成する制度設計を考えてもよいのではないだろうか。

4 軍法会議

平和安全法制によって自衛隊の活動がもっとも大きく変化したのは国際平和協力分野である。1990年代以降、日本が実績を積み重ねてきた分野である一方で、PKOの国際的潮流と国内法との乖離が顕著になり、自衛隊の活動が次第に難しくなっていたのが実態であった。国際平和協力法が改正された結果、自衛隊は安全確保業務や駆け付け警護、統治組織の設立・再建援助、司令部業務などが追加され、業務内容が拡充されている。これらの業務にかかわる多国間の訓練への参加も可能となった（山本 2019）。こうして自衛隊の活動の範囲と機会が増加するのにともなって、自衛隊員の関与する事件や航空機墜落などの事故、武器の使用、その際の民間人に対する誤射・誤爆などの可能性も高まることになる。その他の諸「事態」への対処にあたっても、事件・事故の発生は常に想定されなければならない。

ところが現在、自衛隊には軍（刑）法や軍法会議に相当するものが存在せず、自衛隊員の違法行為は刑事訴訟法による司法手続きによって処理されることになっている。国内法上は行政機関であるが国際法的には軍隊として扱われるにもかかわらず、それに対応した法的態勢が整えられているとは言いがたい。困難な状況下で規律を維持し、緊急事態に有効に対処するためには、作戦行動にともなって違法行為が生じた場合に遅滞なく迅速に処理し、軍事組織としての統一性を維持する必要があり（奥平 2011）、この観点から自衛隊を対象とする司法制度の整備が早急に求められる。

憲法76条2項は、特別裁判所の設置と行政機関が「終審として裁判を行ふ」ことを禁止しているから、立法措置によって自衛隊を対象とする司法制度を整備する場合にはこの条項との整合性が問題になる。憲法9条を改正して自衛隊に「軍」としての地位を与える場合には、軍法会議ないし軍事裁判所の設置をあわせて規定することが考えられるであろう。なお自民党の憲法草案には、「国防軍に属する軍人その他の公務員がその職務の実施に伴う罪又は国防軍の機密に関する罪を犯した場合」の裁判を行うために「国防軍」に「審判所」を置くこと、被告人に上訴する権利が保障されることが9条の2で規定されている（自由民主党 2012: 5）。

5 「自衛権」の変容、「事態」の限界

平和安全法制においては、集団的自衛権は基本的人権の尊重（憲法11条）や幸福追求の権利（同13条）をいわば補助線として、個別的自衛権の延長で行使が可能なように設計された。さらに、集団的自衛権を含めて日本政府がとる（強制）措置は、平和安全法制で想定された様々な「事態」に即して決定されることになる。「事態」の判断基準やその「事態」に適合する行動の範囲は、実際に経験を蓄積する中で決まっていくと予想されるが、国際情勢の変化によって「事態」の判断

基準も集団的自衛権の行使の要件も修正を迫られる可能性はあろう。

そして、技術革新にともなって脅威の内容は変化するから、個別的、集団的を問わず自衛権の範囲も変わらざるを得ない。敵基地攻撃能力の問題はその典型であるし、「武力攻撃」には相当しないサイバー攻撃に対して自衛権を発動できるかどうかも検討課題である。また、平時とも有事ともみなしがたい緊張や危機が生起している、いわゆるグレーゾーン事態（島嶼地域への武装漁民の強制上陸など）への対処については、平和安全法制では「事態」としては位置づけられなかった。安倍内閣は、既存の枠組みである海上警備行動や治安出動の発令手続きを迅速化するという措置によって、したがって「自衛権」ではなく「警察権」の範囲で対応する方針をとったが、どのようなアプローチによってグレーゾーンにおける様々な事態に対応するかは今後も検討される必要がある（高橋 2019）。

憲法に自衛権を明記し自衛隊を「軍」として統治機構に位置づけるとしても、平和安保法制が安全保障政策の立案・決定の基盤となる以上は、「自衛権」と「事態」の範囲を問い直す作業が、日本政府による武力の行使の前提として無限に続くことになる。武力行使に可能な限り法的な枠組みを設定する傾向は、日本政府の対外行動の予測可能性を高めるであろう。それが国際政治と国内政治においてもつ意味の相互作用の中で、実際の武力行使の態様が決まることになる。

参考文献

池田慎太郎 2011『現代日本政治史② 独立完成への苦闘―１９５２～１９６０』吉川弘文館.
井上典之 2005「平和主義」ジュリスト１２８９号.
奥平穣治 2011「防衛司法制度検討の現代的意義―日本の将来の方向性」防衛研究所紀要13巻２号.
太田　肇 2018「議会の戦争権限への関与についてのイギリスでの議論の検討」津山高専紀要60号.
楠　綾子 2016「芦田均―対米協調論者の『国際貢献』論」増田弘（編）『戦後日本首相の外交思想―吉田茂から小泉純一郎まで』ミネルヴァ書房.
――― 2018「『失われた二〇年』における外交・安全保障論争」アンドルー・ゴードン／瀧井一博（編）『創発する日本へ―ポスト「失われた20年」のデッサン』弘文堂.
国家安全保障局「平和安全法制等の整備について」<https://www.cas.go.jp/jp/gaiyou/jimu/housei_seibi.html>（２０１９年12月30日最終アクセス）.
酒井哲哉 1991「『９条＝安保体制』の終焉―戦後日本外交と政党政治」国際問題３７２号.
坂元一哉 2000『日米同盟の絆―安保条約と相互性の模索』有斐閣.
佐道明広 2015『自衛隊史論―政・官・軍・民の60年』吉川弘文館.
篠田英朗 2016『集団的自衛権の思想史―憲法九条と日米安保』風行社.
自由民主党 1955「党の政綱」（昭和30年11月15日）<https://www.jimin.jp/aboutus/declaration/#wrap>.
――― 2012「日本国憲法改正草案」（２０１２年４月27日決定）<https://jimin.jp-east-2.storage.api.nifcloud.com/pdf/news/policy/130250_1.pdf>（２０２０年１月６日最終アクセス）.
――― 2018「憲法改正に関する議論の状況について」（２０１８年３月26日）<https://jimin.jp-east-2.storage.api.nifcloud.com/pdf/constitution/news/20180326_01.pdf>（２０１９年12月30日最終アクセス）.
春原　剛 2007『同盟変貌―日米一体化の光と影』日本経済新聞出版社.
全国知事会 2018「米軍基地負担に関する提言」（２０１８年７月27日）<http://www.nga.gr.jp/ikkrwebBrowse/material/files/group/2/20180814-05beigunnkichiteigenn300727.pdf>（２０２０年１月７日最終アクセス）.

第24次地方制度調査会 1994「地方分権の推進に関する答申」(平成6年11月22日).
高安健将 2018『議院内閣制—変貌する英国モデル』中公新書.
高橋杉雄 2019「平和安全法制とグレーゾーン—評価と今後の課題」国際安全保障47巻2号.
千々和泰明 2015『変わりゆく内閣安全保障機構—日本版ＮＳＣ成立への道』原書房.
——— 2019「序論—平和安全法制を検証する」国際安全保障47巻2号.
富井幸雄 2009「自衛隊の行動と国会承認」法学会雑誌50巻1号.
内閣官房・内閣法制局 2015「他国の武力の行使との一体化の回避について」(２０１５年６月９日).
中村　明 1996『戦後政治にゆれた憲法9条—内閣法制局の自信と強さ』中央経済社.
久江雅彦 2002『9・11と日本外交』講談社現代新書.
——— 2005『米軍再編—日米「秘密交渉」で何があったか』講談社現代新書.
藤重博美 2016「国連平和維持活動の潮流と日本の政策—5つの政策課題における『ＰＫＯギャップ』に注目して」国際安全保障43巻4号.
防衛庁防衛局運用課 1996「阪神・淡路大震災の教訓を踏まえた自衛隊の災害派遣に係る各種の措置について」消防防災の科学47号 <https://www.isad.or.jp/pdf/information_provision/information_provision/no47/43p.pdf>(２０２０年１月６日最終アクセス).
細谷雄一 2009『倫理的な戦争—トニー・ブレアの栄光と挫折』慶應義塾大学出版会.
武蔵勝宏 2013「安全保障政策に対する民主的統制」同志社政策科学研究15巻1号.
棟居快行 2015「『集団的自衛権』の風景—9条・前文・13条」法律時報87巻12号.
森　肇志 2016「国連憲章と平和安全法制—集団的自衛権の法的規制」論究ジュリスト19号.
山本慎一 2019「平和安全法制と国際平和協力—国際的潮流と国内法制度の比較分析」国際安全保障47巻2号.
渡部恒雄 2017「アメリカ大統領権限分析プロジェクト:戦争権限をめぐるオバマ政権の独自の姿勢」東京財団政策研究所ウェブサイト(２０１７年３月31日)<https://www.tkfd.or.jp/research/detail.php?id=178>(２０２０年１月７日最終アクセス).

Ⅱ 応答と展望

安全保障のデザイン
――憲法の視点

富井幸雄

本章Ⓘの楠論文は、憲法9条の下、冷戦構造と国際貢献、そして対テロ戦争といった激動の国際政治の中で、日米安保条約と、自衛隊法をはじめとする諸立法によって、わが国の安全保障体制が構築されてきたことを歴史的にスケッチする。そして、統治のシステムが憲法と法律によって具体化されることは安全保障にあっても妥当していることを実証する。加えて、安全保障に関しては国際政治のリアリズムや国際法、日米安保条約そして日米同盟といった国際システムを無視できないことを強調している。楠論文はこうした視点から、憲法に基づく統治としての安全保障の論点として、自衛権や自衛隊の明記を求める憲法改正論、軍事力の統制原理としての文民統制（シビリアン・コントロール）や司法、地方自治、そして軍法会議といった諸論点を挙げ、これらを検討している。国際政治の現実を踏まえた日本の役割と、軍事に消極的な憲法解釈との間にギャップが生じているのは否めないとしつつ、9条の抑制的な規範機能はわが国の外交において無意味ではないと指摘している。

本稿は9条改正論に固執するのではなく、現憲法からにじみ出てくる安全保障のエッセンスを見極めることで、立法によってそのメカニズムを統治の中に体系的に整備していくことが憲法にとって肝要であるとの視点に立つ。楠論文が指摘した憲法の制約的要因（司法や地方自治、そして国会統制）は認識しつつ、本稿では憲法が安全保障の基本法であることを基軸とし、安全保障が統治の根本的責務であることを踏まえ、憲法は必ずしも安全保障に手厚い実定規範の枠組みを設けてはいないけれども、安全保障の体制は、法の支配と人権保障の原理に立脚して民主政治の果実として構築されることを検証する（**1**）。憲法はこうした意味で安全保障プロセスに関心をもつのである。憲法は人権保障を目的とするから憲法下の安全保障は国防に限定されるものではない。現行法は緊急事態も視野に入れ、安全保障の組織や根拠、機能的で効率的な安全保障機能の発揮およびその統制に腐心している。このことを確認した上で、安全保障プロセスの要が内閣であることを示す（**2**）。また、その中でもインテリジェンスの充実が不可欠であり、これに関する内閣の総合調整機能と統制、そして人権に配慮した立法の構築が必要であることを示す（**3**）。その上で本稿は、楠論文が国防を中心とした安全保障を念頭に指摘した具体的論点およびその政治学的な検討に対して、憲法学からの考察を試みる（**4**）。

1　はじめに——憲法保障としての安全保障

安全保障の概念

日本国憲法（以下「憲法」）はわが国の安全保障の基本法である。安全保障の指針を提供する根本規範であって、議会制民主主義と法の支配、そして権力分立を基調とする。これらの原理に基づいてわが国の安全保障のシステムは形成される。そのメカニズムが国際環境や政治状況といったリアリズムを変数として、安全保障を具体的に実現していく。

憲法は、この安全保障のメカニズムが民主的で応答的な環境を創出・維持することを目指す。憲法は、戦争直後の焼け跡の中にあった国民の、軍隊や武力を徹底的に否定するマインドによって、また米国の強い思惑も働く中で制定されたこともあって（加藤 2019）、武力行使の実体的要件を明文で制限している（9条）。そのことは、軍事に対してネガティブな解釈に説得力をもたせた。しかし、憲法は人民の福祉が最高の法（salus populi, suprema lex）たることを基盤とするから、そこに安全保障は刷り込まれている（Scott 2018: 7）。安全保障は憲法保障でもあり、立憲主義の基盤となる国家という政治的共同体の独立確保にほかならない（大石 2014: 33）。その実現は主に国際政治のリアリズムによって可変的であるから、憲法の関心は安全保障の実体にあることもさりながら、政策形成を含むその実現のプロセスにある。安全保障の責務を誰にどう配分して組織化し、いかなる目的を設定し、その機能をいかに効率的に発揮させ、そしてどのように統制するかの規範を見出すかが、憲法の議論となる。

安全保障は憲法上重大な公益で、なおかつその達成の手段は強権的になり得るから、人権と衝突することがある（安全保障のジレンマ〔Forcese 2008: 20〕）。憲法は、専制権力と戦って民主主義を維持し、混沌にあっては法の支配を貫徹させ、自由を防御しながら人権保障を維持させる一方で、統治にあっては秘密裏に行動しながらも透明性に配慮し、戦時には毅然と行動できるようにしなければならない。安全保障の達成にはこうしたことを調整する立法が必要である。その立法においては、①政府権力への授権を拡大させること、②安全保障目的の制裁を強化すること、③情報アクセスを制限すること、④プライバシーの保護を緩めること、⑤権力への制約を緩和すること（Forcese 2006: 968-979）、を明確にしておくことが要請される。人権は安全保障の目的である一方、そのための制約も課せられるのである。しかし法の支配は安全保障のすべての局面に貫徹されなければならない。法は安全保障の手段を提供する道具（tool）であるとともに、われわれが安全保障によって自由の祝福をうける（blessings of liberty）ために不可欠なのである（Baker 2007: 28, 29, 31）。

憲法保障としての安全保障の関心は国防や軍事のみならず（狭義の安全保障）、立憲主義を破壊（しようと）する脅威から憲法秩序や価値を守り、法の支配を貫徹させ国民の生命や財産を保護することにある（広義の安全保障）。国際テロに加え、国内に限っても大規模な騒乱やテロ、組織犯

罪、さらに大規模災害や感染症のパンデミックといったシビル・エマージェンシーも、安全保障として意識される。(1)

広義の安全保障は国内の脅威への対応を含むし、国家の安全は国民の安全保護にも関わる(Scott 2018: 5; Forcese 2008: 4)。安全保障には明確な法の定義はないけれども、人口に膾炙しており、(2)個人の自由や生命、そして国家の独立や安全といった共有の価値体系を保護することであるのは明白であって、それは立法や予算、組織構成の優先順位づけの要因となる(Baker 2007: 19)。もっと

(1) 大規模災害などの国内の脅威、とりわけテロに特化した「国土安全保障」なる概念は米国では確立し、9・11同時多発テロの翌年に国土安全保障省が創設されているけれども、術語としては米国以外ではことさらには浸透していない(富井 2018)。また昨今では経済、エネルギー、食糧、人間、環境などを冠につけた「安全保障」が唱えられているけれども、安全保障の基本は主権の保持と独立、そして立憲秩序(自由や民主主義といった価値)の維持にある(高橋(杉) 1998)。個人の尊重を基軸とし、人権保障を国政の基盤とした憲法13条には、安全保障の(国の)責務も読み込める。政府が限定的に容認した集団的自衛権行使の要件として、国民の生命・身体・財産への重篤不可逆の危険を挙げているのは、同条を意識してのことであろう。

(2) 原子力基本法は、原子力利用は「安全の確保を旨として」行われ(2条1項)、それについては、「確立された国際的な基準を踏まえ、国民の生命、健康及び財産の保護、環境の保全並びに我が国の安全保障に資することを目的として、行うものとする」と規定している(同条2項〔強調筆者〕)。原子炉等規制法も、「原子炉の設置及び運転等」に関し、「大規模な自然災害及びテロリズムその他の犯罪行為の発生も想定した必要な規制」を行うこと、「もって国民の生命、健康及び財産の保護、環境の保全並びに我が国の安全保障に資することを目的とする」ことが追加されている(1条〔強調筆者〕)。いずれにも安全保障を定義した規定はない。

も、安全保障は狭義で議論されることが多く、米国では国防と外交の両方にまたがる用語（collective term）として、（a）外国や集団に対する軍事防衛の優位、（b）好ましい外交関係上の地位、（c）内外また公然・非公然を問わず敵対的もしくは破壊的行為に成功裏に抵抗することができる防衛態勢、によって条件づけられる（Department of Defense 2019: 150）と、認識されている。本稿では楠論文にならって、基本的には狭義の安全保障を意識して考察していく。

米合衆国憲法は「国内の平穏を保障し、共同の防衛に備える」（前文）目的を掲げて、安全保障を立憲国家の第一義としている。他方でわが国の憲法は不戦と国際社会での名誉ある地位（前文）を掲げ、安全保障の理念を示している。政府は、「国際協調主義に基づく『積極的平和主義』の立場から、日本の安全及び地域の平和と安定を実現しつつ、国際社会の平和と安定及び繁栄の確保にこれまで以上に積極的に寄与する」とし、日米同盟を中心に関係国と連携して平和国家としての歩みを堅持するとともに、国際政治経済の主要なプレーヤーであり続けるとの安全保障の基本政策を掲げている（外務省ウェブサイト）。これは憲法上の安全保障の理念を反映したものである。他国からの脅威とならず、どこの国からも敵とならない外交上好ましい地位を築く（たとえばカナダの安全保障政策）政策は、憲法の理念に符合する。

楠論文でみたように、日本の安全保障は、その組織や手段、実施の態様などにおいて法治主義が徹底している。統治としての安全保障は憲法や行政法で形成される。憲法はその基本部分で、安全保障の目的と組織や責務を設定する。その具現のツールとして国会による立法が存在する。

かくして憲法の下での安全保障は、民主主義と法の支配、そして権力分立という統制のメカニズムを内包しているのである。憲法は政治のルールを定めているのであり、その解釈には政治を的確に位置づけるフレームワークが不可欠なのである（高橋(和) 2006:13）。以下、憲法学の視点から、以上のことを検証しこれを発展させていく契機を提示するとともに、楠論文が提起した自衛隊についての諸論点を、憲法改正論もにらみながら考察していく。

2　安全保障プロセス――政策の形成・決定・執行

内閣は安全保障プロセスの核――インテリジェンスへの関心

行政権が帰属する内閣（憲法65条）は、安全保障政策の形成から決定、そして執行の一連のプロセス（安全保障プロセス）において有権的地位にある。安全保障関係の省庁を擁し、内閣には補助機関である官房に、安全保障担当の官房副長官補、内閣危機管理監、国家安全保障局[(3)]、内閣情報官、そして国家安全保障会議が立法によって設けられている。このプロセスは、各機関が機能を

（3）２０１４年に設置され、「我が国の安全保障（……）に関する外交政策及び防衛政策の基本方針並びにこれらの政策に関する重要事項に関するもの」をつかさどる（内閣法17条2項1号）。２０２０年４月には同局に経済班が設置され、安全保障と経済の親密な関係が意識されている。

十全に発揮でき、それらの連絡調整と協力が密になされることに加え、これらを束ねる内閣総理大臣の能力によって決定づけられる。

安全保障プロセスは執行権内部のダイナミズムである。それは的確な情報分析に基づいた、バランスのとれた適正な安全保障政策の形成・決定とその効率的な遂行に尽きる。その主役は内閣で、内閣がこうしたダイナミズムを発揮できるように制度を構築していかなければならない。

そして、安全保障プロセスの基本は脅威の分析にある。それがインテリジェンスである。(4) インテリジェンスは各機関でも縦割り的に行われているけれども〔公安調査庁〔法務省〕、情報本部〔防衛省〕など〕、これらを安全保障機構＝インテリジェンス・コミュニティ（ＩＣ）として、内閣において統合して公正に分析しなければならない（ＰＨＰ総研 2006）。インテリジェンスは制度も人材も薄弱と指摘されることもあるが〔小谷 2018：金子 2007〕、現在は内閣情報調査室がその主要な機関として機能している。内閣情報調査室は戦後、吉田茂首相が内閣に総理直属の総理大臣官房調査室を置いたことに端を発し、現在は最大の脅威たるテロに対応すべく国際テロ情報集約室を、そしてインテリジェンス機能のアップデートとしてカウンターインテリジェンス・センターおよび内閣衛星情報センターを、それぞれ設けている。

インテリジェンスは権限行使の前提となる情報の収集や分析を意味するから、行政権に包含される。そこには法の支配がなければならない。と言うのも、テロリズムには予防や事前の捜査は不可欠で、密度の濃い情報収集を要求される一方で、プライバシーを含む人権と衝突することがあるからである。そうしたインテリジェンスには明確な立法の根拠がなければならない。また、犯罪に至っていない場合に当局の判断だけで個人の情報収集ができるかといった問題は、避けて通れない。米国では国際通信に限って電子的監視を認め、その着手には、司法裁判官で構成される外国諜報監視裁判所（ＦＩＳＣ）が安全保障目的に限定された電子的監視の申請を非公開（インカメラ）で審査して出す許可を得なければならない（富井 2015）。インテリジェンスはその機能発揮と人権保障とのバランスに配慮しなければならないし、安全保障には秘密は欠かせない。しかし、正当性や透明性がないがしろにされてよい法はないのであって、そこにインテリジェンスの手法・手続における立法主義が要請されるのである。国会による監視も不可欠で、インテリジェンスに関する常任委員会の設置も検討されるべきであろう。

国家安全保障会議の意義と緊急事態

良質なインテリジェンスは内閣の安全保障上の責務遂行を万全なものとし、決定権者である内閣、特に内閣総理大臣に的確な助言を行うことを可能にする。インテリジェンスをベースとして専門的・戦術的・科学的な安全保障政策の形成や決定を行っていくフォーラムがなくてはならな

（4）インテリジェンスの定義も困難であるけれども、ここでは「安全保障目的の情報の収集・分析・共有流布」と観念しておく。内閣のインテリジェンスについては内閣官房ウェブサイト<https://www.cas.go.jp/jp/gaiyou/jimu/jyouhoutyousa/index.html>参照（２０２０年3月29日最終アクセス）。

い。それが国家安全保障会議である。たとえばイギリスで国家安全保障会議は、国家安全保障の目的とそれをいかに現在の財政状況の下で最善に達成するかを集団的に議論するために首相が主宰する、内閣の委員会とされている（Scott 2018: 8）。

日本の国家安全保障会議は、自衛隊創設時に防衛庁設置法で設置された国防会議から安全保障会議を経て、第2次安倍晋三内閣下の２０１３年に創設された。日本版ＮＳＣとして立ち上げられたように、安全保障政策の形成や決定を最高レヴェルで総合調整し助言・補佐する内閣の委員会として機能することが期待される（千々和 2015）。それは実質的にわが国の安全保障のあり方を決定づける機関にほかならない。そして、米国が１９４７年にＮＳＣを創設した時のように、インテリジェンスとタイアップした運営を指向すべきである。

国家安全保障会議は、外交・防衛政策その他これに準じる重要政策については総理、官房長官、外務、防衛の４大臣会合（国家安全保障会議設置法2条1項11号、5条1項2号）が、それ以外の事項にはこの４大臣に加えて経済産業、国家公安委員長、総務、財務、国土交通の各大臣の9大臣（5条1項1号）が、コアメンバーとなり、官僚や軍人ではなく政治家たる閣僚が意思形成に加わる。安全保障の優先順位も考慮しながら政治的戦略的判断を合議でなす組織体で、安全保障政策を形成するのである。これには、官僚あるいは軍人のフェーズで形成される安全保障政策を、内閣のレヴェルで統制するという意義もある。

なお同会議は、自衛隊の行動をはじめ国防や外交に関する事項を審議するのみならず、重大緊急事態（「武力攻撃事態等、存立危機事態、重要影響事態、国際平和共同対処事態……〔など〕重要事項としてその対処措置につき諮るべき事態以外の緊急事態であつて、我が国の安全に重大な影響を及ぼすおそれがあるもののうち、通常の緊急事態対処体制によつては適切に対処することが困難な事態」）への対処に関する重要事項（同法2条1項12号）も対象としている。これにはパンデミックや大災害対応など文民官庁が第一次的に対処するシビル・エマージェンシーが含まれるが、具体的にいかなる事態が対象となるかは規定されていない。これが意図するのは、安全保障が外交や国防に限定されるのでなくおよそ緊急事態には内閣の責任で対処するということである。それは、広義の安全保障も内閣の責任であることを裏書きする。

内閣は国防以外の緊急事態にも機動的に対応し、憲法保障を確保する責務がある。緊急事態では行政権に権限が集中するのはやむを得ず、人権が制約されるなど平時システムの法では対処困難となるから、これを正当化しかつ統制する法が不可欠である。そこに国家緊急権が論じられ、憲法に明文化すべきか否かという改正議論になってくるわけである（関西学院大学災害復興制度研究所 2016）。もとより、憲法が立憲秩序の危機になんら対応できないという規範構造はあり得ず、規定がない（米国やカナダには国家緊急権や緊急事態について成文憲法に規定はない）ことは国家緊急権の否定を必ずしも意味しない。米国は国家緊急事態法（1973年）、カナダは緊急事態法（1988年）を制定して、法律レヴェルでこれを構築している。日本も現憲法下で災害対策基本法など緊急事態立法を制定しているけれども、縦割りの個別対応型ではなく、米国やカナダのような包括的な緊急事態対処の基本法を制定し、同法を所掌する緊急事態庁のような、省庁横断的にリードする官庁の創設を検討してよい。

安全保障プロセスの関心は効率的な執行と行政権内の統制

安全保障は、内閣で決定がなされれば、トップダウンで効率的に実現されていかなければならない。内閣は、外交の基本政策から自衛隊の出動まで安全保障の包括的かつ基盤的な決定機関であり、また総合調整機関であるから、正しい判断と効率的な執行の能力を具えていなければならない。そのプロセスには自衛官も官僚も入り、また様々な機関が関わるけれども、内閣でなされるという政治的性格が民主的正当性を担保するのであるから、閣僚の役割は大きい。

内閣でのプロセスは、軍事組織の統制としての文民統制（シビリアン・コントロール）の要でもある。執行権内部の統制が実に重要かつ効果的である。それは軍事に対する予算の配分や幹部人事に表れる。国務大臣は文民でなければならない（憲法66条2項）とのルールは、戦前の現役武官制を否定し、自衛隊という軍事組織は行政権の中に組み込まれ文民組織である内閣に服する、ということをまず意味する。

文民統制は防衛省・自衛隊内部で文官（背広組）が軍人（制服組）に優越する制度を要素とするとされることがある（小針 2002：廣瀬 1989：小出 2019）。防衛大臣の補佐は、軍事的合理性の面では制服組がなすことになっているところ、この間に大臣直轄の補佐機構である防衛省内局（背広組）が入ることになっており（防衛省設置法12条）、制度設計では制服組が政治家と直に交流するのを忌避する仕組みを置いている。これは憲法原理ではなく立法政策に基づくものと解される。もっとも、近時の防衛省改革では、これまで壁になっていた内局と、軍事面で大臣に助言する陸海空三自衛隊の幕僚（制服組）との間に交流ができ、それぞれの組織に文官ポストと自衛官ポストを定員化させるなどしている。また大臣の最高助言機関として幕僚と内局幹部で構成される防衛会議が設置されており（同法19条の2）、文官優位イコール文民統制という図式は薄くなっている。なお、防衛大臣はアドバイスを得るため、3名以内の防衛大臣政策参与を任免できる（同法7条）。その前身の防衛大臣補佐官も含めて、これまで元統幕議長を含む制服組OBが任じられるケースが少なくない。軍事面での補佐の充実は理解できるものの、政策参与は防衛会議のメンバーでもあり、大臣補佐機構内での背広組と制服組のバランスには注意したい。

3　統制メカニズム――権力分立と民主主義による安全保障のチェック

国　会

行政権が主となる安全保障プロセスは、法の支配と権力分立の原理に基づくコントロールに服する。議会は立憲民主主義における伝統的かつ有効な行政権統制機関である。

軍事組織には、厳格な統制原理として文民統制が要求される。文民統制が政治の軍事に対する優位を意味する立憲主義的原理であるとすることに異論はない（実際、文民統制を明記する憲法改正案もある）けれども、それが具体的にどのような規範となるのかは明確ではない。文民統制の根本には民主的プロセスを軸として軍の存立・組織・規模の決定を議会に委ねる原理があるとする点は、争いがなかろう。イギリスでは常備軍保有で議会主義が貫徹しており、早くも1689年の権利章典で、常備軍は議会の同意がなければ設置できないとされた。

国会は内閣の安全保障政策を討議し吟味することで安全保障にコミットし、その果実として立法や予算で軍を縛り、政府の行動を検証・監視する。国家予算は憲法89条（公の支配に属しない事業や宗教組織に公金を使ってはならない）に抵触しない限りで内閣がイニシアティブをとれるけれども、その承認権を軸とする国会の財政権は、軍を含む安全保障の統制への強力な武器である。また、自衛隊には厳格な立法主義が貫かれている。その行動をすべて法律で根拠づけなければならないのかについては検討の余地があるけれども、立法（憲法41条）の守備範囲の外延について決定的と言える解釈はなく、立法事項にしてはいけないものが何かは明確でない。議院内閣制のわが国では内閣と国会は与党という同一の基盤を有しているから、これがさほど問題にされないのであろう。

立法権と行政権が厳格に分離される米国の大統領制では、議会による軍の統制は権力分立の問題となる（Baker 2007: 52-70; 富井 2013: 第4章）。合衆国憲法上、大統領は固有の軍の指揮監督権を有しているのだからこれを侵すような立法は違憲となるとの議論である。ひるがえって自衛隊ではその指揮監督権は内閣総理大臣の権限（自衛隊法7条）であるから、自衛隊の現場での具体的な行動まで国会でルール化して立法で制約できるかについては、理論的に整理しておく必要があろう。ＰＫＯ以降海外での自衛隊の活動が質・量とも増加しているが、その際には武器使用の場面ごとにそのつど正当防衛の原理から武器使用を認めるという考え方をとっている（国際平和協力法25条など）。これについては軍組織において戦術的観点から内部的に設けられるＲＯＥ（Rule of Engagement: 交戦規範）の管轄であって、立法のなすところではないとも言える。現場の複雑な状況を専門外の議員が立法でがんじがらめにすれば効率的で適切な任務遂行が妨げられるという懸念がある。もっとも、海外での非軍事的目的の活動であっても武力行使になってはならないとの原則からは、立法で制限しておく意義も強調される（仲野 2018）。

裁判所

安全保障には政治的で専門的な要素があって司法審査にはなじまない面があるため、一般にこの領域では、裁判所は行政権に対して敬譲的（deferential）になる（Baker 2007: 49）。日本の司法では、ある種の条約や自衛隊の憲法判断は「統治行為」とされ、司法はタッチしない(5)。確かに、武力攻撃事態の承認が要件を満たしているかの判断は司法審査になじまない。しかし、人権侵害に対する究極的救済は司法の責務であるから、裁判所が安全保障の問題にコミットするのは避けられない面もある。(6) また、司法権には政府権力の乱用をチェックする責務がある。政府側は安全保障上深刻な脅威をもたらすとの理由で人権制限を正当化しようと試みるけれども、裁判所ではそうした危険性が具体的には判断され得ないきらいがある。もっとも、こうした実体的判断では裁判所は敬譲的になるけれども、手続きの瑕疵は審査できる可能性がある（Forcese 2006: 993-998）。

ところで、安全保障上、秘密とすることを要するとされる裁判は、非公開（インカメラ）にできるか。裁判の公開は憲法原理（82条）である。カナダでは移民難民保護法や証拠法で、連邦裁判所が指定した専門の裁判官のみによるインカメラの審査が認められる（Forcese 2006: 988-992）。こうした指定裁判官（designated judge）制度はわが国でも検討されてよい。米国の移民法制度では、安全保障に関連すると判断されたときは当事者のみの法廷とされることがあり、メディアも閉め出されるので、表現の自由との関係で問題となっている（富井 2017）。

4 自衛隊と武力行使

自衛権と自衛隊の憲法明記は必要か

国際法上、国家には自衛権が認められる（国連憲章51条）。憲法は軍隊や宣戦あるいは戦争遂行についての規定は設けていないけれども、自衛権は否定していないから、そのための武力の保有と行使は容認される。

比較憲法的には、憲法が軍隊の設置や指揮監督権について規定を設けていないのは稀有である。米合衆国憲法は常備軍の設置を認め、その具体的な編成は、宣戦も含めて議会の権限とし、軍の指揮監督権は大統領に属する旨、明文化している（1条8節11項・12〜15項、2条2節1項。ちなみにカナダは、女王に軍隊の指揮監督権を認め、国防や軍には議会の専属的立法権限を付与している〔1867年憲法15条、91条7号〕）。軍隊や武力行使は自由や民主主義にとって脅威であるけれども、安全保障には不可欠であるので、立憲主義の枠の中に入れておいて、暴走をしないようにするのである。わが国では、憲法改正でこうした軍事を明文化しようという、主に三つの主張がある。

第一に自衛権の明記である（長島・大野 2017）。ただ国際的にみても、自衛権をわざわざ憲法典に書き込む例はみられない。自衛権は国際法によって根拠づけられ規制されるものだからである。自衛権は例外的に武力行使を容認する国際法上の国家の権利なのであって、自衛権を認めて武力

（5）砂川判決（最高裁昭和34年12月16日大法廷判決〔刑集13巻13号3225頁〕）は、日米安全保障条約はいわゆる統治行為であるとして、憲法判断をしなかった。ただ、わが国固有の自衛権は否定されてはおらず防衛の手段として米軍駐留はひとつの政策である、としている。自衛隊が違憲か合憲かの判断は統治行為だとした長沼事件控訴審判決（札幌高裁昭和51年8月5日判決〔行裁例集27巻8号1175頁〕）も参照。
（6）自衛官が集団的自衛権の行使としての防衛出動命令に服することになり、違憲な命令を拒否することで懲戒処分を受けるおそれがあるとして、訴えの利益が認められている（東京高裁平成30年1月31日判決〔平成29年（行コ）第157号、判例集未登載〕）。

行使を否定することは自家撞着になる。国連憲章は武力行使を禁止する原則を掲げるとともに（2条）、個別的および集団的自衛権を国家固有の権利として否定しておらず、これに基づく武力行使は認めている（51条）。

わが国固有の問題として、集団的自衛権は憲法によってその行使が禁じられているとの有力な解釈がある。実務では、第2次安倍内閣が閣議決定で集団的自衛権行使を限定的に容認する憲法解釈を打ち出し、国会がこれを認めて平和安全法制を整備し、その結果、武力攻撃事態（予測事態も含む）に限定されていた自衛隊の防衛出動が存立危機事態にも拡大され、わが国に武力攻撃がなくてもわが国と密接な関係のある国家に対する武力攻撃があり、それを放置すれば日本の国土の存立や国民の人権に取り返しのつかない事態となる場合にも、武力行使が可能となった（自衛隊法76条1項2号、武力攻撃事態法2条4号）。こうした、時の政権による憲法解釈の変更には批判が多いけれども、安全保障や憲法解釈のあり方として肯定的にみる者もある（藤田 2017）。

ここで、憲法は戦略や戦術の法典ではないことに留意したい。憲法は具体的な戦力の制限や中身、規模や程度まで規定することはなく、関心を払うのは自衛権行使の明確な国家的責務とその遂行のための民主的手続きである。武力行使は国際法で自衛権のみに限定され、それは国連が集団安全保障の措置を講じるまでの暫定的な権利である（村瀬 2012: 203）。わが国の軍備は脅威の程度によって変わるのであり、その判断は政治的で政策的な戦略の問題である。国会の政治プロセスを経た上で、予算や立法で必要最小限の実力が決められるのである。安全保障は国際情勢や脅威に規定され、自衛権行使の適法性は国際法で判断されるのであるから、憲法が詳細に定めるところではない。もっとも、憲法の明文で、武力の行使は国際法上の自衛権行使に限定される旨宣言した（「国際紛争を解決する手段」としての武力行使を放棄〔憲法9条〕）のには、世界史的意義を認められる。〈自衛のための必要最小限度〉を規範として、安全保障政策や武力の行使とその程度が政治過程で明確にされ、具体化される。

国連憲章42条あるいは多国籍軍型の集団安全保障としての武力の行使は、わが国政府解釈にいう〈自衛のための必要最小限度〉の問題とは次元を異にする。こうしたかたちの武力の行使は、現憲法が想定していない事象であるから、憲法を改正しなければ認められないと思われる。(7) 9条改正の必要があるとすればこれに尽きる。もっとも、集団安全保障での軍事行動は9条に言う武力行使にあたらないから現憲法下でも可能とする説もある（村瀬 2012: 223）。武力の行使を自衛権の場合に限定する解釈は、自衛隊の海外での任務遂行で認められる武器使用が自己防衛や任務遂行に必要な限りとし「武力行使と一体化」させないようにする、厳格な制限に投影されている。

第二に、自衛隊を憲法に明記すべしとする強固な改憲論がある。しかし、自衛隊は合憲・適法に存在し、国民に定着しているから、あえてこうした改憲をする必要をみない。肝要なのは、自

（7）集団的自衛権としてすでにわが国が武力行使している状況に国連が集団安全保障措置をとったとき、後者への軍事的参加は憲法が認めていないがゆえに、すでに発動させた集団的自衛権の行使は抑制されるかという問題がある（阪田 2016: 70）。

衛隊の権限や規模が〈自衛のための必要最小限度〉かどうかを政治的にチェックする仕組みであり、武力行使を実体的に制限する9条の規範的意義は維持されてよい。

第三に、「内閣総理大臣は、内閣を代表して自衛隊の最高の指揮監督権を有する」（自衛隊法7条）旨を明記する主張である。諸外国の憲法では一般に元首（大統領や国王）が軍の指揮監督権を有することは明記され（米合衆国憲法2条1節、フランス第五共和政憲法15条、カナダ1867年憲法15条）、明治憲法（11条）にも天皇の統帥権規定があった。こうした原則は元首が行政権を有するとする条文とは別に規定される。このことは、軍の指揮監督権は行政権とは異なる作用であるとの解釈を生むけれども、それは権力分立上は行政権に属するという理解が一般である。とはいえ、憲法上国防が内閣の職務であることは明確であるから、その遂行の形態を立法で定めるのは問題ない。もっとも、このように解する憲法上の根拠には議論があろう。政府はこの権能を「一般行政事務」（73条本文）に入れている（防衛白書）。「国務を総理する」（73条1号）とか、あるいは「外交関係を処理する」（2号）に包含されるなどの説もある（富井 2013: 第1章）。

なお、自衛隊法7条をめぐっては、自衛隊の指揮監督を内閣総理大臣単独の権限にしたとする統帥権創設説と、憲法72条や内閣法6条の行政各部指揮監督権を自衛隊について明確にしたものと解する確認説の対立がある。多くは確認説であるけれども、この自衛隊法7条の規定を、「内閣を代表して」の文言を削除した上で憲法に編入したとき（自民党憲法改正案）、統帥権創設説を生む余地があることに留意したい。

武力行使の国会承認

防衛出動は国会承認を経なければならない（自衛隊法76条、武力攻撃事態法9条7項）。もとより、自衛隊の指揮監督権が憲法（およびそれを受けた自衛隊法）上は内閣にある以上、武力行使を含むすべての自衛隊の出動の決定権は内閣にある（富井 2013: 第2章）。この国会承認は憲法41条（「国権の最高機関」）の要請であるとか（佐藤 2011: 101）、文民統制に基づくとか解する者もある。アカウンタビリティを確保するためにはこれを憲法に明文化しておくべきとの改憲論もあろう。現行では武力行使に国会承認を要するルールが立法で原則化している。

米国では武力行使をめぐって、議会に宣戦権がある（合衆国憲法1条8節）から議会承認が必要だとするものと、大統領は軍の最高司令官であるから（2条2節）それは不要だとする権力分立上の議論がある（富井 2013: 第4章）。1973年に制定された戦争権限法は、他国との敵対状態において大統領が軍を出動できるとするとともに、速やかに議会の承認を得るべきとし、議会がこれを認めなければ撤退する制度にしており、軍の出動中は大統領は議会に定期的に報告しなければならないとしている。歴代大統領は、自らを最高司令官とする憲法上の地位を根拠に同法には否定的で、武力行使にあたって議会に報告はするものの、承認手続はとっていない。

わが国はどうか。内閣で防衛出動が必要だと判断したことを国会が審査して同意もしくは否定することは、民主的な手続きとして有意義である。武力攻撃事態法は、内閣が防衛出動を必要と判断した事実や具体的にとられる措置を国会に示すことを要求している（9条）。これは、国会も内閣が判断した情報を共有し討議して武力行使の是非を判断するということである。ただ、武力攻撃予測事態や存立危機事態では武力攻撃の兆候やわが国への脅威の深刻度が争点となるわけで、秘密の情報や分析に基づく部分が少なからず存することが予想され、公開が原則の国会にすべてさらけ出してよいのかという問題がある。秘密会（憲法57条）も含めた対応を検討しておく必要があろう。

軍法会議

現憲法は司法権を通常裁判所に一元化させており（76条1項）、戦前に設けられていた軍法会議は、司法権に属しない特別裁判所とされるため、禁じられる（同条2項）。ただし、行政権が裁判を行うことまで禁じてはおらず、自己完結的でなく最高裁への上告の道が確保されていること、軍法会議の手続きが刑事司法に準拠していること、そこでの裁判官の独立が保障されていること、一般市民には適用されないことが立法で明確にされていれば、合憲な設置の途はあろう。米国やカナダの軍事司法は最高裁への上訴の道が開かれている（久古・林 2019）。なお、軍法会議の名称は現憲法ではなじまないので、創設するならば自衛隊審判所といったようなものとされよう。

かかる機関を設ける特別の必要性があるかが議論されなければならない。軍法会議は文民官庁に適用される公務員法制とは異なる、軍人としての固有の分限や規律保持の必要性から認められるもので、軍には通常、軍法とその執行のための軍法会議がセットになっている[8]。多くの国において、軍の秩序や規律等の維持のために軍人に適用される特別の刑法を制定しそのための軍法会議が設置され（久古・林 2019）、通例、そうした軍法会議には憲法規範に明文もしくは黙示の根拠がある。直接の設置の根拠規定のない場合でも、軍事司法には陪審制が適用されない（米合衆国憲法修正5条、1982年カナダ憲法11条5号）など、軍人の人権保障のレヴェルが市民とは異なる旨の法理（たとえば明治憲法32条）が示される。手続きや実体的刑罰規定は立法による（米国は統一法典〔Uniform Code of Military Justice〕。旧日本軍は陸海軍の軍刑法や軍法会議法）。

日本国憲法にはそうしたケアはされておらず、また軍をストレートに認める政治環境を欠くため、憲法制定後これまでに軍刑法が制定されたことはなく、自衛隊については特別公務員を対象とする刑事法という認識で、わずかながら固有の規律があるにとどまる（たとえば防衛出動命令発令下は退職できず、違反には罰則がある〔自衛隊法122条〕）。その裁判は、第一審から通常裁判所で審理される。そのため軍事固有の状況に即した司法が全うされない懸念がある。PKOをはじめとする自衛隊の海外活動での武器使用には、正当防衛を原則とするなど、9条との関係で厳格な要件が課せられ、その違反には刑事罰が科せられる。その審理を軍事的知識のない司法判事がな

(8) 最高裁は、いわゆる反戦自衛官事件で、自衛官は実力組織である自衛隊の機動力を発揮させる必要から、一般の公務員よりも規律が強く要請されるとしている（最高裁平成7年7月6日第一小法廷判決〔民集176号69頁〕）。

すには限界があり、そこに軍法会議の有用性が唱えられている（霞 2017）。海外での活動がさらに日常化してくるにともなって、こうした必要性が強く認識され軍法会議設置の合理性が政策レヴェルで唱えられるようになってくれば、この議論は新局面を迎えるであろう。

5 むすび――安全保障基本法の制定

安全保障は立憲主義の根本であり、国家存立の前提となる責務である。その十全な遂行は、安全保障上の脅威を的確に把握し、適正な施策を講じ、これを効率的に実行することに尽きる。憲法は安全保障プロセスに民主主義を織り込み、国家戦略を含む安全保障の具体的ありようは政治に委ねられる。それは憲法下にあって立法のかたちで明確にされ、安全保障法を体系化していく。そうした立法に安全保障のための効率的な組織や統制のメカニズムを盛り込めるかに、憲法学は無関心ではいられない。

安全保障の重大関心にテロ対策がある。テロは予防を至上命題とし、インテリジェンスを不可欠とする。そこには秘密が要請されるとともに、プライバシー（通信傍受など）などの人権に対して制限が課せられる。これを安全保障の価値原理で正当化できるかは憲法問題となってこよう。安全保障のための権限や組織を規定する立法が憲法の人権保障や法の支配の原理に適合するかどうか。そうした吟味は怠ってはならない。

憲法は、9条にみられるように安全保障の面で消極的な条文構造になっている。これを憲法改正でリセットしてしまおうとの主張も有力である。しかしそもそも、憲法は安全保障の詳細を規定するものではなく、他方で安全保障を統治の責務から放逐していない。憲法保障のために国際情勢に応じて民主的に安全保障を構築させるのが立憲主義であって、すでに容認されている自衛権や自衛隊を明記するだけの憲法改正は疑問である。もっとも、本稿でみた安全保障に関する憲法の確固たる事項を中心に法規範として確立させるための「安全保障基本法」を構想する意義はあろう。(9) そこでは、安全保障は内閣の責務で国主導の任務であることを明記し、インテリジェンスを内包した国家安全保障会議をその最高次の補佐機構として位置づける。そこにはさらに、自衛隊の指揮監督や武力行使の国会承認について規定し、加えて、テロや大規模災害、また不審船対処など、主にシビル・エマージェンシーへの統一的な基本原理を明文化する。これを管理する「緊急事態管理庁」(仮称)の創設も議論されてよい。

(9) カナダは2019年7月21日国家安全保障法を改正し、インテリジェンスや対テロの法律をアップデートする大規模な改革を行っている。カナダ人の安全を、対テロ、セキュリティ・チェック、重要インフラの保護によって保持するのを安全保障の目的と認識している。10名以下の両院議員で構成される安全保障及びインテリジェンス委員会が設置され、秘密情報へのアクセス権などが認められている。

参考文献

大石　眞 2014『憲法講義Ⅰ〔第3版〕』有斐閣.
霞　信彦 2017『軍法会議のない「軍隊」―自衛隊に軍法会議は不要か』慶應義塾大学出版会.
加藤典洋 2019『9条入門』創元社.
金子将史 2007「日本のインテリジェンス体制―『改革の本丸』へと導くＰＨＰ総合研究所の政策提言―」PHP Policy Review 1巻2号.
関西学院大学災害復興制度研究所（編）2016『緊急事態条項の何が問題か』岩波書店.
久古聡美・林瞬介 2019「米英仏独の軍事司法制度の概要」調査と情報１０６３号.
小出輝章 2019『軍人と自衛官―日本のシビリアンコントロール論の特質と問題』彩流社.
小谷　賢 2018「英国に学ぶ日本のインテリジェンス」平和政策研究所政策オピニオン91号.
小針　司 2002『防衛法概観―文民統制と立憲主義』信山社.
阪田雅裕 2016『憲法９条と安保法制―政府の新たな憲法解釈の検証』有斐閣.
佐藤幸治 2011『日本国憲法論』成文堂.
高橋和之 2006『現代立憲主義の制度構想』有斐閣.
高橋杉雄 1998「『安全保障』概念の明確化とその構築」防衛研究所紀要1巻1号.
千々和泰明 2015『変わりゆく内閣安全保障機構―日本版ＮＳＣ成立への道』原書房.
富井幸雄 2013『海外派兵と議会―日本、アメリカ、カナダの比較憲法的考察』成文堂.
―― 2015「安全保障上の電子的監視―権力分立と合衆国憲法修正第４条の交錯」法学新報１２２巻３・４号.
―― 2017「国外退去手続への公的アクセスと安全保障―アメリカ憲法修正第1条の適用可能性」法学新報１２３巻8号.
―― 2018「国土安全保障の概念―法的考察」法学会雑誌58巻2号.
内閣情報調査室 2009「我が国の情報機能」(平成21年2月24日) <https://www.kantei.go.jp/jp/singi/ampobouei2/dai4/siryou1.pdf>（２０２０年3月29日最終アクセス）.

長島昭久・大野元裕 2017「国民の生命を守るために憲法第9条に自衛権を明記せよ」中央公論2017年12月号.
仲野武志 2018「武力行使・武器使用の法的規制（1）（2）」自治研究93巻9号・11号.
仲村耕一郎 2004「日本の安全保障法制の検討—最近の諸立法に共通する原則と限界」山口厚・中谷和弘（編）『融ける境 超える法② 安全保障と国際犯罪』東京大学出版会.
廣瀬克哉 1989『官僚と軍人—文民統制の限界』岩波書店.
藤田宙靖 2017 「自衛隊76条1項2号の法意—いわゆる『集団的自衛権行使の限定的容認』とは何か」自治研究93巻6号.
PHP総研 2006『日本のインテリジェンス体制—変革へのロードマップ—』<http://thinktank.php.co/jp/policy/3118>（2020年3月29日最終アクセス）.
細谷雄一（編）2019『軍事と政治 日本の選択—歴史と世界の視座から』文春新書.
松田康博（編）2009『NSC 国家安全保障会議』彩流社.
村瀬信也 2012『国際法論集』信山社.
Baker, James E. 2007. *In the Common Defense: National Security Law for Perilous Time*. Cambridge University Press.
Department of Defense. 2019. DOD Dictionary of Military and Associated Terms <https://www.jcs.mil/Portals/36/Documents/Doctrine/pubs/dictionary.pdf#search=%27Department+of+defense+dictionary%27>（2020年3月29日最終アクセス）.
Forcese, Craig. 2006. “Through A Glass Darkly: The Role and Review of “National Security” Concepts in Canadian Law.” *Alberta Law Review* 43(4).
——————. 2008. *National Security Law: Canadian Practice in International Perspective*. Irwin.
Scott, Paul F. 2018. *The National Security Constitution*. Hart Publishing.

第2章

代表

概　観

1　日本国憲法下での国政選挙

1947年4月に日本国憲法の下で、第23回衆議院議員総選挙（以下「衆議院選挙」）と第1回参議院通常選挙（以下「参議院選挙」）が実施されて以降、現行の憲法の下で、26回の衆議院選挙と24回の参議院選挙が行われてきた（2020年6月現在）。衆議院選挙に関しては、それらのうち18回分の総選挙は中選挙区単記非移譲制の下で実施され、その後1993年の第40回総選挙まで継続した。そして1996年の第41回総選挙以降、小選挙区比例代表並立制が導入され現在に至っている。参議院選挙に関しては、1982年の全国区の廃止および拘束名簿式による比例代表制の導入、2000年の拘束名簿式から非拘束名簿式への変化、2017年の参議院での合同選挙区（以下「合区」）を含む区割り改定等の変化も経ながら、衆議院選挙よりも頻繁な定数是正のために、そのつど制度が改正されてきた。

2　憲法によって守られる選挙過程

衆参両院の選挙について、現行の日本国憲法は、法の下の平等原則（14条）、普通選挙の保障（15条3項）、投票秘密の保障（同条4項）が定めるところによって、選挙を通じた政治参加の権利を保障している。各条文は、社会経済的属性によって差別されることなく、成年に達した男女がすべて選挙権者として投票する権利を認めている。そしてこれらの投票参加にかかわる条文を受けて、両議院の組織（43条）、議員および選挙人の資格（44条）、両議院の任期（45条・46条）によって、民意を統治機構へと転換・反映し、統治機構が再び選びなおされるという代議制民主主義の基盤的なルールが定められている。

また憲法によって保障されている政治参加の領域は、選挙を通じた投票参加のプロセスに限らない。投票以外の政治参加の形態、すなわち投票外参加のルートも、日本国憲法は保障している。16条で請願権が保たれ、有権者が政党や議員に対して働きかけて政治的意見、政策上の希望を伝える権利を認めている。加えて、19条および21条にある思想、表現、結社の自由は、有権者が投票や請願といった政治過程に依拠せずとも署名活動、政治運動、デモ活動等を通して政治的意見を表明できる権利も保障している。ケネス・盛・マッケルウェインらや待鳥聡史の指摘にあるように、現行の日本国憲法において基幹的政治制度に関する条文は必ずしも多くはなく、選挙のルールをめぐっては公職選挙法が詳細な規定を担っている（待鳥 2016；McElwain & Winkler 2015)。しかし日本国憲法は、選挙にかかわるルールに対して、政治過程に選挙権を有する国民すべてを包摂することを定めている。政治への公正かつ平等な参加によって、有権者が代議制民主主義のシステムに参入する権利を、日本国憲法は保障していると考えられる。

3　争点になっていることは何か

しかし歴史をたどると、憲法の保障によって支えられている日本の選挙制度に対して、いくつかの局面でその合憲性が問われてきた。なかでも「一票の格差」に関する選挙無効請求訴訟は、合憲性がもっとも争点化されてきた領域である。１９６２年の参議院選挙に対して、越山康弁護士が１９６３年に起こした訴訟に始まり、２０２０年6月現在までに衆参でそれぞれ15回の選挙無効請求訴訟に対する判決が出されている。一票の格差を是正するために、複数の公職選挙法の改正を経て、衆議院では２０１７年の衆議院選挙時に1・98倍にまで格差は縮小し、最高裁もこの値を違憲とはしなかった。しかし、選挙無効請求訴訟は起こされているし、今後も訴訟の趨勢は続くと考えられている。以下の本章Ⓘ〔大村論文〕およびⅡ〔吉川論文〕では、こうした一票の格差問題をはじめとして、憲法、選挙制度、代表という各領域の関係性について、それぞれ政治学・憲法学のアプローチから考察する。

（大村 華子）

参考文献

待鳥聡史 2016「政治学からみた憲法改正」駒村圭吾・待鳥聡史（編）『「憲法改正」の比較政治学』弘文堂.

McElwain, Kenneth Mori and Christian G. Winkler. 2015. “What’s Unique about the Japanese Constitution? A Comparative and Historical Analysis.” *Journal of Japanese Studies* 41(2).

Ⅰ 分析と論点

選挙制度と統治のデザイン
――政治学の視点から

大村華子

本稿と本章Ⅱの吉川論文では、法学と政治学からのアプローチの下に、一票の格差問題などを取り上げながら、憲法、選挙制度、そして代表という三つの要素の関係を考察する。日本国憲法では本章の**概観**に紹介した各種の条文によって、選挙を通じて人々の政治に対する期待を伝えるための投票参加と、選挙によらずに自由に政治に対する期待を伝えるための投票外参加の二つのルートが保障されている。それによって、有権者の政策に対する希望を政治に反映させるための道すじが保たれてきた。日本国憲法は、私たちが政治に参加するためのプロセスを守り、不当な理由で政治から疎外される人々がないように選挙制度を支えている。だから現行の憲法に照らして、選挙制度に目立った問題はなく、選挙制度の合憲性が問われることなどなかったかと言えば、そうではない。

この点でもっとも注目を集めてきた問題が一票の格差である（以下「一票の格差問題」）。私たちが日本における選挙制度の合憲性を考えるときに、一票の格差問題を避けて通ることはできない。一票の格差を〝5倍から2倍に、2倍をより小さく〟と追い求める先に、何が目指されているのだろうか。そして本来的には、何が目指されるべきなのだろうか。

本稿では、政治学において重視されてきた「政治代表（political representation）」の概念を導入し、〈一票の格差の是正といった手続き的な平等の追求のために、政策（実質）的な面での応答の平等が軽視されているのではないか〉という論点を示す。別の言い方をすれば、投票価値の平等が一貫して目指されてきたのに対して、〈有権者の意向を政策選択に反映させる〉という民主主義の重要な機能への関心が十分に促されてこなかったのではないか――そしてその背景には、憲法が日本の選挙空間に及ぼす制約のアンバランスが存在するのではないかというのが、本稿の問いかけとなる。

1　日本国憲法と選挙制度――一票の格差問題への注目

まずは、一票の格差問題とは何なのか、2017年に行われた日本の衆議院選挙の小選挙区での結果を例に考えてみよう。この総選挙において、もっとも選挙人名簿および在外選挙人名簿登録者数（＝有権者数）の多かった選挙区は足立区などを含む東京13区で、もっとも少なかったのは鳥取市や倉吉市などからなる鳥取1区だった。東京13区の有権者数は47万4118人なので、東京13区の有権者1人あたりの一票の価値は47万4118分の1、鳥取1区での一票の価値は23万9097分の1となる。これだと、とても小さい値で理解しづらいだろう。しかしこの二つの数字をもとに比を計算してみると、投票価値の不平等がみえてくる。2017年の総選挙でもっとも一票の価値が軽かった東京13区と、もっとも一票の価値が重かった鳥取1区とでは、47万4118分の1÷23万9097分の1＝1・979倍の格差があったと計算できる。この1・98倍という格差の値は、選挙区間人口の最大最小比と呼ばれ、格差を測るときによく使われる指標である[1]。この指標から考えると、鳥取1区の有権者の1票の価値は、東京13区の有権者の1票の価値の1・98倍であったことになり、憲法14条の法の下の平等が保たれていないという主張の根拠になってきた。

実はこの一票の格差は、衆議院選挙においても、参議院選挙においても、これまでにかなりの程度縮められてきた。参議院に関してみると、1992年に6・59倍であった格差が2017年

（1）最大最小比による格差の指標化はもっとも一般的である一方で、粕谷祐子、鎌原勇太、和田淳一郎による一連の研究で詳細に議論されているように、一票の格差の分析に際しては問題があるとされる（Wada & Kamahara 2018; 粕谷 2015；Kamahara & Kasuya 2014）。たとえば、粕谷［2015: 104］は、最大最小比以外のより厳密な指標化とされるルーズモア＝ハンビー指数（Loosemore-Hanby index）を用いた場合にも、1990年代後半から衆議院選挙における格差は顕著に減少していることを示している。

には3・01倍に、衆議院に関しては、1976年に4・99倍であった格差が2017年には1・98倍にまで縮まっている。先に挙げた「1・98倍」という衆議院での格差の値は、実は過去最小にまで縮小した努力の成果と言ってよいものなのである。

このように衆参両院の選挙において一票の格差は徐々に是正されてきた一方で、格差を問題視する声は大きくなっている。2000年以降、選挙無効請求訴訟と呼ばれるいわゆる一票の格差訴訟が、ほぼすべての国政選挙で起こされた。そして最高裁大法廷が違憲状態判決を出す頻度も増した。なぜ格差は縮小しているのに、訴訟は増え、違憲状態判決も増えているのだろうか。

ここには、「どの値までいけば、一票の格差論問題に終止符を打つことができるのか」という難しい問いが控えている。5倍の格差が2倍になった、という縮小の程度を考えると、一票の格差を是正する試みは成功してきたと評価できそうである。しかし、衆議院ではいまだ2倍、参議院ではいまだ3倍の格差が残っている、と考えると問題はそれほど単純でないように思える。現に2倍未満の格差に対して、2018年の合憲判決に反対した裁判官からは「平成27年大法廷判決が（……）違憲状態であると断じた平成26年選挙における最大較差が2・129倍であったところ、本件選挙における最大較差は、それをわずか0・15下回っただけの1・979倍であったのに、本件選挙につき合憲状態にあると宣言することは、投票価値の平等という観点から考えた場合、素直に理解しにくい」とする評価も示されている（最高裁平成30年12月19日大法廷判決〔民集72巻6号1240頁〕）。格差が限りなく1・0に近づけばよいが、全国を1選挙区とする選挙制度を採用しない限り、格差が1・0になることはない。ではどこまで格差が縮まれば、投票価値の平等が達成された理想的な状態であると、有権者は納得することができるのか。私たちは見えないゴールを前に、選挙ごとに区割りを微調整しながら、不断の努力を重ねていくことしかできないのだろうか。

このゴールが不透明な一票の格差問題に対して、政治学の研究者たちは、代表（representation）という考え方に注意を払うことで、一票の格差問題をよりよく理解し、是正すべき問題の本質を見極めようと訴えはじめている。粕谷祐子による議論をみてみよう。

「現時点では一票の格差そのものを是正すれば問題が解決とされると考えられがちであるが、これが実現されたとしても『平等』の問題を解決するに過ぎない。より広い観点からは、一票の格差を『代表』に関する問題と位置づけそもそも日本においてどのような代表の在り方が望ましいかを考える必要がある」（粕谷 2015: 95）。

右の指摘からは、一票の格差問題について、「平等」という視点にこだわりすぎることで大切な論点が見逃されてはいないか、というメッセージが伝わってくるだろう。5倍の格差を2倍未満へと縮めてきた努力は、平等を実現するために不可欠なものであるし、その労苦が無駄なものであったわけではない。しかし、一票の格差があることで私たちにどのような不利益があるのか、そしてその不利益はなぜ起こってしまうのか――政治学者たちは、その疑問は格差値の背後にある代表の問題と関係づけてはじめて明らかになってくるのだ、と言うのである。では、ここでいう代表とは、政治学の中でどのように考えられてきたのか、次節でみていくことにしよう。

2　政治代表とはなんだろうか

代表とは何か、を考えることはとても難しい。古くから哲学的な論争が繰り返されてきたし、本書が扱う憲法という切り口からは、代表についてのより洗練された考察が積み重ねられてきた。特に近年の政治学では、「委任と応答」という考え方を通して、代表を理解することが試みられているので、その議論の骨子を紹介しておこう。

まず政治学の研究者たちは、代表のことを特に「政治代表」と呼ぶことが多い。政治代表という考え方の根っこには、〝政治は大変で、専門性が求められるしごとだ〟という前提がある。私たち市民は、その困難なしごとを政治の専門家である政治家にお願いする。これが委任（mandate）である。そして政治の専門家である政治家を選ぶ過程が選挙となるわけだが、選ばれて委任を受けた政治家は、有権者からの委任に対して責任を果たすべく、応答（responsibility）をしなくてはいけない。この応答を、もう少し専門的には政策的応答性（policy responsiveness）ということもある。近年の政治学では、私たちが政治のしごとを委任して、それに政治家が応答するという一連の過程を政治代表とすることが一般的な理解になってきている。

ここで読者の中には、〝代表は委任と応答という二つのプロセスからなる、とそんなに単純に理解していいのか〟、〝代表を考えるときに、どちらのプロセスの方が大事なのか〟と疑問をもった人がいるかもしれない。いずれも大切なポイントである。この二つのプロセスをどのように整理するか、どちらに重きを置けば代表のプロセスがうまく働くのかについて、政治学の中では長い間にわたって議論が続けられてきたからである。

第一の委任のプロセスを大事だと考える人は、誰が、どの程度、政治に参加する権利が認められているのか、それがどれだけ平等で公正かということに関心をもつ（Dahl 1971=1981）。その立場にたつと、普通選挙の下で、選挙権年齢に達した人たちが性別、所得、出身地、社会的な地位、宗教・信条、健康などで差別されずに、平等かつ公正に選挙権を与えられるかが、代表の成否を判断する決め手となる。そして、選挙を通した意思の伝達で飽きたらないと思う人たちは、政治家に直接訴える請願・陳情といった手段をとってもよい。それでも不十分だと感じるなら、署名活動やデモ活動をリードしたり、それらに参加したりすることで、自由に自分たちの希望や不満を政府に伝えてもよい。政治に対して、選挙を通じた委任と、選挙ではくみ取りきれない意思を伝える機会が双方ともに保たれていることが、代表や民主主義を考える上で大事だと考えるこの立場は、代表や民主主義の手続き的な面（procedural democracy）を重視する流れをかたちづくってきた。この立場にたつ人たちは、民主主義に参加していくための手続きが十分に保たれているのか、そしてそれが公正で平等であるかが大事だと考えている。そしてこの観点からすると、委任という一連の政治過程の「始まり」のプロセスに光が当たっていることに、注目しておいてほしい。

これに対して、第二の応答のプロセスが大事だと思う人は、誰が、どの程度、私たちに価値あるものを与えてくれるのか、それがどれだけ公正で平等かということに関心をもつ（Lasswell 1936; Ferejohn & Rosenbluth 2010）。ここで言う「価値あるもの」とは、なんだろうか。ある人は、自分の住む地域の生活を便利にするために道路を新たに作ってほしいと言うかもしれない。別の人は、所得補償などを通じて苦しい生活を助けてほしいと思うかもしれない。ほかにも、夫婦別姓を認めてほしい、同性どうしの婚姻を認めてほしいといった、モノやカネでは解決が難しい、目に見えないけれども、まさに価値観そのものの実現を望む人もいるだろう。このように選挙区の政治家、その政治家によって構成される政府が、人々が求める「価値あるもの」を実際にもたらして実現してくれるのか、ということが応答である。代表について、私たちが価値あるものを獲得できるかが大事だと考えるこの立場は、代表や民主主義の実質的な面（substantive democracy）を重視する流れをかたちづくってきた。これは、誰がどれだけ政治過程に参加できるのか、どれだけ平等なのか、という手続き的な面に重きを置く流れとは一線を画している。そしてこの立場は、政治代表における応答という、どちらかと言うと「終わり」のプロセスを重視していることも、手続き的な面との比較からはみえてくるだろう。

こうした整理に基づいて一票の格差問題を考えてみると、大事なことがみえてきはしないだろうか。一票の格差は不平等だということで訴訟を起こしたり、違憲状態を解消して平等な区割りの達成に取り組んだりすることは、どちらかと言うと手続き的な意味での代表、手続き的な意味での民主主義のための努力、ということになる。本章の**概観**でもみたように、戦後の日本は幾度もの選挙制度の改正を通して、選挙区間の格差を縮めてきた。それは、手続き的な民主主義をより良いものにするための努力だったと理解できる。そして政治代表の始まりのプロセスに対する処方箋であった、と考えることができるだろう。

これに対して、手続き的プロセスに多くの光が当たってきたにもかかわらず、一票の格差と応答の問題とのつながりが十分に検討されていないのではないか、というのが一票の格差を研究する政治学者たちからのメッセージである。粕谷の引用にあったように、格差を限りなく縮めていったとしても、その先にあるのは平等であるにすぎない。格差を縮めていく先には、政治家や、政府からのより誠実な応答が本来的には求められ、「始まりの手続きから、終わりの応答までをつなぐ一票の格差問題」という理解こそが必要になる。このように考えると、一票の格差問題とは、単に投票価値の不平等の問題ではなく、私たちに対する政治家や政府から応答の不平等の問題なのだということが、その本質としてみえてくる。

ここで知っておいてもらいたいことは、一票の格差を扱う政治学者たちが、単に、〝応答の不平等を考えるべきだ／是正すべきだ〟という意見を声高に言っているだけではない、ということである。彼ら彼女らは一票の格差がもたらす応答の歪みを、緻密な分析によって明らかにしてきた。一票の格差が広がれば、応答の不平等性が高まるという仮説を立て、データを集め、データに合った手法を用いて実証分析を積み重ねてきた。そして、一票の格差が政治家による応答の偏りをもたらすことの客観的な証拠《エビデンス》を示している。次節では、そういった研究から得られた知見をみてみることにしよう。

3 一票の格差は代表を歪ませるのか

図1に示したように、国際比較からみて、日本の一票の格差は必ずしも大きいものではない（参考、粕谷 2015：Horiuchi 2004）。世界には、より深刻な一票の格差を抱えている国がある。それらの国を分析の対象とする研究者たちは、一票の格差がどのように政治経済的に非効率な状態をもたらしているのかを明らかにしようとしてきた。(2) 南米のブラジルやアルゼンチンでは、大きな一票の格差のもと再配分の連邦主義（reallocative federalism）と言われる、各州の過大代表（overrepresentation）が生じているという（Gibson et al. 2004; Gordin 2010）。過大代表とは、地方自治体に対して、国家からの財政移転が過剰に行われている状態である。一票の格差が大きいと過大代表が生じる――結果として、財政支出が増えることから、財源確保のために逆進課税が採用される傾向が強まり、貧困層にとって望ましくない、社会的に非効率な政策決定のメカニズムが働きやすくなっ

図1：一票の格差の国際比較

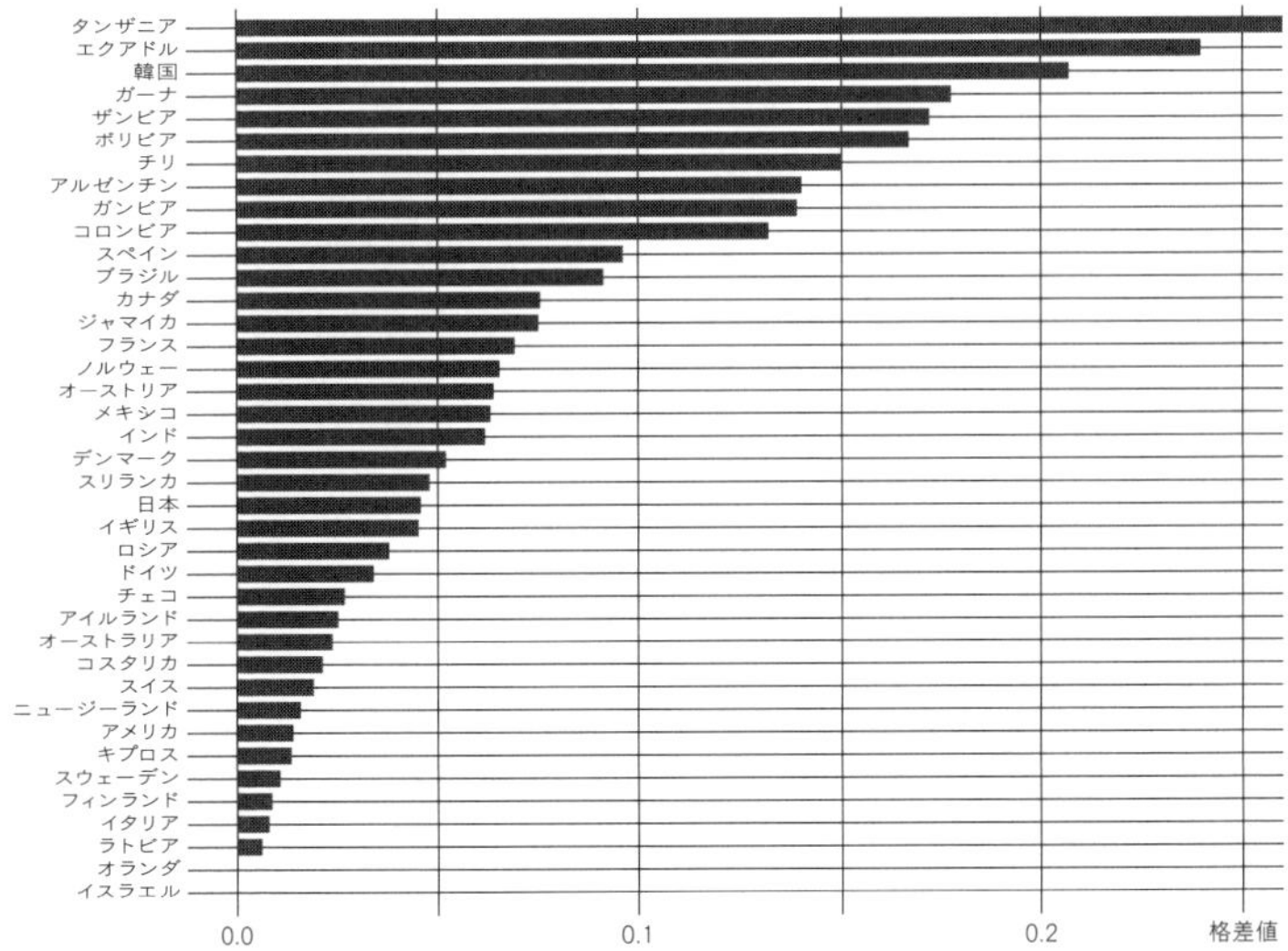

出典：Horiuchi［2004］のデータ〈https://dataverse.harvard.edu/dataset.xhtml?persistentId=doi:10.7910/DVN/28823〉をもとに筆者作成。格差値は、Samuels & Snyder［2001］の指標をもとに算出されており、各国の得票率と議席率の差の絶対値を足し合わせたものに1/2をかけた値である。各国のデータは2004年公刊時のものである。なお、オランダとイスラエルの格差値はゼロである。

てしまう（Ardanaz & Scartascini 2013）。

とはいえ、非効率な政策選択の原因は一概に一票の格差とは言いきれず、アルゼンチンやブラジルの権威主義体制や地域代表の問題に起因するという見方もある（Galiani et al. 2016）。不適切な富の分配は、より根源的な原因（構造均衡：structural equilibrium）に帰するというのだが、そうした政治体制や地域代表といった根源的な要因がさほど大きくはないと考えられるOECD諸国においても、一票の格差が過大代表を引き起こしていると言われている。アメリカにおいて、一票の格差が大きい選挙区ほど、州内の郡部（county）に移転される財政支出が増えることが明らかになっているし（Ansolabehere et al. 2002）、二院制のもと上院と下院の選挙区間で格差が異なることが、より状況を複雑にしているという（Ansolabehere et al. 2003）。議院内閣制のドイツでは、下院において比例代表制が中心となる小選挙区比例代表併用制がとられ、諸外国と比べても一票の格差は小さいことが図1からも明らかである。しかし、上院においては一票の格差が存在することから、上下両院間で「格差の格差」が生まれ、上院の格差の影響が強く現れるかたちで州ごとの財政移転に不平等が起こっていることを示す研究もある（Pitlik et al. 2006）。

国際比較からみて一票の格差が大きいわけではない日本においても、議院内閣制の下で衆参両院間での格差の格差を背景として、過大代表が起こっていることが精緻な分析によって明らかになっている。堀内勇作と斉藤淳の一連の研究によれば、一票の格差値が大きいほど、地方交付税交付金と国庫支出金をあわせた財政移転が増えている（Horiuchi & Saito 2003）。ドイツ、アメリカ、そして日本のように相対的に一票の格差が小さいと考えられる国であっても、それぞれの文脈を背景とした格差が存在し、それが応答の偏りをもたらしているようである。

では、一票の格差にともなう応答の偏りは、なぜ生じるのだろうか。ここで考えなくてはならないのが、政党の存在である。次節では、政党のある重要な機能に触れた後に、そこから派生するかたちで日本国憲法、政党、選挙制度をめぐる争点化の歴史的変遷も駆け足で振りかえっておこう。

4　選挙制度の違憲性をめぐる議論の変遷――政党、憲法、一票の格差との関係

政党の機能、比例代表制、そしてその違憲性

日本国憲法の中に、政党という言葉が含まれていないことはよく知られている。国際比較の観点からも憲法上、政党に対する保障や規定は必ずしも多いとは言えないが、有権者と政治をつなぐ政治代表のプロセスの中で、政党が果たす役割は大きい。21条において結社の自由が認められていることから、政治結社である政党の自由な活動が守られていると理解されてきたし、政治学は伝統的に、政党を委任と応答のメカニズム、つまりは政治代表の中心的な担い手であると位置づけてきた。政党は政治家になる人材を発掘し（公職者の選出機能）、政権をかたちづくることで（政権担当機能）、選挙区の利益に応答するためのリソースを配分する（利益分配機能）。政党組織がリソースを適正に分配できるのであればよいが、政党内での政治家の力関係やグループ・派閥の

（2）読者の中には、一票の格差に民主主義や経済発展の程度がすでに影響を与えているのではないかと考えた人がいるかもしれない。格差を是正し区割りに反映させるためには、最適な区割りを割り出すための高度な技術が求められるし、現状の区割りに恩恵を受けている政治的に有力なグループの同意を得るための民主主義的な手続きも必要になる。一票の格差が民主主義や経済状況に影響を与える以上に、それらの要因から一票の格差が受けている影響への目配りも必要になるであろう。

力学次第で分配に偏りが生じるなら、有権者への応答にも偏りがもたらされてしまう。そのようなとき、政党は応答のプロセスにおいて非効率な決定の主体だ、ということになる。

このように伝統的な政治学は、政党の利益分配機能を中心に、応答に負の側面が生じることを認めてきた。しかし最近では、政党に、難しい政治に関する判断をわかりやすくする機能が備わっていることに、とりわけ関心が向けられている。私たちは、政治家が言う細かな政策の中身まではわからないことが多い。多くの場合、有権者は政治家、政府がどのような実績をあげたかさえもよくわからないだろう。そんなときに、〝この政党の候補者ならだいたい自分の考えに近い政策を示しているだろうし、きっと望む政策を実現してくれるだろう〟というように、難しい政治に関する判断をショートカットする。政党は、政策、候補者の性質、実績などを、政党のブランド・ラベルの下にパッケージ化し、有権者にとってわかりやすい「目じるし」として機能する。有権者は、難しい政策評価、候補者評価、業績評価を一からしなくても、政党の目じるしを追えば、おおよそ合理的に自分にとって望ましい選択をすることができる。このとき政党は、政治に関する情報の手がかりを私たちに示している、と考える。私たちが物事を考えるときに〝めんどうだな〟と感じる、認知的負荷を軽減できるというのが、政党という情報の手がかりのメリットであり、この政党の機能を背景のひとつとしている選挙制度が比例代表制である(3)。現在の日本の選挙においてごく普通に定着している比例代表制であるが、両院の初期の選挙においては取り入れられていなかった。比例代表制の導入をめぐる争点化は、一票の格差問題、応答の偏りの問題と密接に関わったものだった。その経緯をみておこう。

1950年の公職選挙法の制定以降、参議院では、全国区制と地方区制の2票を投じる選挙制度がとられてきた。しかし1980年代になって、全国区制を廃止し、比例代表制の導入を意図した制度変更が検討されるようになった。情報のショートカットの考え方に従えば、比例代表制の下で、有権者はより簡便な投票が可能になる。何より比例代表制の下で、一票の格差は残るとしても、比例ブロックのサイズをうまく調整すれば、一票の価値は1・0に近づく可能性もある。(4)

しかし比例代表制は、有権者が議員個人を直接選んでいるのではなくて、政党をもとにしながら選ぶ制度でもある。そのために、憲法43条の「両院議員は選ばれた議員によって構成される」という条文を根拠とした合憲性が問題視された。選挙制度の見直しは、選挙制度改正にかかわる特別委員会といった国会の中の諮問委員会の場で検討されてきたが、古い時期のものとして、委員会に招致された参考人(有識者)6人のうち4人までもが、比例代表制は違憲であるとした記録

(3) ここでは情報のショートカットの利点を挙げたが、党派性の手がかりによって認知バイアスが生じるとされ、選挙研究の分野を中心に、その欠点を論じる研究も多い。

(4) 比例代表制の方が一票の格差は問題になりにくいかと言うと、必ずしもそうではない。南米のブラジルやアルゼンチンでは非拘束名簿式による比例代表制の下で議会選挙が行われているが、一票の格差は日本よりも大きく問題視されている。たとえばブラジルの場合、比例代表制の下で1~3議席を争うからであり、事実上、中選挙区制と類似した選挙制度とみることができる。アルゼンチンでは選挙区単位が州と大きいため、区割りの微調整が困難で一票の格差は大きいまま固定化しやすいと考えられる。

も残っている（第96回国会参議院「公職選挙法改正に関する特別委員会」第10・12号、1982年6月18・24日）。現在の私たちが、比例代表制を当然のものとして受け入れている姿からは想像できないが、40年ほど前の日本では、政治家個人ではなく政党を選ぶというシステムにそれほどまでに抵抗感があったのである。1982年に参議院では拘束名簿式比例代表制が導入され、地方区での候補者個人への投票との二票制が導入されることになったが、その論争は参議院ばかりではなく、衆議院での選挙制度改正の争点にも引き継がれた。衆議院選挙の場合、議論は一層複雑なものになった。それは、かつての選挙制度である中選挙区単記非移譲制の下での応答の偏りの問題とも深く関わっていた。

衆議院でのより複雑な状況

衆議院選挙では、1946年以降、中選挙区単記非移譲制がとられてきた。中選挙区制の下では一つの選挙区から複数名の同一政党の候補者が立候補し、複数名の議員が選ばれるから、政党の目じるしが働きづらい。政党内の候補者個人が誰なのか、何をしてくれるのかに、有権者は目を向けやすくなる。結果として、中選挙区制の下での有権者は、候補者が何を自分たちにもたらしてくれるのかという応答の部分、つまりは利益に関心をもちやすくなっていた、と考えられている。

ここに一票の格差問題もあわせて考えてみよう。中選挙区制の下では、いまに比べて、一票の格差は大きかった。[5] 選挙区を広域にわたって定めねばならないことから、細かな区割りの変更によって選挙区内の人口を調整することが難しかったことも一因となっていた。地方の一票の重みの大きいところにいくほど、選挙区内の有権者は、商工業、建築業、農林水産業など特定の産業部門への利益誘導を背景として、都市部の有権者よりも政治家からの応答の恩恵をより多く受けることができたし（建林 2004）、選挙区の規模が大きく区割りの調整が難しいために、特定の選挙区の有権者を利する構造が続きやすかった。一票の格差が大きいと、利益分配が偏りやすいことを示す研究をいくつか紹介したが、中選挙区制の時に一票の格差は大きく、利益分配が特定の選挙区に偏りやすいという状況がまさに起こっていたのである。現状の区割りの下で得られる利益が大きいならば、政治家にとっても、有権者にとっても、格差を正すために選挙制度を見直すインセンティヴは働きにくい。結果として、現状が常に維持されるかたちで中選挙区制が続き、自由民主党による一党優位体制も中選挙区制のメカニズムを基調としながら維持されていた。

他方で、中選挙区制、一票の価値の偏り、利益・応答の不平等という連関に問題があることは、1950年代からすでに問題視されていた。ここから、選挙区の規模をより小さくし、細かな区

（5） 中選挙区制初期の一票の格差問題は、「3万票で当選できる群馬3区、14万票獲得しないと当選できない東京7区」という表現に現れているように、当選ラインの不平等性への関心を特徴としていた（読売新聞1972年12月24日）。当時の一票の格差問題の根底には、投票価値の不平等への批判というより、どちらかというと選挙区定数の違いによってもたらされる選挙結果の公正性への疑念があったようである。

割りの調整にも小選挙区制の方が望ましいとする主張も早い時期から有力な提案とみなされた（参考、1951年選挙制度調査会「選挙制度改革答申」）。そこに比例代表制を組みあわせれば、小選挙区制のみからなる制度の下では不可避の中小政党の淘汰の問題も解消される。比例代表制は、政党を選ぶ制度であるから、有権者の関心を政党に向かわせやすい。だからこそ小選挙区制と比例代表制をなんらかのかたちで組みあわせる制度は、政党本位、政策本位の選挙制度改革を目指そうとする人たちにとって、望ましい選挙制度と考えられた（芦部 1991）。

1990年代になると、カネのかかる選挙をやめる、政党・政策本位の選挙を実現するという方向性と、中選挙区制によって生じている一票の格差を正すという方向性が重なることで、1994年3月に小選挙区比例代表並立制の導入が決まった。そしてこの時点まで、小選挙区制が中選挙区制下の利益分配の不平等と一票の格差をともに解消できる制度だと考えられていたことは、とても重要である。3月に小選挙区の導入が決まって、同年9月にかけての区割り法案をめぐる審議において、各都道府県に1議席をあらかじめ割り振る「一人別枠方式」のために、小選挙区制であっても2倍の格差が残存することがようやく明るみになったからである。中選挙区制下の一票の格差と応答の偏りへの処方箋でもあった衆議院の小選挙区比例代表並立制であるが、いまなお小選挙区制下での一票の格差が問題視されている背景には、制度導入時点では十分に予測（争点化？）がなされなかった格差の残存があったと言えるだろう。

とはいえ小選挙区制の導入により、中選挙区制の時に比べて格差は縮まった。しかし、格差は中選挙区制の時と同じか、あるいはその時以上に争点化されている。選挙無効請求訴訟は増え、違憲状態判決も増えている。私たちはどこまでいけば、一票の格差問題から解きはなたれるのだろうか。あるいは、一票の格差問題の争点化に、もはや限界があるのではないだろうか。次節では、現在の小選挙区比例代表並立制下での選挙無効請求訴訟のトレンドに触れたのちに、**1**の議論に立ち戻りつつ、憲法による保障・制約の及ぶ範囲にこの問題を解くカギがあるのではないか、という見方を示す。

5　一票の格差問題のいま――憲法による制約は選挙制度のどこに及んでいるのか

小選挙区制下での一票の格差

衆議院での小選挙区比例代表並立制の導入は、日本の選挙をかなりの程度変えたと言われている。政治家は政策志向を強め、自民党を中心に政党組織の強度が格段に強くなったこともいくつかの研究が示している（例として、濱本 2018；Fujimura 2013）。有権者が政党をより目じるしとして投票するようになったかというと、その答えは〝微妙〟ということになるのだが、それでも、政党の目じるしは機能しやすくなってきていると考えてよいだろう。少なくとも現在、〝比例代表制は議員を選ばずに政党を選ぶシステムだから違憲だ〟とか、〝小選挙区制では議員個人よりも政党が選択の中心になるから問題だ〟と訴える人はまずいない。制度改革から25年たったいま、政党本位・政策本位の選挙という小選挙区比例代表並立制の目指したものが大まかには実現されつつあるとみてよいかもしれない。

しかし、小選挙区の導入は中選挙区制下の一票の格差を解消する制度になる、という期待に関して言えば、結果は必ずしも望ましいものとはならなかった。各都道府県にあらかじめ1議員を割り振るという「一人別枠方式」を採用している限り、格差は少なくとも2倍以下には縮まらなかった。表1を見てほしい。1963年にはじめての選挙無効請求訴訟が参議院において起こされて以降、1999年までと2000年以降の最高裁の違憲審査回数と判決回数を比べたものである。1999年までの期間に比べて、2000年以降では衆参両院選挙ともにほぼすべての選挙について選挙無効請求訴訟が起こされ、違憲状態判決も多く出されている。これについて、〝選挙無効請求訴訟をリードしている顔ぶれはいつも同じ〟、〝訴訟を起こすこと自体が目的化している〟、といった冷めた見方もある。しかし、小選挙区制を導入したにもかかわらず、日本の選挙空間のいずれかに、一票の格差はいまだ解消されていない不平等の根源なのだ、という不満がくすぶり続けていることは確かである。

違憲状態判決に応じるように、2000年代以降、衆議院議員選挙区画定審議会は頻繁な区割りの変更を進めてきた。X増Y減として、一票の価値の大きい地域の議席を減らし、価値の小さい地域の議席を増やすことで、選挙ごとに区割りが微調整されている。そうした細かな調整に加

表1：2000 年以前と以降での選挙数、違憲審査回数、違憲・違憲状態判決の比較

	選挙数	違憲審査回数	違憲・違憲状態判決回数
衆議院（～1999年）	12	7 (58%)**	3 (43%)***
衆議院（2000年～）	7	6* (86%)	3 (50%)
参議院（～1999年）	13	9 (69%)	1 (11%)
参議院（2000年～）	7	7 (100%)	2 (29%)
両院合算（～1999年）	25	16 (64%)	4 (25%)
両院合算（2000年～）	14	13* (93%)	5 (38%)

注 * ：2003年衆議院選挙に関する訴訟では最高裁が却下。
注 **：違憲審査回数÷選挙数。
注 ***：違憲・違憲状態判決回数÷違憲審査回数。

えて、区割り変更をめぐる大きな制度変化もあった。２０１６年に衆議院では、国勢調査による都道府県ごとの人口比に応じて議席配分を決めるアダムズ方式の導入が決まった。また参議院では、２０１７年に合区の導入が決まった。合区の導入によって、鳥取県と島根県、高知県と徳島県はそれぞれ一つの選挙区に統合され、４議席分が２議席分へと縮小された。〝１都道府県あたり１議員〟という議席の配分ルールが戦後の長きにわたって原則とされてきたが、合区はその原則をしりぞけて導入されたことになる。数度にわたる違憲審査と違憲状態判決に応じて細かな制度改正がなされている一方で、なぜ訴訟のトレンドは継続しているのだろうか。

憲法による代表の保障のアンバランス？

ここで**２**の議論を思い出しながら、もう少し考えてみよう。アダムズ方式の導入、合区の導入という二つの制度変更はともに、投票価値の平等を追求したものであり、「始ま

り」の委任のプロセス、すなわち手続き的な面での平等と公正を実現するための制度変更であった。参議院選挙に関しては、都道府県代表の論理を超えてまで、投票価値の平等が目指されている。このプロセスは、憲法14条の法の下の平等をはじめ、憲法の光がよく当たっている領域である、と整理した。この訴えに応じる選挙制度の調整・改正は、たとえ格差が1・01倍になっても続けられるかもしれないし、いっそのこと格差を云々しなくてすむ全国大選挙区制導入まで徹底しないと終わらないものなのかもしれない。ではなぜ、どこまでも理想点を追求せざるを得ないのかと言えば、その根拠が憲法にあるからである。

ここで、一票の格差問題の本質が、応答や利益の偏りをはじめとする代表の不平等の問題をはらむものだ、とする政治学者たちからのメッセージを思い返してほしい。政治家の応答の問題について、日本国憲法との関係を考えてみるとどうだろうか。ひとたび選ばれた政治家が、有権者の平等な利益代表のために行動することを、日本国憲法は十分に保障しているとは言いがたい。15条2項において、「すべて公務員は、全体の奉仕者であつて、一部の奉仕者ではない」ことが記されており、これを公職者の応答に対する努力義務と解釈することもできる。しかし15条2項を根拠として、政治家の実質的な代表のあり方や、政治家はどのように選挙区の利益を代表するべきか、といった点が憲法と選挙制度の関係のもと争点化されたことは、ほぼなかったと言ってよいだろう。

こうしてみてくると、憲法には選挙制度に対して、投票価値の平等を保障しその実現を追求させる力がある一方で、応答の平等を保障し、政治家に利益分配の平等を実現させるだけのプレッシャーはもち得ていないのではないか、というコントラストがみえてくる。憲法をもとに、「理想的な委任は一票の格差がないことだ」とは言えても、同じく憲法をもとに、「理想的な応答のために選挙制度、区割りを見直すべきだ」という主張にはならない――そして一票の格差問題は、どこまでいっても投票価値の平等の問題を脱することが難しく、応答の平等性という視点につながってはじめて一票の格差問題を論じる意味がある、という視点にはなかなかたどりつかない。平等を追い求めるために、私たちにとって本来的には大切な〝政治代表はどのようにしたら実現可能か〟という視点が抜け落ちているという、冒頭の政治学者たちからのメッセージの背景には、こうした憲法と選挙制度をめぐる構造があると考えられるのである。(6)

今後、区割り画定のために、コンピュータ・サイエンスの最先端の計算技術が導入されれば、選挙ごとに最適な区割りが計算される未来がやってくるかもしれない（堀田 2019）。その際、合区よりもさらに進んだ形態で都道府県境を越える区割りの導入も視野に入ってくるだろう（根本 2012）。その下で格差をより縮めることが可能になるかもしれない。その時私たちは、憲法の制約

（6）もう少し議論を進めるなら、憲法の制約が政治家による実質的な政治代表・応答の側面にまで及ばないことによって、選挙制度の柔軟性が保たれているとも考えられる。もし、「理想的な応答を実現するための区割りは何か」ということまでが、一票の格差問題の争点に組み込まれるならば、憲法と選挙制度との間の緊張は増し、選挙制度の改正はより複雑なものとなったであろう。

を重んじてより小さな格差値を追求するのか、憲法の制約からやや離れたとしても、よりよい代表のあり方を目指すのか――本章Ⅱ〔吉川論文〕の憲法学からのアプローチも読み進めながら、さらに考察を深めてみてほしい。

参考文献

芦部信喜 1991「選挙制度改革問題断想」選挙研究6巻.

粕谷祐子 2015「『一票の格差』をめぐる規範理論と実証分析―日本での議論は何が問題なのか」年報政治学2015―1.

建林正彦 2004『議員行動の政治経済学―自民党支配の制度分析』有斐閣.

根本俊男 2012「一票の格差のリスク実測による衆議院小選挙区制見直しへの考察」選挙研究28巻2号.

濱本真輔 2018『現代日本の政党政治―選挙制度改革は何をもたらしたのか』有斐閣.

堀田敬介 2019「選挙区画定問題の解法」経営論集5巻6号.

Ansolabehere, Stephen, Alan Gerber, and Jim Snyder. 2002. "Equal Votes, Equal Money: Court-Ordered Redistricting and Public Expenditures in the American States." *American Political Science Review* 96(4).

——, James M. Snyder, and Michael M. Ting. 2003. "Bargaining in Bicameral Legislatures: When and Why Does Malapportionment Matter?" *American Political Science Review* 97(3).

Ardanaz, Martin, and Carlos Scartascini. 2013. "Inequality and Personal Income Taxation: The Origins and Effects of Legislative Malapportionment." *Comparative Political Studies* 46(12).

Dahl, Robert A. 1971. *Polyarchy: Participation and Opposition.* Yale University Press〔高畠通敏訳 1981『ポリアーキー』三一書房〕.

Farrell, David M. 2011. *Electoral Systems: A Comparative Introduction,* 2nd ed. Palgrave.

Ferejohn, John J., and Frances M. Rosenbluth. 2010. “Electoral Representation and the Aristocratic Thesis.” in Ian Shapiro, Susan C. Stokes, Elisabeth Jean Wood, and Alexander S. Kirshner (eds.). *Political Representation*. Cambridge University Press.

Fujimura, Naofumi. 2013. “The Influence of Electoral Institutions on Legislative Representation: Evidence from Japan’s Single Non-transferable Vote and Single-member District Systems.” *Party Politics* 21(2).

Galiani, Sebastian, Iván Torre, and Gustavo Torrens. 2016. “Fiscal Federalism and Legislative Malapportionment: Causal Evidence from Independent But Related Natural Experiments.” *Economics & Politics* 28(1).

Gibson, Edward L., Ernesto F. Calvo and Tulia G. Falleti. 2004. “Reallocative Federalism: Legislative Overrepresentation and Public Spending in the Western Hemisphere.” Edward L. Gibson (ed.). *Federalism and Democracy in Latin America*. Johns Hopkins University Press.

Gordin, Jorge P. 2010. “Patronage-Preserving Federalism? Legislative Malapportionment and Subnational Fiscal Policies in Argentina.” Jan Erk and Wilfried Swenden (eds.). *New Directions in Federalism Studies*. Routledge.

Horiuchi, Yusaku. 2004. “Malapportionment and Income Inequality: A Cross-National Analysis.” *British Journal of Political Science* 34(1).

——— and Jun Saito. 2003. “Reapportionment and Redistribution: Consequences of Electoral Reform in Japan.” *American Journal of Political Science* 47(4).

Kamahara, Yuta and Yuko Kasuya. 2014. “The State of Malapportionment in the World: One Person, One Vote?” Social Science Research Network <https://ssrn.com/abstract=2514451> or <http://dx.doi.org/10.2139/ssrn.2514451>.

Lasswell, Harold. 1936. *Politics: Who Gets What, When, How*. P. Smith［久保田きぬ子訳 1959『政治—動態分析』岩波書店］.

Pitlik, Hans, Friedrich Schneider, and Harald Strotmann. 2006. “Legislative Malapportionment and The Politicization of Germany’s Intergovernmental Transfer System.” *Public Finance Review* 34(6).

Samuels, David and Richard Snyder. 2001. "The Value of a Vote: Malapportionment in Comparative Perspective." *British Journal of Political Science* 31.
Wada, Junichiro and Yuta Kamahara. 2018. "Studying Malapportionment Using α-Divergence." *Mathematical Social Sciences* 93.

Ⅱ 応答と展望

選挙制度と統治のデザイン
――憲法学の視点から

吉川 智志

本章Ⓘの大村論文は、いわゆる一票の較差によって生じる問題の「本質」として、政治代表(political representation)における「応答の歪み」を挙げる。大村論文の指摘は、憲法学が、各選挙人の投票価値の不平等という観点からこの問題を捉えたために、一票の較差によって生じる政策的応答(政治家や政府による「価値あるもの」の提供)の歪み(変化)を後景化させてきたことへの問題提起となっている。(1) もっとも、各選挙人にとっての投票価値の不平等も、大村論文の

(1) 憲法学が、一票の較差の害悪を「応答の歪み」として捉えてこなかった理由の少なくとも一つとして、「歪み」を判定するベースラインとなる「あるべき応答」の姿を、憲法のレベルで描くことが難しい、という事情を挙げることができよう。憲法の観点からは、政治代表における応答の内容それ自体が基本

言う「応答の歪み」も、議員1人あたりの選挙人数または人口の較差によって引き起こされているのだとすれば(2)、この二つの捉え方を対立的に描く必要性はあまりない。ここでは、各選挙人の投票価値を平等化することが「応答の歪み」を是正するという、両者の調和的な関係が存在するはずだからである。

他方、大村論文はその末尾で、「憲法の制約を重んじてより小さな格差値を追求するのか、憲法の制約からやや離れたとしても、よりよい代表のあり方を目指すのか」(81～82頁)と問いかける。ここではむしろ、較差是正に猛進することが、よりよい代表(応答)の実現を阻むという、両者の緊張関係が想定されている。これは、較差是正という課題のみを凝視することによって、よりよい代表(応答)を実現するような選挙制度を構築するという目標が国会の視野の外に置かれかねないこと、さらに、よりよい代表(応答)の実現に資すると国会が考える選挙制度が、投票価値の平等の要請に反するために憲法上禁止されてしまうこと、を懸念するものと受け止めることができよう。このうち後者の懸念は、国会の立法裁量を投票価値の平等がどこまで拘束するかという、憲法学における伝統的な論点と、密接に関わるものである。

本稿は、あくまで選挙制度一般について憲法学の観点から検討するものであるが、投票価値の平等に関する右論点についても――主に参議院を素材として――取り上げることとする。

1　憲法学が選挙制度を論じる複数の視点

本節では、憲法学が選挙制度を論じる際の視点を確認した上で、本稿の論述の流れを示すことにしよう。

憲法学が選挙制度を論じる視点としては、何よりも、法律により具体化される選挙制度が日本国憲法（以下「憲法」。本稿で単に「憲法」と言う場合には、憲法典・形式的意味の憲法を指す）に照らして違憲か合憲か、という視点を挙げることができる。言い換えると、選挙制度の決定について、憲法が何を要請し、何を禁止しているかを明らかにすること、そして、これを踏まえて、構築された選挙制度の憲法適合性を判断することが、憲法学の主たる役割のひとつだと考えられる。

加えて、これまで憲法学は――合憲である選挙制度が数多くあることを前提としつつ――いか

権等を侵害する場合（たとえば、不良医薬の供給防止のため薬局開設の許可条件として適正配置を求める法律を制定するという国会の応答が、職業選択の自由を侵害する場合）には、当然これを問題にできるが、これを超えて、応答のあり方が「歪み」を生じさせていると評価することは容易ではない。ただし、憲法学においても、一票の較差が応答のあり方に影響を与えるという認識は――そこで憲法論を争点化しなかっただけで――共有されているものと思われる。

(2) 大村論文は、一票の較差によって生じる、地方交付税交付金と国庫支出金をあわせた財政移転の増加を「応答の偏り」として捉えている（70頁）。なお、大村論文において、「応答の歪み」、「応答の偏り」、「応答の不平等」は、互換的に用いられている。

なる選挙制度が憲法の趣旨に照らしてより望ましいかを論じてきた。こうした議論の中には、「主権」や「代表」といった憲法上の抽象的理念から特定の選挙制度への評価を力強く示すものもあれば、憲法所定の政治制度（議院内閣制や二院制）との関連でその是非を論じる、より制度設計論的色彩の強いものまで、幅広いニュアンスのものがある。

さらに、前二者とは観点が大きく異なるが、最近の憲法学では、選挙制度にかかわる憲法のあり方自体が、関心の対象となることが増えているようにみえる。つまり、憲法レヴェルで選挙制度がどの程度規律されているか（規律密度）の問題や、選挙制度が決定されるプロセスを憲法がどのように定めているのかという問題である。ここではいわば、選挙制度の設計ではなく、選挙制度をめぐる憲法の設計が焦点となる。

以下では、これら複数の視点を意識しながら、日本国憲法下の選挙制度のあり方について、まずは一般的に論じる（2）。次に、大村論文の主題でもある一票の較差との関係で、選挙制度を論じる（3）。最後に、選挙制度をめぐる憲法の設計という論点に立ち入ってみたい（4）。

2 日本国憲法と選挙制度

選挙制度の要素

検討に先立ち、選挙制度を構成する諸要素について簡単に確認しておこう。選挙制度は様々な要素によって構成されるが、中心になるのは、選挙区制と代表方法である。まず、選挙区制のあり方は、各選挙区から選出される議員数により左右される。1名のみが選出される選挙区を小選挙区、2名以上が選出される選挙区を大選挙区と言う。次に、代表方法とは、各選挙区からの当選者を決定するルールであり、大きくは、多数代表法と比例代表法に分けられる。多数代表法は、選挙区ごとにあらかじめ定められた議員定数について、得票の多いものから順に当選させる。他方、比例代表法は、政党を単位として、各党の得票率に比例した議席を配分する（大選挙区制と結びつく）。これら要素の組みあわせによって、典型的には、イギリスの下院選挙やアメリカの連邦議会選挙で用いられている小選挙区制（小選挙区＋多数代表法）や、ヨーロッパ諸国で用いられる比例代表制（大選挙区＋比例代表法）がかたちづくられる。また、かつての日本の衆議院選挙は、定数2～6の中選区制と呼ばれる方法で実施されていたが、これは大選挙区の一種である。ここでは、有権者が1票のみを投じる単記投票制が採用されていたので、定数に応じて2位以下の候補者にも当選のチャンスが増し、少数政党の議席獲得も可能であった（少数代表法とも呼ばれた）。なお、現行の日本の衆議院選挙がそうであるように、小選挙区制と比例代表制が組みあわされることもある。参議院選挙も、選挙区選挙と比例代表選挙に分かれるが、このうち選挙区選挙は、選挙区の人口により定数が異なる結果、改選議席が1である小選挙区と、改選議席が2〜6である大選挙区とに分かれている。

憲法と選挙制度の選択

さて、多くの立憲主義諸国においては、選挙に関する一定の事項については憲法で規定し、それ以外の事項を法律に委ねるという方針がとられている（大石（眞）2008: 133）。憲法で規定される選挙事項の範囲は国や時代によって異なるが、普通選挙や平等選挙の保障など、国民が選挙に「参加」する局面の保障（参政権の保障）は、程度の差はあれ、立憲主義的憲法の共通の関心事となっていると言ってよい。他方で、どのような選挙制度が用いられるか自体が具体的に憲法で規定されることは「極めてまれ」であると言われる（数値の紹介として、吉田・横大道 2019: 70-71）。もっとも、歴史を紐解けば、比例代表制を憲法で規定したワイマール憲法など、選挙制度を憲法に明記した著名な実例があり、現在でも、たとえばアイルランドやノルウェーの憲法は、選挙制度の規律密度が高いことで知られる（マッケルウェイン 2017: 84）。こうした国の憲法は、選挙制度の規律に関する、憲法と法律の役割分担を考える際の参考になろう。

日本国憲法の場合、両議院の議員の任期および参議院議員の半数改選制が規定される一方で（憲法45条・46条）、「両議院の議員の定数」、「両議院の議員及びその選挙人の資格」、「選挙区、投票の方法その他両議院の議員の選挙に関する事項」については、「法律でこれを定める」（憲法43条2項・44条・47条）とされている。もちろん、日本国憲法においても、国民の参政権の保障を中心として、普通選挙、平等選挙、秘密選挙、自由選挙、直接選挙[(3)]、といった選挙原則が採用されており、これに反する選挙制度の構築は許されない。特に最近では、具体的に定められた選挙制度が、平等選挙の一内容と理解される投票価値の平等との関係で憲法上問題とされることが多い（**3**）。とはいえ、日本国憲法の規律密度の低さには留意しておくべきだろう。大村論文の枠組みに引き付けて言えば、選挙制度のうち応答のあり方に多大な影響を与える側面の決定の多くは、法律に委ねられているということになる。

日本の最高裁は、こうした憲法の趣旨を次のように説明している。

「代表民主制の下における選挙制度は、選挙された代表者を通じて、国民の利害や意見が公

（3）ただし、参議院において間接選挙が排除されていないという見解も根強い。大石（眞）［2008: 133］は、参議院の権限が「現行憲法上かなり限定されている」という理解から、間接選挙制の導入は憲法に反しないとする。参議院の権限の理解をめぐる議論については、**3**の「権限と民主的正統性」（105〜106頁）を参照。

正かつ効果的に国政の運営に反映されることを目標とし、他方、政治における安定の要請をも考慮しながら、それぞれの国において、その国の実情に即して具体的に決定されるべきものであり、そこに論理的に要請される一定不変の形態が存在するわけではない。我が憲法もまた、右の理由から、国会の両議院の議員の選挙について、およそ議員は全国民を代表するものでなければならないという制約の下で、議員の定数、選挙区、投票の方法その他選挙に関する事項は法律で定めるべきものとし（43条、47条）、両議院の議員の各選挙制度の仕組みの具体的決定を原則として国会の広い裁量にゆだねているのである」（最高裁平成11年11月10日大法廷判決〔民集53巻8号1715頁〕〔傍線引用者〕）。

選挙制度の「正解」は一つではないので、憲法はその設計のあり方をあえて開いておいた、という説明である。本判決では、小選挙区制の合憲性が争われたが、「小選挙区制は、選挙を通じて国民の総意を議席に反映させる一つの合理的方法」だとされて、合憲だとされた。学説でも、特定の選挙制度を違憲と断じたり、憲法上の要請としたりする見解は、少数説にとどまっている。(4) 要するに、日本国憲法は選挙制度の選択について広く国会の決定に委ねているという理解が、憲法の構造に忠実であり、通説・判例の立場でもある。

もっとも学説上は、この立場を前提としつつも、異なる観点から国会の裁量を統制しようとする議論が提示されている。選挙制度の選択に際して、国会の基本的な決定に国会自身が拘束されるとし、基本決定から首尾一貫しない制度構築を憲法上問題とする議論は、その一例である。また近時、参議院の非拘束名簿式比例代表選挙に「特定枠」が導入され、選挙制度がそれ自体として複雑不明瞭になったことへの問題意識から、選挙制度の「簡潔明瞭性」を、選挙権のコロラリーとして憲法上の要請とみる可能性が、示唆されている（上田 2019: 179-180）。これらのような憲法上要請・排除される選挙制度の実体的内容を直接指示しないかたちでの憲法論は、選挙制度の制度設計についての国会の実体的裁量を認めている現行憲法にも適合的であるという利点があり、その理論的根拠を含めて、さらなる議論が求められる。

憲法上望ましい選挙制度をめぐって

憲法学においては、日本国憲法が特定の選挙制度の採用を要請しているとの立場は少数にとどまる一方で、各種の選挙制度の是非は、それとして活発に論じられてきた。そこでは、特定の選挙制度が他の選挙制度に比べて憲法の趣旨に沿う（沿わない）とか、憲法上望ましい（望ましくない）という評価が示されることもあった。

こうした議論において、しばしば援用されてきたのが、「両議院は、全国民を代表する選挙された議員でこれを組織する」と定める憲法43条1項の〈全国民の代表〉の観念である。たとえば、

（4）少数説として、長尾［1978］（死票の多寡という観点から、小選挙区制を平等選挙原則違反と評価）、松井［2007: 410］（憲法15条から小選挙区制が要請されると主張）などがある。

かつて芦部信喜は、小選挙区制批判を展開した際、全国民の代表という観念について、古典的な政治的代表の意味に加え、社会学的代表という意味を含むと理解することの重要性を強調した。[5] ここで社会学的代表とは、「議会が、現に国民の間に存在し互いに衝突する複雑な利益状況を、その構成・組織の面においてもできるだけ忠実に反映している、という社会学的な現象」と説明されている（芦部 1971: 409）。そして、この代表観念との関係で、多様な民意の反映を重視しない「小選挙区制の提起する重要な理論的問題がある」と指摘したのである（芦部 1971: 410）。もっとも芦部は――小選挙区制の政策的難点を多く指摘しつつも――社会学的代表の観念を用いて選挙制度に対する明確な憲法的評価を下すことには慎重であった（参照、芦部 2019: 305）。

より踏み込んだ見解としては、杉原泰雄のものが挙げられる。杉原は、国家権力それ自体としての「主権」が現実の成年者の総体としての「人民」に属するという「人民主権」論、また議会を通じて「人民」の意見が表明されることを要請する「人民代表制」論を、日本国憲法の解釈論として提示する。そして「社会学的代表制を要求する『人民主権』・『人民代表制』からすれば、民意の公平な反映を犠牲にする『小選挙区制』には根本的な疑問が残る」（杉原 1989: 193）という。ここでは明確に、「主権」や「代表」の解釈により導き出された社会学的代表の観念が、小選挙区制を批判する論拠とされている（杉原 1992: 20-21も参照）。

しかし、「代表」や「主権」の解釈を、選挙制度の憲法的望ましさを論じる際に援用することは、選挙制度をめぐる議論を硬直化させる可能性が高く、また、こうした議論を先行させた結果、日本国憲法上の具体的な政治制度への適切な着眼を欠くことにもなりかねない。それゆえ、少なくともこれを強い論拠とみるべきではないのではなかろうか(6)。

これに対して、日本国憲法上の政治制度（議院内閣制や二院制）との関係で選挙制度の是非を論じる場合には、これら政治制度の趣旨や憲法上想定された運用は何かといった、統治機構論上の根本問題に正面から取り組む必要が出てくる。と言うよりむしろ、このような根本問題こそ、まずもって取り組むべき主たる議論であって、選挙制度の議論は、この主たる議論を通じて導かれる政治制度の趣旨等を実現するための従たる議論のひとつにとどまる、と言うべきかもしれない。

そして憲法学では、まさにこの根本問題をめぐって、鋭い見解の対立がみられた。たとえば1990年代、高橋和之は、国政の基本政策体系とこれを担う政府を国民が選挙を通じて直接的に選択できるような議院内閣制の——二大政党制と親和的な——運用を説いた（高橋 1994）。いわゆる国民内閣制論である。この見地からは、政権選択に直結する衆議院の選挙制度として、小選挙

（5）ここに言う「政治的代表」の観念とは、国民は代表機関を通じて行動し、代表機関は国民意思を反映するものとみなされるという趣旨の代表観念である。具体的には、議員は選挙区等の選挙母体の代表ではなく全国民の代表であるため、選挙母体の訓令による拘束は否定され、命令委任は禁止されること（自由委任の原則）を意味するものとされる（芦部 2019: 302-303）。言うまでもなく、大村論文の言う「政治代表」とは、意味内容はもちろん、概念が用いられる問題局面がまったく異なる。

（6）そもそも「全国民を代表」する存在として「議員」を挙げる憲法43条1項の文言を重視すれば、「全国民の代表」の解釈論は、議員の地位や役割についてのものであるべきであり、国会（議院）の構成に関わる選挙制度のあり方を直接指示するものではないと考えることもできる（参照、上田 2013: 65）。

区制が望ましく映ることになる（高橋 2006: 76-81）。他方で、高見勝利は、国民の多様性を可能な限り忠実に国会に反映させた上で、国会の議論を通じて内閣の構成や政策を形成する協調的な議院内閣制の運用を志向する。多党制を志向するこの立場からは、小選挙区のような多数代表的な選挙制度は否定的に評価され、むしろ比例代表的あるいは少数代表的な選挙制度が望ましいものとして映ることになる（高見 2008）。衆議院に小選挙区制中心の選挙制度を導入した1994年の法改正は、前者すなわち高橋の立場に親和的な改革であった。

もっとも、右に述べた対立する議院内閣制モデルは、日本国憲法それ自体に立脚して導き出されたものというよりも、当時の日本の政治状況への診断を踏まえた実践的な処方箋という側面も強い(7)。そのこともあり、いずれのモデルが正当かは「『法学』としての憲法学が容易に答えうる範囲を超えた問題」（林 2013: 310）と言うべきかもしれない。とはいえ、考察にあたり考慮にいれるべき事項を確認することは無駄ではないだろう。この点、日本国憲法上の二院制のあり方、特に、法律案の議決について衆議院の優越が限定されていること、とりわけ参議院で衆議院と異なる議決をした場合、衆議院の出席議員の3分の2以上による再可決を経なければ法律とならないこと（憲法59条2項参照）は、極めて重要な考慮要素であると言わなければならない。経験上、この要件を満たすのは容易でなく、しかも内閣は参議院を解散することもできない。それゆえ、政権奪取をめぐる政党間の争いが激しくなる中で、両院の多数派に「ねじれ」が生じた場合、参議院で多数を占める野党勢力が妥協を拒むことで国政の停滞が生じ、内閣の存立も危うくなる。高見は、このような強い参議院という憲法上の与件の下では、二大政党間対決型の議院内閣制モデルは不安定とならざるを得ず「現行憲法の構造からみて限界があるのではないか」（高見 2012: 176）と指摘する。この指摘は、日本国憲法が定める政治制度全体を踏まえて選挙制度の憲法上の望ましさを論じる必要があることに、注意を促すものと言えよう（加藤 2009: 261-269も参照）。

参議院の選挙制度に関しては、二院制の趣旨（参議院の独自性）を考察しなければならない。日本国憲法に即して望ましい選挙制度を考察する以上、ここでは、「国民の多様な意見・利害の反映」や「慎重な審議の確保」といった二院制一般の意義を挙げるだけでは十分ではない。それらを踏まえつつも、日本国憲法という特定の憲法が規定する二院制（参議院の独自性）、すなわち、衆参両院の議員を公選たる全国民の代表とする一方で、解散の有無、任期・権限に関して存在するいくつかの差異を、いかに読み解くかが問われる。特に重要なのが両者の権限であるが、憲法制定過程での議論やかつての憲法学では、両議院の権限について、非対等性に力点を置いた理解が有力であったと指摘される（只野 2017: 264）。しかし、「ねじれ」国会を経験した現在では、最高裁平成24年10月17日大法廷判決（民集66巻10号3357頁）（以下「平成24年判決」）が説くように、衆議院の優越が認められているのは「限られた範囲」であり、「立法を始めとする多くの事柄について

（7）高橋は、「……現時点においては日本が目指すものとしては、国民内閣制がよいのではないかというのが、私の主張である」と述べている（高橋 2006: 91〔傍点引用者〕）

参議院にも衆議院とほぼ等しい権限を与え」ているという、両院の対等性に力点を置く理解が有力になっている。この理解からすると、解明が求められるのは、憲法があえて「近似した二院」を設けた趣旨であることになる（棟居 2020: 518）。この点、国会が憲法上の役割を果たすための両院の機能分担という観点から、憲法上想定されている参議院の独自性を解釈するのが、棟居快行である。棟居は、参議院に解散がなく長い任期が保障されている点から、次のような趣旨を読み取る。すなわち、参議院議員は衆議院議員に比べ、自由委任に親和的な「政治的代表」の担い手としての側面をより強くもった存在であり、そのため政党を通じた国民各層の利害の反映という要素が相対的に弱められている、と。そしてここから、政党主体の選挙制度を、参議院との関係では否定的に捉え、「個々の議員の人格と識見、政治信条に基づく自由闊達な議論がなされる」ような制度設計をすべきだと説くのである（棟居 2020: 523）。この（広い意味での）憲法解釈は説得的であり、また、「ねじれ」により生じ得る国政の停滞を多少なりとも緩和することを志向する点で、衆議院選挙を国民による政権選択の舞台とみる現行の衆議院選挙制度とも整合的な提案だと考えられる(8)。

ところで、現行の参議院の選挙区選挙については、改選議席2以上の選挙区と改選議席1の選挙区の混在が批判されることがある（毛利 2018: 19）。これらの仕組みの下では、民意の反映のあり方や選出議員の質が大きく変わり得るため、選挙制度としての一貫性を欠くことになるからである。この批判は制度設計の巧拙を問題とするものと理解できるが、このような混在に、政策上望ましくないという評価を超えて、憲法上望ましくないという評価を与えることはできるだろうか。上記状況は、都道府県を選挙区の単位として人口に応じ定数を偶数配分するという、それ自体としては合理性を否定しがたい方針によって引き起こされている。[9] そうだとすると、右状況を憲法上望ましくないと評価するためには、憲法から、代表方法の混在それ自体を否定する契機や、一貫した代表方法の設定を選挙区（選出母体）等の設定よりも優先すべしという要請を導き出す必要がある。[10] どこまでを憲法を足がかりとして論じることができるか、今後の課題としたい。

３　一票の較差と選挙制度

一票の較差の問題をめぐっては、これまで多くの選挙無効訴訟が提起されてきた。一般に、そ

(8) もちろん、具体的な制度設計については様々な可能性があり得るのであって（地域ブロックごとの大選挙区制の提案として、竹中 2010: 352-353）、また、政党における党議拘束や候補者選定のなど、政党のあり方それ自体を論じる必要性も出てくる。なお、参議院が強く政党化することは不可避であると考える場合には、憲法改正を含めた議論が必要になろう。

(9) 現在、「合区」によって都道府県単位の選挙区という方針自体が一貫しないものとなっているが、参議院選挙につき地方区制が設けられた当初から代表方法は混在していた。

(10) 代表方法の混在自体を問題とする場合には、小選挙区制と比例代表制を混合している現行の衆議院選挙制度、また参議院については比例代表制との混合も、憲法上否定的に評価することになるかもしれない（論点の指摘として、植松 2019: 157-159を参照）。

の判断枠組みは、区割規定あるいは定数配分規定について①較差の程度が憲法の投票価値の平等の要請に反する状態（違憲状態）に至っているか、②違憲状態に至っている場合に憲法上要求される合理的期間（相当期間）内に是正がなされていないために違憲か、③選挙を無効とするか、を問うものと理解されてきた。これまで最高裁が選挙制度の違憲性を理由として選挙無効の判断をしたことはないが、違憲状態判決および違憲判決により法改正が促され、較差是正が進んできた。本節では、①の局面を、選挙制度の設計との関係で取り上げる。

判断枠組み

違憲状態の有無を判断する枠組みは、衆参両院の間で微妙な違いがあり、また一連の判決を通じて変化を被ってきているが、基本的には次のようなものである。すなわち、最高裁は、投票価値の平等を憲法上の要請と捉える一方で、これを絶対の基準とはせず、国会が選挙の仕組みを定めるにあたって、様々な政策的目的ないし理由を考慮することを認める。投票価値の平等は、国会が考慮可能な事項に基づく結果として合理的に是認される限りは、一定の限度で損なわれてもやむを得ない(11)。そこで、生じている較差の程度も踏まえつつ、国会が裁量権を合理的に行使したかという観点から、区割規定もしくは定数配分規定が違憲状態か否かを判断するのである。

最高裁によれば、衆議院の選挙については、議員定数や区割りの決定にあたり、議員1人あたりの選挙人数または人口が「最も重要かつ基本的な基準」でなければならない。この点については、学説上も異論はほとんどなく、また法律上も、衆議院議員選挙区画定審議会が選挙区の改定案を作成する際の区割り基準として、最大較差が2倍以上とならないことが求められている（衆議院議員選挙区画定審議会設置法3条1項）[12]。

参議院選挙の一票の較差

これに対し、参議院における投票価値の平等については、二院制との関係で、検討すべき問題が少なくない。

そこでまず、参議院の一票の較差訴訟を概観しよう。そもそも参議院の地方区選挙（1982〔昭和57〕年の法改正により選挙区選挙に名称変更）は、制定当初（1947〔昭和22〕年）から最大較差1対2・62が生じていたが、人口移動にともない較差の程度が著しく拡大した。参議院の一票の較差訴訟の実質的な出発点は、最大較差1対5・26に至っていた1977〔昭

(11) このように、投票価値の平等がある程度損なわれることは、日本国憲法が当然に許容するところなので、国会が選挙制度を定めるにあたり「どこまでも理想点〔投票価値の完全な平等のこと――引用者〕を追求せざるを得ない」（大村論文80頁）ということはない。もちろん、投票価値の平等の要請は、選挙制度の設計の幅を狭める要素ではあるので、本稿の冒頭で触れた大村の懸念それ自体は正当である。

(12) 紙幅の都合上、衆議院の一票の較差訴訟に立ち入ることはできないが、大村論文（80頁）との関係では、一人別枠方式の合理性が争われた最高裁平成23年3月23日大法廷判決（民集65巻2号755頁）が重要である。本判決では、政治家の代表のあり方が、選挙制度の合憲性と関連づけられて判断されている。

和52）年通常選挙の効力をめぐる最高裁昭和58年4月27日大法廷判決（民集37巻3号345頁）（以下「昭和58年判決」）である。本判決において最高裁は、制定当初の地方区選挙の仕組みにつき、都道府県を選挙区の単位とした上で「総定数152人のうち最小限の2人を47の各選挙区に配分した上、残余の58人については人口を基準とする各都道府県の大小に応じ、これに比例する形で2人ないし6人の偶数を付加配分したもの」だという認識を前提として[13]、これを、参議院議員の「代表の実質的内容ないし機能に独特の機能を持たせ」るために、各都道府県を「構成する住民の意思を集約的に反映させるという意義ないし機能を加味しようとしたもの」だと説明した（判決中では「事実上都道府県代表的な意義ないし機能を有する要素を加味した」ものであるとも言われている）。その上で、このような選挙の仕組みも、国会の合理的な裁量権行使に基づくものであると認めた。そして、このような必ずしも人口比例主義を基本とするわけではない制度の下では、投票価値の平等の要請は「一定の譲歩、後退を免れない」とした。これにより制定当初の較差は是認され、拡大した選挙当時の較差についても、衆議院の場合よりも緩やかな審査基準の下で、違憲状態ではないと判断された。

その後も、衆議院の場合よりも大きな較差がある中で、1992（平成4）年の通常選挙（最大較差1対6・59）に関する最高裁平成8年9月11日大法廷判決（民集50巻8号2283頁）を除き、違憲状態判決すら出されない状況が続いた。

しかし、2004（平成16）年頃から最高裁の判断は次第に厳格化する傾向をみせはじめ、ついに2010（平成22）年通常選挙（最大較差1対5）をめぐる前述の平成24年判決において、定数配分規定が違憲状態にあったと判断された。このとき、大きな較差の長期にわたる継続という状況の下では、都道府県を選挙区の単位とする選挙制度の「仕組み自体を見直すことが必要になる」とされた。また、4増4減の措置を経た2013（平成25）年の参議院通常選挙（最大較差1対4・77）をめぐる、最高裁平成26年11月26日大法廷判決（民集68巻9号1363頁）（以下「平成26年判決」という）でも、違憲状態は解消されていないとされ、選挙制度の仕組み自体を見直す必要があると再び指摘された。これを受けて国会は、4県（鳥取県と島根県、徳島県と高知県）の合区を含む法改正を行ったため、2016（平成28）年の通常選挙では最大較差1対3・08へと縮小した。これについて、最高裁平成29年9月27日大法廷判決（民集71巻7号1139頁）（以下「平成29年判決」という）は、合区というこれまでにない手法により較差が縮小したこと、改正法の附則において引き続き較差是正に取り組む決意が示されていること等に触れ、違憲状態は解消されたと判示した。その後、合区によって議席を失う議員の救済措置とも批判される、比例代表選挙の「特定枠」制度が導入されている。

以上の素描からすれば、参議院の一票の較差訴訟は、事実上都道府県代表の要素を加味するか

(13) もっとも、このような事実認識に対しては、参議院議員選挙法制定当初、実際には152の全定数が人口比例的に偶数配分されていたのではないかという疑念が呈されている。参照、市村［1999］、大石(和)［2005］。

たちで参議院の独自性を出そうとした選挙制度において、長らく許容されてきた大きな較差が、次第に主張を強める投票価値の平等の要請と衝突し、ついに制度の仕組みの部分的修正に至った過程として理解することができる。

〈憲法の制約 vs. より良い代表〉?

このように、投票価値の平等は、参議院に独自性を出すための選挙制度の設計の幅を狭める要素である。しかし、参議院の選挙制度との関係で、投票価値の平等の要請をどれほど貫徹することが求められるか、いったん立ち止まって考える必要がある。なぜなら、投票価値の平等が憲法上の要請である一方で、二院制を設けているのもまた憲法なので、国民の多様な意見を反映させて参議院に独自の機能をもたせるべく選挙制度を設計すること自体を、憲法上の価値序列として、投票価値の平等に並ぶものと位置づけることも、決して無理のある憲法解釈ではないからである。そして、このような解釈をとることは、必ずしも「憲法の制約から……離れ〔る〕」(大村論文82頁——傍点引用者)ことを意味しない。参議院の独自性の追求の根拠も、二院制という憲法上の政治制度に求められるからである。

このような見方からすれば、参議院の独自性の追求をねらいとして設計された選挙制度によって一票の較差が生じ、その結果、政策的応答に何らかの変化が生じたとしても、憲法の観点からは、それを応答の歪みとして否定的に評価する必然性はなく、あり得る応答のひとつとして受け止めることもできる。大村論文の末尾では、一票の較差をめぐって〈憲法の制約 vs. より良い代表〉という対立図式が示唆されていた。しかし憲法の観点からは、「より良い代表」の内実にも、二院制という憲法上の政治制度への考慮が入り込み得るのであって、投票価値の平等のみを憲法の側に位置づけて「より良い代表」と対立させるという図式に、疑問を呈することもできる。

権限と民主的正統性

もっとも、ここでは、権限と民主的正統性の相関という要請を無視し得ないとも言われる。すなわち、第一院と権限上対等に近いという意味で「強い」第二院には、それに相応する強い民主的正統性――投票価値の平等はその一要素だと考えられる――が求められる、とされるのである（只野 2017: 202-203）。

近時の最高裁判決も、この相関に留意しているようにみえる。最高裁は、衆参両院の権限を「ほぼ等しい」ものと特徴づけた平成24年判決において、こうした「憲法の趣旨、参議院の役割等に照らすと、参議院は衆議院とともに国権の最高機関として適切に民意を国政に反映する責務を負っていることは明らかであり、参議院議員の選挙であること自体から、直ちに投票価値の平等の要請が後退してよいと解すべき理由は見いだし難い」と述べている（平成26年判決も同旨）。ここで強調されている参議院選挙における投票価値の平等の重要性は、両議院の権限につき非対等性に力点を置く理解が一般的であった時代の昭和58年判決[14]において含意されていた投票価値の平等の位置づけと、少なくない懸隔があるように見受けられる。昭和58年判決では、選挙制度の仕組みについての国会の選択によって投票価値の不平等の許容度が大きく拡大させられていた。この点に着目するとき、一連の最高裁判決は、二院制に基づく参議院の独自性という憲法上の原理が、参議院の権限の強さについての認識の変化を背景のひとつとして、投票価値の平等という別の憲法上の原理によって切り詰められていったものと理解できる。[15] もちろん、平成24年判決および平成26年判決も、国会が参議院の選挙制度の仕組みを定めるにあたって、参議院に独自の機能を発揮させるという考慮を働かせることの合理性を否定してはいない（平成29年判決も参照）。しかし、これらの判決が衆参両院の権限の対等性を強調し、参議院における投票価値の平等の要請を所与としては後退させせない以上、結果として認められる（違憲状態とされない）較差にも、おのずから限界が強く設定されることになる。

それでもなお、参議院に許される一票の較差の程度を広くとる憲法解釈を示そうとするなら、参議院の権限の自制を説くとともに、参議院の権限が強いとしても「完全対等型の二院制では決してな」いことや、参議院の独自性を踏まえた選挙制度の構築自体が「憲法ランクの考慮事項」であることを強調することになろう（上田 2019: 172）。加えてここでは、国会が参議院の役割を明確に位置づけ、参議院選挙に関する断固としたポリシー選択を示すことによって、裁判所がこれに一定の敬譲を示すことに期待が託されることになるのではなかろうか（参照、大石（和）2005: 65-

67)。

参議院の権限縮小と憲法改正

とはいえ、権限面での対等性に力点を置く二院制理解と、権限と民主的正統性との相関という要請を前提とするなら、参議院の独自性を出すための選挙制度の設計は——投票価値の平等との関係では——やはり窮屈なものとならざるを得ない。そこで、参議院の独自性をより強めようとする場合には、憲法改正による参議院の権限縮小があわせて提案されることになる。もちろん、参議院の権限をそのままに、投票価値の平等の要請のみを弱めるような憲法改正を行うことも法的には不可能ではない。しかし、「人口の大都市集中が進む中であえてそのような憲法改正を行えば、統治機構全体の民主的正統性自体が疑問視されることにもなりかねない」（毛利 2018: 20）というべきだろう。日本のような単一国家（↔連邦制国家）では、権限と民主的正統性との相関という観点は、憲法解釈だけでなく、憲法改正の局面でも十分留意されるべきだと思われる。

(14) 本判決自体にその記載はないが、調査官解説は、参議院を「補正院的な性格」をもつものと理解し、「このような性格づけについては学説上も異論をみない」と述べており、当時の支配的な理解を紹介している（村上 1988: 180）。

(15) もっとも、判決傾向の変化についてのこのような理解は、事柄の一面に焦点を当てたものにすぎない。より包括的な検討としては、櫻井［2013］を参照。

参議院の独自性への提案としては、これを地方代表の府とすべしというものがある。この構想について具体的な検討を行う紙幅はないが、ここで再度、選挙制度をめぐる議論が、あるべき統治構想の実現にあたっての一部分にすぎないという点を強調しておきたい。すなわち、参議院を地方代表の府とする場合には、これにふさわしい選挙制度を設けるだけでなく、そのようにして選出された議員が、国会の場で、地方代表としての実質に見合った活動を可能にするような、組織や意思決定の手続きが整えられる必要がある（宍戸 2018: 304；上田 2019: 174）。また、仮に参議院の権限を縮小するとして、たとえば法律一般については衆議院の優越を明確にする一方で、地方の府という観点に照らし、地方公共団体にかかわる一定内容の法律については衆議院の優越を限定するかたちで立法手続を区別する場合には、ある法律案がいずれの手続によるべきかの紛争が生じ得る。そうだとすれば、考察の射程は、この種の紛争を適切に解決する訴訟手続など、裁判制度にまで及ぶことになろう（毛利 2018: 24）。

4　選挙制度をめぐる憲法の設計

最後に、選挙制度をめぐる日本国憲法のあり方について、簡単に検討を加えたい。

選挙事項法定主義の二側面

先述のとおり（2の「憲法と選挙制度の選択」（90頁）を参照）、日本国憲法は、選挙に関する事項の多くを法律に委ねているが、これは二つの側面に分節できる。第一に、日本国憲法の下では、憲法改正を経ないかたちでの広範な選挙制度の形成余地が認められている。小選挙区比例代表並立制の導入が、「この国のかたち」を大きく変えるものであったにもかかわらず、憲法改正を要さなかったのは、この側面に関わる。第二に、国会を「唯一の立法機関」とする憲法41条と相まって、日本国憲法の下では、国会が選挙制度の決定を担う主体として明確に位置づけられる。ここでは、選挙制度に直接の利害を有する国会議員がその決定に携わることになる。

第一の側面――憲法の規律密度をめぐって

第一の側面をどのように評価するかについては、一義的・先験的に適切な選挙制度があると考えるか否かが、ひとつの視点となるだろう。これを肯定するならば、その理想的な選挙制度は憲法に書き込まれるべきであり、うつろいやすい法律に委ねるべきでないと考えられる。他方で、望ましい選挙制度というものは各時代の政治的・社会的状況に強く依存すると考えるならば、試行錯誤の余地を広げる憲法のあり方には、一定の意義が見いだされることになる（新井 2018: 202）。選挙制度の改革に関連して、憲法改正に至るときも、憲法の開放性それ自体が独立の意義をもち得ることを無視するべきではないように思われる。

第二の側面――選挙制度の形成主体をめぐって

第二の側面は、選挙制度の決定が利益相反の危険性の高い状況に置かれていることを意味する。一票の較差の是正が漸進的にしか進んでこなかったのも、この点と大いに関係があるだろう。

憲法学では、かねてから岡田信弘が、「議会制民主主義のプロセスにおいてその展開の要に位置づけられる選挙は、はたしてどのような立法過程を通じて制度化されているのか、またされるべきなのかが問われなければならない」として、「選挙立法の手続的憲法論」の重要性を強調していた（岡田 1997: 171）が、こうした議論が実体的憲法論に比して低調であったことは否定しがたい。しかし、手続的憲法論は、憲法における選挙制度の実体的規律の少なさを維持しつつ、その欠点を補うことも期待できる。

現在でも、法律により設置されている選挙制度審議会が、選挙に関する広範な事項につき、内閣総理大臣に答申を行うことができることとなっている。[16] しかし、同審議会は長らく委員の任命が行われていないため休眠中であり、またこれまで答申等が十分に尊重されないことも多かった。小選挙区比例代表並立制の導入等を内容とする１９９４（平成６）年の法改正では、第８次選挙制度審議会の答申が大きな影響力をもったが、政治状況に依存する面が少なくない。

こうした状況を劇的に変更し得る憲法改正の提案として、かつて高柳賢三によって示された、憲法上の機関としての「選挙委員会」の設置（高柳 1963: 230-233）が、いまなお注目に値する（吉田・横大道 2019: 71）。高柳の提案は次のようなものである。この選挙委員会は、身分保障をもつ5名程度の委員によって構成され、選挙委員会委員の選定は2段階によってなされる。まず、三権の長のほか学界・言論界の代表によって構成される推薦委員会が、選挙委員会の定員倍数（10名程度）の候補者を選び、次に、国民投票によって選挙委員会委員が選ばれる。選挙委員会は、十分な調査研究の上で選挙に関する法律案を作成して、これを国民投票に付し、この法案が投票者の過半数によって可決された場合には、法として成立する（最後の点については、国民投票ではなく、国会による立法手続をとりつつ否決するには特別多数を要する、というかたちの別案も示されている）。

強力な権限を有する選挙委員会や、国民投票による選挙制度の選択は、諸外国においてもみられるものであり（岡田 1997：吉田・横大道 2019: 71）、改革の方向性としては素直であるようにも思える。しかし、具体的な制度設計にあたっては、相当に慎重な検討が必要である。なぜなら、あるべき「手続」は、選挙制度の合憲性はもちろん、――前節まで論じてきた――憲法の定める政治制度と選挙制度とのかみあわせや、選挙制度内部での整合性（**2**の「憲法上望ましい選挙制度をめぐって」〔93頁〕を参照）、さらに、国会や裁判制度との適切な連携ないし補完といった考慮（**3**の「参議院の権限縮小と憲法改正」〔１０７頁〕を参照）を、適切にくみ取ることができる、あるいはその

(16) 衆議院の小選挙区選挙の区割り規定については、衆議院議員選挙区画定審議会が答申を行う。

蓋然性を高め得る「手続」であることが望まれるからである（さらに、提案された「手続」のうち、どの部分を憲法に定め、どの部分を法律に委ねるかも重要である）。そのような統治全体のインテグリティを確保し得る「手続」とは、どのようなものなのか。課題の指摘にとどまらざるを得ないが、この観点からの手続的憲法論の展開が求められていることを指摘して、本稿を閉じることとしたい。

参考文献

芦部信喜 1971『憲法と議会政』東京大学出版会．
―――（高橋和之補訂）2019『憲法〔第7版〕』岩波書店．
新井　誠 2018「選挙制度と政党」宍戸常寿・林知更（編）『総点検 日本国憲法の70年』岩波書店．
市村充章 1999「参議院議員選挙地方区／選挙区の定数配分はどのように計算されたか」議会政策研究会年報4号．
上田健介 2013「『全国民の代表』と選挙制度」論究ジュリスト5号．
――― 2019「参議院選挙制度と議員定数訴訟の課題」憲法研究5号．
植松健一 2019「小選挙区比例代表並立制の四半世紀―その憲法学上の諸論点」憲法研究5号．
大石和彦 2005「『都道府県代表としての参議院議員』再考」上田章先生喜寿記念『立法の実務と理論』信山社．
大石　眞 2008『憲法秩序への展望』有斐閣．
岡田信弘 1997「選挙立法における政官関係―『選挙立法の手続的憲法論』試論」中村睦男・前田英昭（編）『立法過程の研究―立法における政府の役割』信山社．
加藤一彦 2009『議会政治の憲法学』日本評論社．
櫻井智章 2013「参議院『一票の格差』『違憲状態』判決について」甲南法学53巻4号．
宍戸常寿 2018「『憲法改革』としての立法プロセスへの地方の参画」『地方自治法施行七十周年記念自治論文集』．

杉原泰雄 1989『憲法Ⅱ　統治の機構』有斐閣.
――― 1992「政治改革の理念と現実」憲法問題3号.
高橋和之 1994『国民内閣制の理念と運用』有斐閣.
――― 2006『現代立憲主義の制度構想』有斐閣.
高見勝利 2008『現代日本の議会制と憲法』岩波書店.
――― 2012『政治の混迷と憲法―政権交代を読む』岩波書店.
高柳賢三 1963『天皇・憲法第9條』有紀書房.
竹中治堅 2010『参議院とは何か　1947~2010』中央公論新社.
只野雅人 1998「選挙制度と憲法―『学問への招待』にかえて」一橋論叢119巻4号.
――― 2017『代表における等質性と多様性』信山社.
林　知更 2013「議院内閣制の本質とその刷新」小山剛・駒村圭吾（編）『論点探究　憲法〔第2版〕』弘文堂.
長尾一紘 1978「選挙制度の選択と立法裁量の限界」比較法雑誌11巻2号.
松井茂記 2007『日本国憲法〔第3版〕』有斐閣.
マッケルウェイン、ケネス・盛 2017「日本国憲法の特異な構造が改憲を必要としてこなかった」中央公論2017年5月号.
棟居快行 2020『憲法の原理と解釈』信山社.
村上敬一 1988「判解」最高裁判所判例解説民事篇昭和58年度.
毛利　透 2018「参議院の存在意義」法律時報90巻5号.
吉田俊弘・横大道聡 2019「どこまで国民は統治に関わるのか」法学教室470号.

第3章

議　会

概　観

1　国会と政治制度改革

議会は代議制民主主義を実現するために不可欠な政治制度であり、現代の日本において国会は国の統治システムの根幹に位置づけられている。すなわち、憲法は前文で「日本国民は、正当に選挙された国会における代表者を通じて行動」するとした上で、国会を「国権の最高機関」と規定する（41条）。その国会は衆議院と参議院の両議院によって構成され（42条）、「国の唯一の立法機関」として立法権を行使するのみならず（41条）、首相の指名を通じて（67条）、執政機関としての内閣を創出するとともに、国政調査権（62条）や法的効果をともなう衆議院の不信任決議権（69条）を通じて内閣を統制する。そのほかにも、国会には予算の議決権（86条）、条約締結の承認権（61条）、憲法改正の発議権（96条）など、国政にかかわる重要な権能が付与されている。

これら憲法に列挙された国会の制度的権能は現在に至るまで不変であるが、1990年代以降の「基幹的政治制度」の変革は国会政治にも大きな影響を及ぼした。まず、衆議院における小選挙区比例代表並立制の導入や政党助成制度の新設などによって、国会政治の担い手である政党（両議院内では「院内会派」と呼ばれる）の執行部に権力が集中したことで、通常、多数党の党首を兼ねる首相はそのコントロールを通じて強いリーダーシップを行使することが可能になった。また、1990年代の行政改革を通じて、内閣機能の強化が図られたことも首相の権力拡大に寄与した（竹中 2006；待鳥 2012）。一方で、小選挙区下での選挙は自民党の「一党優位」の下で分散していた野党勢力の結集を促し、2003年の民主党と自由党の合併（民由合併）はそれを決定的なものとした。同時代の国会改革についても、二大政党間の競争に適合するように推進された面があり、1999年には国会審議活性化法案が成立し、イギリスのクエスチョン・タイムにならって、首相と野党党首による党首討論が導入された。そして、2009年9月には衆議院の多数派交代に基づく本格的な政権交代によって民主党政権が誕生した。

2　参議院問題の顕在化

このように、一連の政治制度改革は、首相の権力増大と政権交代をもたらしたが、それにともなうかたちで顕在化したのが参議院問題である。参議院に関しては、一般のみならず学説上でも衆議院に劣る議院とみられてきたが、その影響力は1994年の政治改革関連法案や2005年の郵政民営化関連法案の立法過程において、参議院が内閣の最重要法案を直接否決することで明示的に示された。しかし、より構造的な問題は、1989年7月の参議院選挙以降、日本で頻発した「分裂議会（divided Diet）」である。分裂議会とは、一般に「ねじれ国会」とも呼ばれ、衆議院の多数派と参議院の多数派とが異なる国会状況として定義されるが、その本質は衆議院を基盤として成立・存続する内閣が参議院の多数をもたないということにある。

これらを契機として、一般的に「弱い」と考えられていた参議院が実は衆議院とほぼ対等な権力をもつことが広く認識されるようになる一方で、分裂議会における内閣と参議院との間の部門間対立は、それぞれをコントロールする二大政党の対立が2000年代に激化するのにともなってより深刻になった。また、衆議院の多数派交代に基づく政権交代は分裂議会と密接に関係しており、それ以前が分裂議会の状況であれば、政権交代は基本的に両議院の多数を与党が占める「一致議会（unified Diet）」をもたらすが、逆に以前が一致議会の状況であれば、分裂議会をもたらすことになる。

こうした中で、参議院に対する評価は大きく変化し、むしろその権力をどのように抑制するかという議論まで登場するようになった。たとえば、2000年1月に両議院にそれぞれ設置された憲法調査会では、二院制を維持すべきか、それとも一院制を採用すべきかという問題が国会に関係する改憲論議の中でもっとも大きな論点となり、二院制を維持するとしても、①両議院の役割分担をどのように明確化するか、②両議院の選挙制度をいかに異なったものにするか、③衆議院における法案の再議決要件（憲法59条2項）の緩和などによって、参議院の権限を縮小したり、その行使の自主的な抑制を促したりする必要があるかなどが議論された（衆議院憲法審査会事務局 2012）。

一方で、ここ数年の日本政治は再び参議院の影響力を潜在化させる方向に展開していると言える。2012年12月の政権交代によって再登場した安倍晋三内閣は最初の政権時とは対照的に長期にわたって政権を維持し、2019年11月には通算在職日数が桂太郎内閣の記録を超えて歴代最長となった。その安倍政権下において、国会は2013年7月の参議院選挙で民主党政権時から続いていた分裂議会が終結し、一致議会となった。安倍内閣はその後の2016年および2019年の参議院選挙でも参議院の過半数を維持することに成功し、一致議会の下で安定的に政権運営を続けた。

しかし、参議院の権力は憲法によって制度的に保障されたものであり、分裂議会に関しても、のちに指摘するように、参議院における多数確保の難しさを考慮すれば、将来再びその姿を現すことは疑いない。そのため、日本の統治システムの中に参議院をどのように位置づけるかという観点から両議院関係を整理することは、いまなお極めて重要な検討課題と言えるのである。

（松浦　淳介）

参考文献

衆議院憲法審査会事務局 2012「憲法に関する主な論点（第4章国会）に関する参考資料」.
竹中治堅 2006『首相支配―日本政治の変貌』中公新書.
待鳥聡史 2012『首相政治の制度分析―現代日本政治の権力基盤形成』千倉書房.

Ⅰ 分析と論点

国会に関する改憲論と実態論

松浦　淳介

議会は二つの「基幹的政治制度」に直接関係するという意味で、国の統治デザインの中核にある。第一に、議員の選出方法を定める選挙制度は、民意をどのように議会に反映させるかを規定するとともに、議会内外における政党間競争や政党組織のあり方に大きな影響を及ぼす。また、日本のように、議会の多数派が内閣を選出する国においては、議会の構成が単独政権か、それとも連立政権かという政権の枠組みを決定づける。第二に、執政長官の選出方法や、それと議会との部門間関係などを定める執政制度は、立法と行政という二つの権力の運用を規定し、執政部が国政においてどれだけリーダーシップを発揮できるかにも影響する。したがって、国会に関する改憲論議は、日本の統治のあり方そのものを議論することにほかならない。

しかしながら、改憲構想の中には、実証的な根拠に乏しいものや、国会以外の政治制度との整合性に欠けるものが少なからず散見される。また、参議院について言えば、その設立後の間もない時期から、いかにその影響力を発揮させるかについて議論が交わされてきたが、実際にその影響力が顕在化すると、一転して権限の縮小や一院制への転換が唱えられたように、その時々の政治状況に大きく引きずられた議論も存在する。そこで本稿では、主に国会の構成と権能にかかわる憲法上の論点について、実証的な観点から検討を行う。以下、**1**では、そもそも日本が二院制を採用していることの妥当性を、国際的な観点から検討する。**2**では、両議院の選挙制度を踏まえた上で、両議院がどう構成されているのかを多面的に観察する。**3**では、日本の統治機構における第二院の位置づけを踏まえた上で、参議院が内閣の政権運営に及ぼす影響について考察する。**4**では、日本の立法過程の特徴とその問題について議論する。最後に**5**において、本稿の議論を踏まえた上で、国会に関係する改憲論に検討を加える。

1　日本と二院制

日本は1890年11月の帝国議会の開設以来、今日に至るまで二院制を採用している。敗戦後、新憲法の制定にあたって、GHQが日本政府に提示した案では議会を一院制とすることが予定されていたが、日本側の強い要望もあって最終的には二院制が維持された（大山 1999）。ただし、現行憲法下で採用された第二院は、一般の有権者が議員の選出に関与できない貴族院ではなく、衆議院と同様に直接選挙によって議員を選出する参議院であった。こうして、日本の議会はその民主的正統性を格段に高めることになったが、一方で、それは参議院の存在理由を曖昧なものにした。それは、通常、第二院が①身分制社会において貴族階級が国民代表である第一院の権力を抑制するためか、②連邦国家において一種の国家連合を構成する州（state）が自らの権益を保持するために設けられたことによる。それに対して、日本は新憲法によって貴族制を明確に否定しただけでなく、連邦制のように分権的な中央地方関係を構築したわけでもない。また、憲法が衆議院と同じく参議院を「全国民を代表」する議院として位置づけたことも（43条）、その存在意義を不明確なものにした。参議院が設立当初から衆議院の「カーボンコピー」と揶揄されてきた所以である。

それでは、身分制社会でも連邦制でもない日本が公選の第二院をもつことが特異であるのか、ここでは国際的な観点から検討してみよう。現在、世界には一院制を採用している国が114カ国、二院制を採用している国が79カ国存在する（2020年5月時点）[1]。割合にすると、一院制が6

（1）諸外国の議会の情報については、列国議会連盟（IPU）のウェブサイト<https://www.ipu.org/>を参照（2020年5月12日最終アクセス。本稿において以下同じ）。

割、二院制が4割となる。一院制を採用する国は第二次世界大戦後から増加し、ニュージーランド（1951年）、デンマーク（1953年）、スウェーデン（1971年）などは二院制から一院制に転換した国として有名である。

しかし、1990年代以降は、むしろ二院制を採用する国が増加傾向にあり（帖佐2016）、先進国に限れば、一院制よりも二院制の方が優勢である。OECD加盟36カ国の議会についてみると、一院制は17カ国であるのに対して、二院制は19カ国となっている。また、国家の規模に注目すると、1000万以上の人口を擁する国では19カ国中15カ国が二院制であり、1兆ドル以上のGDPをもつ国では11カ国中10カ国が二院制を採用している。さらに、日本を除く単一国家においても、27カ国中10カ国は二院制であり、そのうち5カ国（イタリア、スペイン、チェコ、チリ、ポーランド）は直接選挙によって第二院の議員を選出している。なお、議員定数に関して、下院1議席当たりの人口はアメリカを例外とすれば、OECD加盟国の中で日本がもっとも多く、「身を切る」といった情緒的な議員削減論には、議会の国民代表機能という面からも留意が必要となる。

いずれにしても、日本の国家規模を考慮したとき、単一国家として公選の第二院をもつことは必ずしも特異なことではない。しかし、それだけでは第二院の存在理由として十分でなく、やはりその実態こそが問われるべきとなる。

2　両議院の選挙制度とその構成

選挙制度の比較

参議院が衆議院の「カーボンコピー」となって独自性を発揮していないと批判されるとき、その前提となっているのは、両議院の構成が類似しているということである。そこで、本節では、両議院の構成を比較検討するにあたり、まずはそれを大きく規定する選挙制度から概観する。

衆議院の選挙制度は1947年から1993年の総選挙まで中選挙区制（単記非移譲式投票制＝SNTV）であったが、1994年の選挙制度改革によって、小選挙区比例代表並立制に変更された。他方、参議院は半数改選制の下で、1947年から1980年の選挙まで、全国を選挙区とし、50名を選出する全国区（大選挙区）と、各都道府県を選挙区とし、有権者数に応じて1～4名を選出する地方区（小選挙区と中選挙区）を採用していたが、1982年の法改正により、その翌年の参院選から全国区に代わって拘束名簿式比例代表制が導入された。また、2001年の参院選からは比例代表が拘束名簿式から非拘束名簿式に変更されたが、2018年には政党が優先的に当選人となるべき候補者に順位をつけることができる「特定枠」が設けられた。

このように、現在の両議院の選挙制度はともに小選挙区と比例代表をもつという点では共通しているが、一方で様々な相違点もみられる。たとえば、衆議院では重複立候補制がとられ、政党は小選挙区の候補者を比例名簿にも載せることができるが、参議院では両方の選挙に重複して立候補することは認められない。また、比例代表に関しても、衆議院が拘束名簿式であるのに対して、参議院は基本的には非拘束名簿式であるほか、衆議院は得票を11の地域ブロックごとに集計するのに対して、参議院は全国ブロックで集計する。

さらに、政党システムとの関連で重要であるのが、両議院における小選挙区と比例代表の比重である。確かに近年、選挙区の定数較差是正の観点から、参議院でも選挙区選挙において「一人区」と呼ばれる小選挙区が増えているものの、衆議院は小選挙区から定数465の6割を超える289名（62・2％）を選出するのに対して、参議院では改選定数124の4分の1にあたる32名（25・8％）を選出するにすぎない。比例代表に関しては、衆議院が176名（37・8％）、参議院が50名（40・3％）と、その比率はほぼ同じになっているが、参議院には比例代表のほかにも、それに近い比例性を有する「複数区」と呼ばれる中選挙区が全国に13あり、そこから42名（33・9％）が選出されている。したがって、衆議院と比較して、参議院の方が比例性の高い選挙制度を採用していると言うことができ、それは理論的には参議院における政党勢力の分散をもたらすと考えられる。

議員構成

両議院の選挙制度を踏まえて、ここからは、両議院の構成について多面的に考察する。まず、議員構成については、福元［2007］が選挙制度改革前の時期を対象とするものであるが、包括的で緻密な分析を行っている。それは1947年4月から1990年6月までに在職したすべての衆議院議員（2072名）と参議院議員（1178名）を対象として、学歴、知的専門職、在職年数、年齢という四つの観点から両者を比較する。その結果は、年齢と個別議員の在職年数では参議院議員が衆議院議員よりも年長という意味でシニアであるが、学歴と議院全体の在職年数ではその逆であり、知的専門職については、医師や大学教授の出身者は参議院の方が多いが、法曹出身者は衆議院が多いというものであり、二院制が「無意味」であるという福元の主張の実証的な根拠のひとつとされた。

ただし、そこでは対象とされていないが、近年、日本においてその少なさが問題とされている女性の国会議員については、両議院の間で明らかな違いがある。図1は両議院の選挙での当選者に占める女性の割合を衆参別に示している。そこからは、両議院とも長期にわたって低迷していた女性の割合が1980年代後半から上昇に転じているという長期的な傾向は共通しているが、衆議院よりも参議院の方が一貫して女性の割合が高いことが確認される。特に、2017年の参院選からは2割を超えるようになっており、それは日本の議会では例外的に国際平均である24・

図1：両議院における女性割合の推移

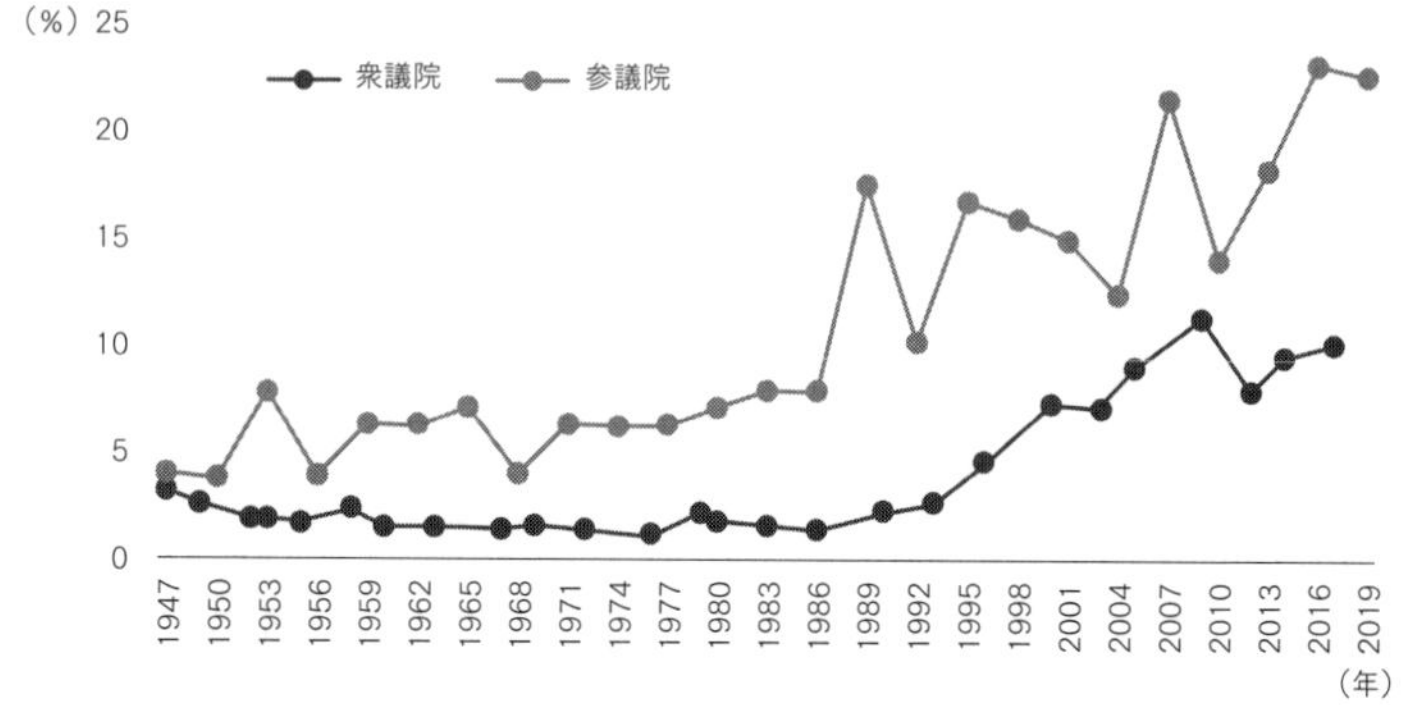

出典：総務省自治行政局選挙部『衆議院議員総選挙最高裁判所裁判官国民審査結果調』（平成29年10月22日執行）および参議院ウェブサイト「各通常選挙における男女別当選議員数一覧」をもとに筆者作成。

5%と同水準である（IPU調べ）。このような差異が両議院の間でなぜ生じたのかについては体系的な検証が必要になるが、いずれにしても、男女比という観点からは参議院の方が衆議院よりも相対的に「全国民の代表」としての機能を果たしていると言える。

会派構成

国会が与野党の相互作用を通じて運営されるという観点に立てば、個々の議員の構成よりも、次にみる会派構成の方がより重要な意味をもつかもしれない。先に参議院が衆議院と比較して比例性の高い選挙制度を採用していることを確認したが、実際に両議院の会派構成にどのような違いがあるのかを、ここでは政党システムの測定に用いられる「有効政党数（effective number of parties）」を手がかりに考察する（Laakso & Taagepera 1979）。

図2：両議院における有効政党数の推移

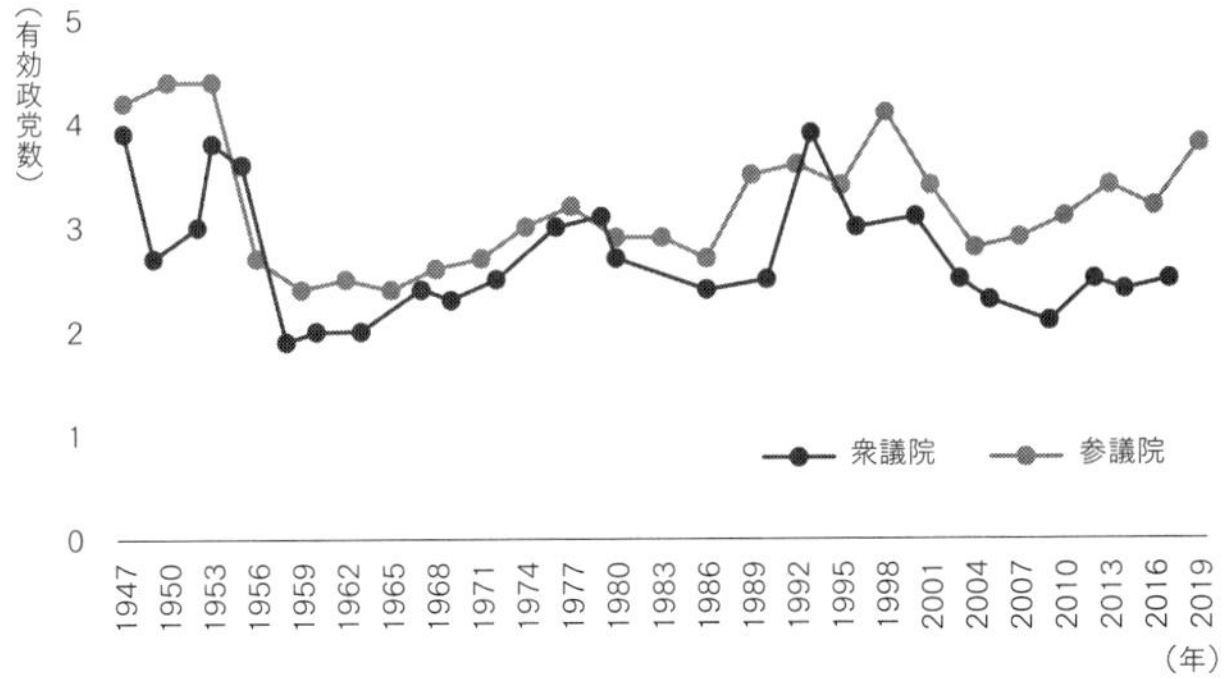

注：有効政党数は両議院における選挙の直後に召集された国会の召集日時点における各会派の議席率から算出した。
出典：衆議院・参議院［1990］、衆議院事務局『衆議院の動き』（1号～25号）、参議院ウェブサイト「会派別所属議員数の変遷」をもとに筆者作成。

国会内における有効政党（会派）数とは、国会における実質的な勢力関係を明らかにするものであり、(2) 図2は1947年以降の両議院における有効政党数の推移を示している。そこからは、1970年代の「保革伯仲」期や1993年の政権交代期を除けば、参議院における有効政党数が一貫して衆議院のそれよりも多くなっていることが確認でき、1947年から2017年までの70年間の平均値も衆議院が2・7であるのに対して、参議院は3・2となっている。このことは、参議院の方が衆議院よりも政党勢力が分散していることを意味しており、「一党優位」の状況が参議院では生じにくいことを示唆している。

このことを確認するために、図3は1947年以降の両議院における最大会派（第一党）の議席率

(2) 有効政党数は各会派の議席率（p_i）の二乗値の総和の逆数として、以下のように表現される。$N = \frac{1}{\sum_{i=1}^{n} p_i^2}$

図3：両議院における第一党の議席数

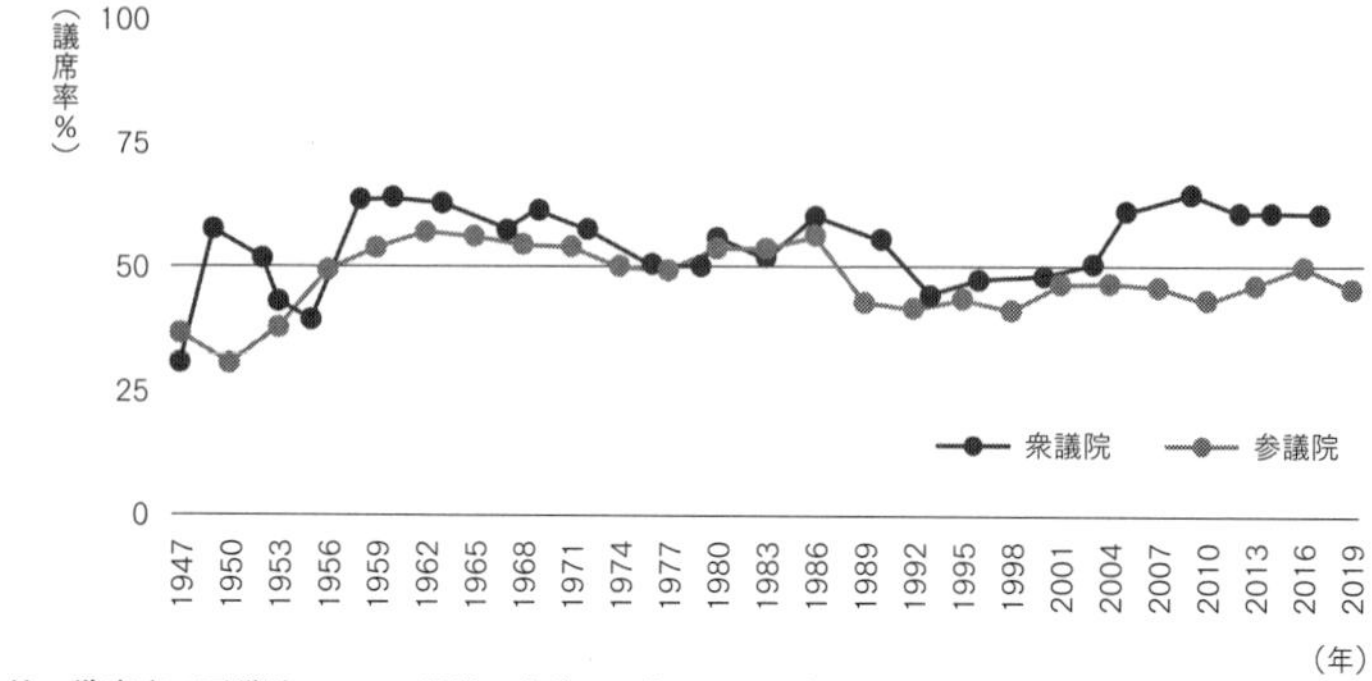

注：議席率は両議院における選挙の直後に召集された国会の召集日時点。
出典：図2と同じ。

を示している。ここでも両者の違いは明らかであり、衆議院の第一党はほとんどの期間、単独で過半数の議席を占めているのに対して、参議院の第一党が単独過半数を占めるのは「55年体制」期に限定されている。特に、１９８９年７月の参院選において自民党が過半数を失って以降、２０１７年７月の参院選で再びそれを得るまで、単独で参議院の過半数を占めた政党は存在せず、その自民党もまた２０１９年７月の参院選で単独過半数を失うこととなった。このことは、次節で検討する分裂議会が１９８９年以降、日本で常態化したことと大きく関係しており、また、それは２０１２年12月の政権交代以降、安倍内閣が「一強」体制を確立したと言われる一方で、参議院においては必ずしも盤石な基盤を構築できているわけではないことも意味している。

　内閣および与党の立場から参議院における多数確保の難しさを考えるならば、次のような要因を指摘することができる（松浦 2020）。第一に、内閣は総選挙の場合とは異なり、参院選の時期を自由に選択することができない。このことは、支持率が低迷していたり、景気が悪化していたりと、内閣にとって好ましくない状況においても、内閣は選挙を避けることができないことを意味している。第二に、参議院が実施される時期も重要である。近年の参院選はすべて7月に実施されており、その直前には本予算を審議する常会が開かれている。常会は憲法において年に1回、召集することが規定されている国会であり（52条）、その他の臨時会や特別会に比べて会期が150日と長く（国会法10条）、また本予算のみならず、重要法案も数多く提出されるために世間的な関心も高い。そのため、参院選前の常会は野党にとって政府を厳しく追及し、有権者に自らをアピールするもっとも重要な機会にほかならないが、一方の内閣および与党にとっては、野党への対応や国会運営などに失敗した場合、それが直ちに選挙に影響することを意味している。(3)

（3）これに関連して、今井［2018］は参院選において与党がその直前の総選挙と比較して得票率を低下させることを指摘した上で、総選挙を「政権選択選挙」、参院選を「非政権選択選挙」もしくは「中間選挙」と捉え、両者では有権者の投票行動が異なるという観点から参院選における与党敗北の要因を分析している。

3 第二院の影響力

現代日本の統治ルールと参議院

日本の二院制の機能を問うことは、第二院としての参議院が政治過程においてどのように機能しているかという問題と同義である。このことを検討する上で前提となるのが、参議院が有する制度的な権力を踏まえることであるが、それは単に立法部内における第一院との関係というよりは、行政部を統括する内閣との関係の中で理解することが重要となる。それは、衆議院と内閣が議院内閣制の下で融合的な関係にある一方で、参議院はむしろ大統領制下における大統領と議会のように、内閣と分立的な関係にあることによる（竹中 2004; 2010）。

すなわち、憲法は内閣成立の前提となる首相の指名において、衆議院の議決を参議院のそれに優越させているため（67条2項）、内閣は参議院の意思にかかわりなく組織される。また、仮に内閣が衆議院の支持を失った場合、内閣は衆議院の不信任決議によって交代させられるか、もしくは内閣が衆議院を解散し、総選挙によって内閣を支える多数派を新たに形成するかによって、両者の意思の一致が図られる。その一方で、内閣は参議院の支持を得られていなくとも、参議院によって倒閣されることはないが、逆にそれを解散し選挙によって現状の打開を図ることもできない。

このように、衆議院と内閣との間には基本的に信任関係が成り立っているが、参議院と内閣との間に信任関係が存在するとは限らない。そこで重大な問題となるのが、両議院の権力関係である。一般的には、衆議院が参議院に「優越」していると広く考えられているが、そうであるならば、内閣は信任関係にある衆議院の権限を頼りに、参議院の意向を無視したままで政権運営を続けることができる。しかし、それが不可能であることは、参議院の多数を野党が占める分裂議会の発生を契機として明らかになったと言える。つまり、憲法は首相の指名のほかに、予算の議決（60条2項）と条約締結の承認（61条）に関して、参議院が衆議院と異なる議決を行った場合、一定期間内に両院協議会においても意見の一致をみなければ、衆議院の議決を国会の議決とみなすと規定しているが、法律の制定に関しては、あくまでも両議院における可決を原則としている（59条1項）。言うまでもなく、衆議院の可決した法案を参議院が否決したり、修正したりした場合、衆議院は出席議員の3分の2以上の特別多数によって法案を再可決し成立させることができる（同条2項）。しかし、そもそも衆議院において3分の2の多数派を形成することは容易でなく、たとえそれが形成されたとしても、限られた国会の会期の中で再可決権を行使するまでに要する時間や、再可決に対する有権者の反感などを考慮すれば、衆議院の意思だけで法案を成立させることには限界がある。

このことは、参議院が事実上、法律の制定において拒否権（veto）をもつことを意味しており

（高橋 2006）、しかもこの強い参議院の立法権限は予算と条約に関する衆議院の議決の優越規定を意味のないものにする。なぜなら、実際に予算を編成し執行するには、所得税法や地方税法、赤字国債を発行するための特例公債法などに代表される予算関連法案の成立が不可欠であり、また条約を発効させる上でも条約関連法案の整備が必要になるからである（竹中 2010）。したがって、現代日本の統治ルールにおいては、内閣は参議院との間に信任関係がない場合でも、その支持を得ることなしには安定的に国政を運営することができないということになる。

分裂議会における国会政治

参議院の制度的な権力は、諸外国の第二院と比較しても強いことが指摘されているが（Lijphart 2012; Ganghof 2018）、その強さを実際の政治過程の中で経験的に観察することは難しい。このことは、両議院における閣法の審議結果をみても明らかである。１９４７年から２０１７年までの70年間（第１回国会～第１９５回国会）に内閣は９９０８件の新規法案を国会に提出し、８４３２件（85・１%）が国会を通過しているが（継続法案は除く、以下同様）、新規に提出された法案のうち、衆議院において修正された法案は１４３５件（14・５%）であるのに対し、参議院での修正は４８１件（４・９%）にすぎない。また、衆議院は５３１件（５・４%）の法案を継続審議とし、５２０件（５・２%）の法案を審議未了、廃案としているが、参議院ではそれぞれ87件（０・９%）、２６８件（２・７%）になっている。

しかも、一般に想像されているのとは異なり、参議院の多数を野党が占める分裂議会においても参議院が直接的に閣法の成立を妨げることは稀であり、閣法の成立率も低下するとは限らない。たとえば、１９８９年７月に発生した分裂議会においては91・０％、２００７年７月に発生した分裂議会においても83・３％の閣法がそれぞれ国会を通過している。また、２０１０年７月に民主党政権下で発生した分裂議会においては、69・９％の閣法が国会を通過しており、それはその直前の一致議会における59・２％よりも10ポイント以上高くなっている。

このように、分裂議会の期間も含め、参議院がほとんどの閣法を通過させてきたこともカーボンコピー論の実証的根拠とされてきたが、(4) 国会における法案審議過程のみに焦点を当てて参議院の影響力を推定することはそれを過小評価することにつながる。すなわち、内閣および与党は閣法を成立させるには衆議院だけでなく、参議院からも同意を得る必要があることを十分に認識しており、両議院の意向を忖度しつつ、法案を作成し、国会提出の是非やそのタイミングを判断している（増山 2003；斎藤 2004）。こうした観点に立てば、分裂議会において国会に提出される法案は、参議院多数派としての野党の利害と大きく矛盾しないものや、その政策選好を反映させたも

（4）福元［2007］は、両議院における法案審議に着目して量的な比較分析を行った結果、両議院の審議過程は相互補完よりも重複が圧倒的に多いことを示している（第２章）。

表1：閣法に対する各党態度

常会（政権）	一致		分裂		一致	分裂			一致	
	2006（自公）	2007（自公）	2008（自公）	2009（自公）	2010（民主）	2011（民主）	2012（民主）	2013（自公）	2014（自公）	2015（自公）
全会一致（%）	33（40.2）	40（44.4）	40（61.5）	32（50.8）	21（40.4）	44（60.3）	24（42.9）	36（53.7）	31（38.8）	24（34.8）
与党単独（%）	18（22.0）	21（23.3）	5（7.7）	8（12.7）	8（15.4）	0（0.0）	0（0.0）	1（1.5）	1（1.3）	6（8.7）
野党第一党反対（%）	28（34.1）	22（24.4）	6（9.2）	8（12.7）	19（36.5）	2（2.7）	1（1.8）	2（3.0）	11（13.8）	14（20.3）
N（対象閣法数）	82	90	65	63	52	73	56	67	80	69

注：閣法に対する各党の態度は衆議院本会議における賛否によって確定しているが、それを欠席している場合などは参議院本会議における賛否に基づいている。
出典：衆議院「法律案等審査経過概要」（2006年常会～ 2015年常会）をもとに筆者作成。

のになりやすく、逆に野党の意向に反する法案はそもそも国会へ提出されにくくなると考えることができる[5]。

　このことを確かめるために、表1は閣法に対する与野党の態度を、分裂議会の時期とそれ以外の時期とを区別して報告している。そこからは、分裂議会においては、全会一致で成立する閣法の割合が増える一方、すべての野党が反対する中で与党の賛成のみによって成立する閣法がほとんどなくなることが確認される。ちなみに、与党の支持のみで成立した閣法は、いずれも衆議院の再可決によっている。また、分裂議会においては野党の中で最大の議席をもつ野党第一党が閣法に反対することが大きく減少していることも重要である。分裂議会については、与野党対立の側面ばかりが注目されるが、一方でそれは与野党の協調を構造的に促す環境にもなっていることが理解されるであろう。

参議院と近年の日本政治

参議院が政治過程において強い影響力をもつことは、それが政権の枠組みにも影響を及ぼすことからも確認される。たとえば、1998年7月の参院選に大敗した責任をとって総辞職した橋本内閣の後を受けた小渕首相は、分裂議会の下での政権運営に苦しんだことから、その翌年に参議院における多数確保を目的として自由党、さらには公明党と連立を組んだ（竹中 2010）。また、民主党も2009年8月の総選挙で衆議院の過半数を大きく上回る308議席を獲得して政権交代を果たしたが、参議院では単独で過半数の議席を有していなかったため、社民党および国民新党との連立政権を発足させた。

これらは、政権担当者それ自身が、衆議院だけでなく参議院の多数をも確保しない限り、安定的に国政を運営することができないと認識していることを示すとともに、現代の日本において長期にわたって政権を維持するための前提を明らかにしている。それは総選挙については言うまでもなく、参院選においても多数を獲得するということにほかならないが、まさしく「言うは易く行うは難し」の典型である。安倍内閣に関して言えば、2012年12月の総選挙に勝利して政権に復帰して以降、2013年7月の参院選、2014年12月の総選挙、2016年7月の参院選、2017年10月の総選挙、2019年7月の参院選と、絶え間なく続く国政選挙に連勝したことが歴代最長政権につながった。

（5）分裂議会において、内閣は重要法案の件数を選択的に絞り込むだけでなく、事前に準備していた法案の国会提出を見送ることが多くなる（松浦 2017）。

この点に日本における二院制の意義を見出すことも可能である。すなわち、二院制の利点としては、そもそも両議院が同じ決定を繰り返すことが慎重な意思決定を担保するという指摘もあるが（増山 2008）、二院制には主権者たる国民から政権担当者への権力の委任を慎重なものにすると同時に、国民に政権担当者を抑制する機会を提供するという面もある。安倍内閣は2012年の総選挙に加えて2013年の参院選に勝利し、分裂議会を終結させたことで強いリーダーシップを行使する前提を得た。一方で、2016年および2019年の参院選はそれに歯止めをかけるか否かの選択にほかならなかったと言える。

4 日本の立法過程とその特徴

政府立法の優位

ここからは、両議院からなる国会の代表的権能のひとつである立法について考察する。日本では、国民を直接代表する国会が能動的に法案を企画・立案し、議員による活発な討議を経て成立させることが「唯一の立法機関」としての責務であり、それこそが民主主義国家における政策決定のあるべき姿であるとの規範が根強く存在する。その立場からは、衆議院議員が提出する衆法と参議院議員が提出する参法、いわゆる議員立法こそが立法の中心にあるべきであり、実質的に

図4：閣法と議員立法

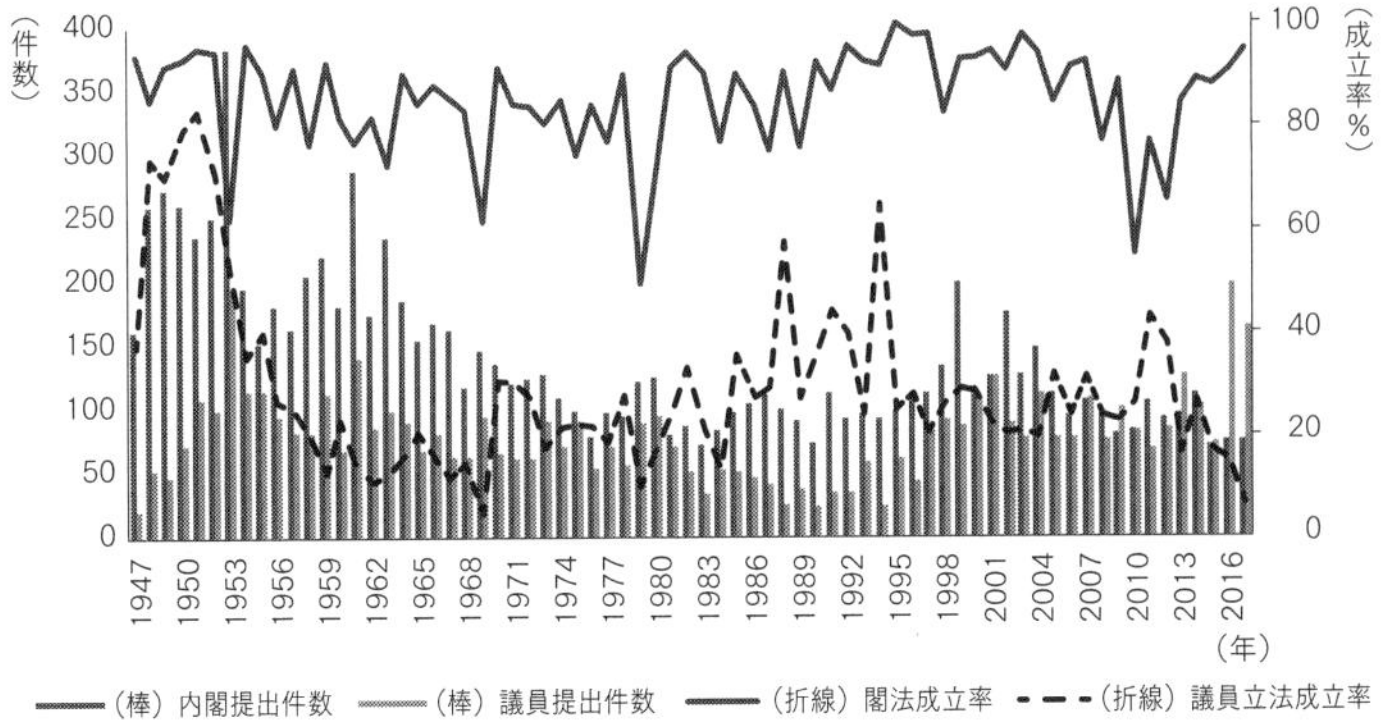

注：成立率はいずれも新規提出法案についてのもの。
出典：参議院議事部「議案審議表」（第1回国会～第195回国会）をもとに筆者作成。

は中央省庁によって準備される内閣提出法案（閣法）は望ましくないとされる。1993年の国会法改正によって導入された政策担当秘書制度は、まさに議員立法を活性化させることを主な目的とした。

しかし、戦後の立法は少なくとも量的には閣法が中心となっている。図4は1947年以降の閣法と議員立法について、それぞれの提出件数と成立率の推移を示している。まず、提出件数は閣法が長期的に減少傾向にある一方で、議員立法は1990年代後半から増加傾向にあるが、ほとんどの年において、前者が後者を上回っている。また、成立率に関しては、閣法の優位は圧倒的であり、第1回国会（1947年）から第195回国会（2017年）の70年間を集計した上で算出した平均値は閣法が85・1％であるのに対して、議員立法は27・2％にすぎない。

しばしば、日本の議員立法については、アメリカとの比較でその低調さが強調されることがあるが、日本とは異なる執政制度の下で連邦議会が立法権をほぼ独占し、行政部に法案の提出権すら認めていないアメリカはむしろ例外的であり、日本との比較対象にはなり得ない。しかし、日本の議員立法を抑制する制度的な要因については確認しておく必要があるだろう。図4からは当初、活発化しつつあった議員立法が1950年代後半から減少に転じていることがわかるが、それには1955年の国会法第5次改正が大きく影響したと考えられている。それは主に地元に向けた、いわゆる「お土産法案」を抑制するために、議案の発議要件として、衆議院では20名以上、参議院では10名以上の賛成（予算をともなう法案については、衆議院が50名以上、参議院が20名以上の賛成）を求めるものであり、国会法の制定当初は認められていた議員個人による法案提出が不可能になった。また、発議要件の厳格化に加えて、日本には機関承認の慣行も存在する（大山 2003：向大野 2018）。これは議員が法案を提出には所属会派の承認を経なければならないというものであり、議員個人が自由に法案を提出することを一層難しくしている。(6)

事前審査制と国会審議

日本の立法において中心的な位置を占める閣法の立法過程について、その大きな特徴は国会前過程の重要性にある。国会前過程とは、国会に法案が提出される以前の段階であり、閣法は国会にその姿をみせるまでに次のようなプロセスを経る。すなわち、法案を主管する省庁は法案に関係する他省庁や有力議員などと調整を図りつつ原案を作成し、内閣法制局によって主に立法技術的な観点から審査を受ける。その上で、閣議決定に先立って与党によって段階的な審査を受ける。この事前審査制は憲法のみならず、国会法や内閣法などにも根拠をもたないが、「55年体制」の比較的早い段階において確立した制度的な慣行と言え（奥・河野 2015）、閣法は与党たる自民党の政調部会、政調審議会、そして総務会の了承を得た後に閣議決定を受けて国会に提出される。このことは、自民党が法案に同意しなければ、内閣はそれを国会に提出できないことを意味し、与党は政府の外にあっても法案に対する拒否権を背景に、その内容に実質的な影響を及ぼすことが可能になっている（佐藤・松崎 1986）。

こうした事前審査制の定着には、自律的な国会制度が大きく関係していると言われる。大山[2011]は、①法案の議事日程の決定に対する内閣の関与が限定的であること、②内閣それ自身による法案の修正に大きな制限が設けられていること、③内閣に法案の成立を促す手段が与えられていないことを指摘し、内閣が国会の議事運営に直接関与する手段をほとんど有していないことを強調する。それゆえに、内閣や主管省庁の側としては、国会運営の任にあたる与党を重視せざるを得ず、与党の事前審査において多少、政策的な譲歩を余儀なくされても事前にその同意を得ておくことが重要な意味をもつというのである。また、それによって、政府は国会での法案審議において野党への対応に専心することが可能になった。

（6）川人［2005］は憲法に規定された「国会中心主義」と議院内閣制という二つの制度の矛盾に着目し、多数党によって後者に合致するように国会制度が変革される中で議員立法が抑制されたとみる。

一方で、事前審査制が国会審議を「空洞化」させているとの厳しい批判もある（大山 2011）。法案の内容は事前審査において政府と与党との間で決着をみているため、国会では両者はできるだけ早期に無修正で法案を成立させることを望むのに対し、通常、数に劣る野党はそれを採決に持ち込ませず、審議未了で廃案とするために審議の拒否や引き延ばしなどで抵抗を試みる。(7) それにより、国会は与野党が法案の中身をめぐって政策的な議論を戦わす場というよりは、限られた会期の中でどのような審議のスケジュールを組むかをめぐって「日程闘争」を繰り広げる場と化しているというのである。

事前審査制に対しては、特に民主党政権が廃止を試みたものの、十分な成果をあげることができなかった背景には、それが国会の議事運営から政府を排除する国会制度とも密接に関係しているとともに、国会での法案審議段階において与党から「造反者」を出さないための重要な手段ともなっていることが考えられる。

5　国会にかかわる改憲案の検討

最後に、本稿での議論を踏まえつつ、国会にかかわる改憲案に検討を加える。まず、国会でも大きな論点となった二院制の是非やその改革案に関しては、第二院としての参議院に拒否権があることに留意が必要である。すなわち、憲法はその改正の発議に「各議院の総議員の3分の2以上の賛成」を求めているため（96条）、一方的な参議院廃止論は言うまでもなく、その権限縮小論についても、参議院の同意を得て実現する可能性は極めて低いと考えられる。同様に、現実政治の観点からは、改憲事項ではないものの、参議院に権力の行使を自主的に抑制することを求める案や、参議院では各政党に党議拘束をかけないことを求める案についても実現性は低いと言わざるを得ない。前者の自己抑制論は英国の「ソールズベリー・ドクトリン（Salisbury Doctrine）」などを念頭に、内閣が政権公約で掲げた重要政策にかかわる法案に対しては、参議院は拒否権を行使しないことなどを求めるものであるが、非公選の英国貴族院とは異なり、日本では参議院も衆議院と同様に「全国民を代表」する議院として、高い民主的正統性をもっている中で、自己抑制を促すに足る理論的な根拠は見出しがたい。また、国会が政党間競争を通じて運営されていることを考えたとき、たとえば、分裂議会において参議院の多数を占める野党に自己抑制を求めても顧みられることはほとんどないであろう。党議拘束の撤廃論に関しても、本稿で確認したように、立法には衆議院だけでなく参議院の支持も欠かせない以上、内閣および与党が参議院の多数を確保するために党派的に行動するのは制度的な帰結である。

ただし、実現可能性の問題はあるにしても、予算とそれと密接に関わる法案については、憲法上でも整合性がとられる必要があるように思われる。本稿でも触れたように、予算の執行には、

(7) ただし、福元［2000］は、野党の抵抗には単に法案の審議を引き延ばす「議論しないことによる対抗」だけでなく、議論を積み重ねる「議論することによる対抗」もあることを主張する。

特例公債法案や所得税法案など、その裏づけとなる関連法案の成立が不可欠であるため、予算だけに優越規定を設けても意味はない。また、衆議院の法案の再議決要件（憲法59条2項）の緩和（たとえば、現行の3分の2以上の特別多数決から単純多数決に変更するなど）については、実現可能性はともかく、二院制の存在意義に関わる重要な問題である。本稿では、現行の二院制の下では、内閣が安定的に国政を主導するには、総選挙において多数を獲得するだけではなく、参院選でも多数を確保することが重要であることを確認し、その観点からは、参議院が国民から政権担当者への権力の委任を慎重なものにするとともに、国民に参院選を通じて政権担当者を牽制する機会を提供していることを指摘したが、これは参議院の立法権限が衆議院とほぼ対等であることを前提とした議論であることに注意が必要である。

次に、両議院の選挙制度については、公職選挙法によって規定される部分が多く、そのこと自体が、憲法により具体的な選挙制度を書き込むべきか否かという改憲論となり得る。しかし、現行憲法の条文に則して言えば、先にも触れた両議院ともに「全国民を代表する選挙された議員」で構成するとした43条が問題となる。これに関しては、かねてより参議院を地域代表や職能代表の議院にすべきとの議論があり、それは参議院廃止論などよりは、実現可能性が高いと思われる。しかし、その場合は両議院の権力関係もあわせて議論する必要があり、仮に参議院の国民代表としての機能を弱める改憲を行うときには、民主的正統性の高さに裏づけされた今の権限も見直されるべきであろう。

このように、国会に関して意味のある改憲案を提示するには、国会の実態を踏まえた上で、現実政治の観点から、その実現性を考慮しつつ、日本の統治システム全体の中に位置づけた考察が不可欠である。

参考文献

今井亮佑 2018『選挙サイクルと投票行動―「中間選挙」としての参院選の意義』木鐸社．
大山礼子 1999「参議院改革と政党政治」レヴァイアサン25号．
――― 2003『国会学入門〔第2版〕』三省堂．
――― 2011『日本の国会―審議する立法府へ』岩波書店．
奥健太郎・河野康子（編）2015『自民党政治の源流―事前審査制の史的検証』吉田書店．
川人貞史 2005『日本の国会制度と政党政治』東京大学出版会．
斎藤十朗 2004『斎藤十朗オーラルヒストリー―C．O．E．オーラル・政策研究プロジェクト』政策研究大学院大学．
佐藤誠三郎・松崎哲久 1986『自民党政権』中央公論社．
衆議院憲法審査会事務局 2012「憲法に関する主な論点（第4章国会）に関する参考資料」．
衆議院・参議院（編）1990『議会制度百年史　院内会派編衆議院の部』大蔵省印刷局．
高橋和之 2006『現代立憲主義の制度構想』有斐閣．
竹中治堅 2004「『日本型分割政府』と参議院の役割」年報政治学２００４．
――― 2006『首相支配―日本政治の変貌』中公新書．
――― 2010『参議院とは何か　１９４７～２０１０』中央公論新社．
帖佐廉史 2016「諸外国議会の一院制・二院制の別（２０１６年）」レファレンス７９１号．
福元健太郎 2000『日本の国会政治―全政府立法の分析』東京大学出版会．
――― 2007『立法の制度と過程』木鐸社．

増山幹高 2003『議会制度と日本政治—議事運営の計量政治学』木鐸社．

——— 2008「日本における二院制の意義と機能」慶應義塾大学法学部（編）『慶應の政治学　日本政治』慶應義塾大学出版会．

待鳥聡史 2012『首相政治の制度分析—現代日本政治の権力基盤形成』千倉書房．

松浦淳介 2017『分裂議会の政治学—参議院に対する閣法提出者の予測的対応』木鐸社．

——— 2020「参議院選挙と安倍政権の国会運営」法学研究93巻4号．

向大野新治 2018『議会学』吉田書店．

Ganghof, Steffen. 2018. "A new Political System Model: Semi-parliamentary Government." *European Journal of Political Research* 57(2).

Kawato, Sadafumi and Masuyama Mikitaka. 2015. "Does the Divided Diet Make a Difference?" *University of Tokyo Journal of Law and Politics* 12.

Laakso, Markku. and Rein Taagepera. 1979. " 'Effective' Number of Parties: A Measure with Application to West Europe." *Comparative Political Studies* 12(1).

Lijphart, Arend. 2012. *Patterns of Democracy: Government Forms and Performance in Thirty-Six Countries*, 2nd ed. Yale University Press.

Thies, Michael F. and Yanai Yuki. 2013. "Governance with a Twist: How Bicameralism Affects Japanese Lawmaking." in Robert Pekkanen, Steven R. Reed, and Ethan Scheiner (eds.). *Japan Decides 2012: The Japanese General Election*. Palgrave Macmillan.

——— 2014. "Bicameralism vs. Parliamentarism: Lessons from Japan's Twisted Diet." *Senkyo Kenkyu* 30(2).

Ⅱ 応答と展望

両院制にとどまらない国会の憲法問題

村西良太

本章Ⅰの松浦論文は、その叙述の大半を、両院制（参議院の権能および組織構造）の分析に充てている。それによれば、衆議院と同じく公選の議員によって組織される参議院は、「衆議院の優越」とは名ばかりの強力な権能、すなわち法律制定にあたっての事実上の「拒否権」を手中に収めている。それゆえ内閣は、衆議院のみならず参議院においても、与党会派による過半数の確保を志向するほか、それが叶わず「分裂議会」（衆議院の多数派と参議院の多数派が異なる状況）に至った時期には、参議院において多数を占める野党の選好を法律案の起草に反映させたり、あるいは野党の利害と大きく矛盾する法律案の国会への提出を差し控えたりしてきたという。松浦論文は、かように与野党の協調が促され、もって内閣の権力行使に一定の抑制が働くところに、両院制の積極的な意義を認めている。

ひるがえって憲法学説においては、かかる参議院の「拒否権」について、その謙抑的な行使を求める見解も少なくない。松浦論文も指摘するとおり、こうした「拒否権」の生みの親は日本国憲法であるところ（59条2項）、この憲法は他方で、内閣に対する不信任決議権を衆議院にしか与えていない（69条）。つまり、参議院は内閣の進退を左右すべき地位から明確に除外されている、とみることも可能である。このような視角に立てば、参議院による「拒否権」行使につき、松浦論文とは異なる慎重な評価も成り立ち得ることが、本稿では示される。

また、日本国憲法下における国会の特質は、両院制に限られるわけではない。というよりも、内閣の存立を国会の信任に依拠させる制度（議院内閣制）の採用こそが、まずもって確認されるべき最大の特質のはずである。内閣とそれを支える国会の多数派が密接に協働するこの制度の下で、内閣に対する国会の実効的な統制はいかにして可能か。そこでの政党ないし個々の議員の役割に照らして、いかなる選挙制度ないし政党法制が望まれるか。本稿では、議院内閣制と権力分立との一定の緊張関係に留意しつつ、まずこれらの問題に憲法学の視点から検討が加えられる。かかる行論を通じて、両議院の機能分担はもとより、国会をめぐる憲法問題はすべからく議院内閣制の総合的なデザインの一環として考究されるべきことを、改めて確認したい。

1　統治権を内閣と分有する国会

〈国会＝立法権〉という図式は、〈内閣＝行政権〉〈裁判所＝司法権〉という図式と並んで、おそらく人口に膾炙しているだろう。けれども本稿は、このおなじみの思考を批判的に顧みるところから出発したい。というのも、〈国会＝立法権〉の簡明な図式は、そのわかりやすさと引き換えに、日本国憲法（以下「憲法」）の統治機構に対する分析の視点を不当に曇らせてしまうからである。

ここでの「立法権」は、国家作用たる立法行為の遂行権限（法律制定の権限）を指すと解されるところ、これを国家機関たる立法府（国会）と一対一で結びつけるかのごとき右の表記は、二重の意味においてミスリーディングと言わなければならない。

第一に、立法行為を〈法律案の作成→審議（修正）→議決〉の一連のプロセスとして捉えるとき、そのすべてを国会に独占させることは憲法の企図するところではない。法律の制定も広い意味では諸政策の実現に仕えるひとつの手段であるところ、その起案がしばしば行政府（内閣）のイニシアティヴに属するのは見やすい道理であって、松浦論文も示すように、現に国会において可決・成立に至る法律案の圧倒的多数は内閣提出法案（閣法）である。こうした実務は国会を「唯一の立法機関」と位置づける憲法（41条）に違反する、との批判も皆無ではないものの、このような

見解は今日ほとんど支持されていない。(1)

第二に、憲法が国会に授けている権能は「立法権」に限られないところ、〈国会＝立法権〉の硬直的な図式は、本来であれば多様な国会の諸権能を単色に塗りつぶし、その概観を妨げてしまう。確かに法律の制定は国会に委ねられた任務の筆頭格ではあるものの、条約の承認(73条3号)や予算の議決(86条)、憲法改正の発議(96条1項)、さらには内閣の創出(内閣総理大臣の指名・67条)および統制(内閣に対する質疑・質問等〔63条〕、窮極的には内閣不信任決議〔69条〕)も、重要性において決して劣らぬ国会の――あるいは国会を構成する各議院の――権能なのである。

以上を総合すれば、本稿の基本的な視座は、次のように固まるだろう。

その第一は、「立法権」に限られない国会の憲法上の諸権能を広く視野に収めつつ、それとの相関において国会の組織構造を分析すること、そして第二は、かかる分析にあたって国会だけを凝視するのではなく、内閣との相関に十分な注意が払われることである。たとえば、国会の組織構造を特徴づける決定的な要素として、「全国民を代表する選挙された議員」によって構成されること(43条1項)が挙げられる。憲法は特定の選挙制度を要請しておらず、その選択を国会(の制定する法律)に委ねているため(47条)、先に列挙された憲法上の枢要な権能に照らしてどのような選挙制度が望ましいかを論ずる必要に迫られるところ、かかる議論は、憲法の定める国会と内閣との相互関係に対する十分な顧慮なしには果たされ得ない。すなわち、「議院内閣制」と呼ばれる統治構造への然るべき着眼を通じてはじめて、国会に関する有意な規範的分析が緒に就くのである。

2 「議院内閣制」と「権力分立」との緊張

そもそも「議院内閣制」とは、どのような統治構造を指すのだろうか。その回答にあたって、憲法学説は次の二つのメルクマールを強調してきた（芦部 2019: 342）。ひとつは、議会と内閣が「一応分立」している（この点において政府が議会に完全に従属する会議政と異なる）こと、そしてもうひとつは、内閣が議会（特に下院）に対して連帯責任を負う（この点において議会と政府の構成員が別々に選任され両機関が完全に独立する大統領制と異なる）ことである。

憲法に即してこれを敷衍するならば、国民が直接選任できるのは国会のみであり、内閣は常に国会の議決によって――つまり国民の目からみれば間接的に――創設される。順を追って説明すれば、まず国会が国会議員の中から内閣総理大臣を指名し（67条）、この内閣総理大臣が意中の人物を閣僚に任命する（68条1項）。閣僚の過半数はやはり国会議員でなければならない（同ただし書）。また、国会は内閣の創設だけでなく、内閣の活動期間全体にわたってこれを統制すべき立場にある。換言すれば、内閣の存立は一貫して国会の信任に基づき、この信任が喪われると（すな

（1）憲法は、「内閣総理大臣は、内閣を代表して議案を国会に提出［する］」（72条）と定めるところ、憲法学の通説は、この「議案」の中に「法律案」も含めて理解してきた。芦部［2019: 307］を参照。

わち内閣不信任が議決されると）内閣は総辞職しなければならない（66条3項・69条）[2]。

以上の概説から導かれる「議院内閣制」の特質を端的に言い表すとすれば、それは「権力分立との緊張」に集約されるのではないかと思われる。

内閣総理大臣が国会の多数決によって選任される以上、国会の中に内閣を支持する多数派とそうでない少数派が生まれることは必然である。内閣はこの多数派を足場に諸政策を形成し、その実現に向けて法律や予算の整備を図るのだから、国会における安定的な多数派の獲得と保持が内閣にとって文字どおり死活的な意義を有することも論をまたない。他方、少数派は永遠の少数派ではなく、次期総選挙を経た多数派への飛躍とそれに基づく政権の奪取を目指して、現在の政権と対峙する。かくして多数派にせよ少数派にせよ一定のまとまり（政治的一体性）が促され、議院内閣制にとって不可避の要素たる「政党」が最前線に現れる。憲法は政党に関する明文規定をもたないけれども、その存在を当然に予定している、と説かれるのはそのためである（最高裁昭和45年6月24日大法廷判決〔民集24巻6号625頁・八幡製鉄事件〕を参照）。

国会において内閣を組織的に支持する政党は「与党」、そうでない政党は「野党」とそれぞれ称されてきた。与党は原則として国会における多数派であり、かかる与党と内閣は密接に連携する。すなわち、与党は自らの陣営に属する国会議員を内閣総理大臣として、さらには閣僚として輩出し、内閣の政策形成およびその実施に全面的に協力するのが常道であるから、国会と内閣との間には権力「分立」どころか権力「融合」が生ずる、との診断は一面の真理を言い当てていよう。

これに対して、憲法学説の多くは、議院内閣制を権力「融合」と言い切ってしまうことに、極めて慎重であるように思われる。(3) その背景には、おそらく次のような懸念が控えている。すなわち、与党と内閣の一体化がなんらの留保もなしに肯定されるならば、国会の強固な多数派を足場に内閣の果断な支配は止まるところを知らず、ただ国会の無能無策だけが極まってしまう。そうした国会の形骸化を避けるためには、自己の意思にのみ従う自律的な国民代表としての自覚を与党も含めてすべての国会議員に促し、内閣の政策に対する国会の実質的な審議機能を回復しなければならない。これが憲法学における通説的な〈国会・内閣分立論〉なのではないかと思われる。

こうした〈国会・内閣分立論〉の徹底に対しては、議院内閣制の利点――国会の盤石な多数派に支えられた内閣による安定的な政策遂行――がむしろ大きく削がれてしまうとの懸念に加えて、次のような反論が考えられる。内閣提出の法律案や予算案はたとえ修正・否決には至らなくとも、野党による批判的追及に晒され、その積み重ねがやがて選挙を通じた政権交代につながり得る。

(2) なお、内閣不信任決議は衆議院にのみ与えられた権限であり、これが可決された暁には、内閣は総辞職または衆議院解散のいずれかを選択する。ただし、こうして衆議院が解散されると、それに続く総選挙の後に、当該選挙の帰趨にかかわらず、従前の内閣は総辞職しなければならない（70条）。つまり、衆議院において内閣不信任が議決されると、内閣はいずれにせよ総辞職に至ることとなる。

(3) 内閣による法律案提出の可否（すなわち閣法の合憲性）それ自体が（既述のごとく結論としては合憲説が圧倒的多数を占めるとはいえ）争点を形成した事実は、通説における国会・内閣「分立」論の隆盛を端的に裏書きしていよう。あわせて後掲注（6）も参照されたい。

これこそが議院内閣制における政府統制の仕組みであって、与党と内閣の一体化はかかる統制の妨げとなるものではない。これに対して主流の憲法学説は、個々の自律的な議員からなる国会を内閣と対置させることにより、国会による行政統制の絵を描き続けてきたとみることができる。

3 議院内閣制の運用を左右する選挙制度

与党と内閣との一体性は、決して単一の条件だけで決まるものでない。とはいえ、これを左右する制度的要因として、選挙制度の占める比重は大きいと思われる。二大政党による政権競争か、それとも多党分立を背景とする連立政権か。国会議員は所属政党の方針に忠実に従うか、それとも政党規律から自由に行動するか。与党と内閣との紐帯に甚大な影響を与え得るこれらの要素は、国会議員の選挙制度に少なからず依存すると考えられる。

議会制民主主義において、選挙制度がその死命を制すると言えるほど枢要な位置を占めることは、次の事情からも明らかである。デモクラシーはしばしば「国民の意思」に基づく統治と説明される。しかしながら、「国民」は――少なくとも具体的な諸個人と同様の法的主体としては――実在せず、したがって「国民の意思」なるものも実在しない。実在するのは、個々の有権者のバラバラな意思のみであり、そうした多数のバラバラな意思が選挙制度というフィルターを通して濾過された結果を、我々は「国民の意思」とみなしている。すなわち、「民意」は静態的にそこに存在しているのではなく、選挙制度を通じてかたちづくられ、切り取られると言うことができ、換言すれば、国会に反映される「民意」は選挙制度しだいでまったく異なる相貌をみせるのである（高橋 2006: 84-86）。

選挙制度ごとに異なる「民意」の形成

選挙制度の分析にあたっては、単記制（候補者の中から1名の候補者を選んで投票）と連記制（複数の候補者への投票）の区別、さらに単記制における移譲式と非移譲式（当選確定者に投じられた票のうち余剰分を別の候補者に移譲するか否か）の区別が知られるところ、憲法学の議論はこれまで単記非移譲式を前提に、主として選挙区制の分類に関心を寄せてきた。以下では、衆議院議員総選挙において採用されたことのある選挙区制を具体例として、それぞれの制度ごとにいかなる「民意」の形成が観念されてきたかを瞥見しよう。

中選挙区制は、全国を複数の選挙区に分けた上で、各々の選挙区から複数名の候補者を当選させる制度である。この制度の下では、国会の構成が多党分立に傾くと言われてきた。たとえば定数5の選挙区であれば、辛くも5位までに食い込めば当選可能であり、小政党にも議席獲得の可能性が開かれているからである。また、政党としての一体性よりも議員個人の自律性が前景に現れると説かれた。中選挙区制において、政権担当能力をもつ大政党は一つの選挙区に複数の候補者を擁立せざるを得ず、結果として、同一政党に所属する候補者であっても各々の独自性を前面に掲げて戦う展開となるからである。

これに対して小選挙区制は、全国を多数の選挙区に分けた上で、各々の選挙区から1名ずつを当選させる制度である。この制度の下では、国会の構成が二大政党に収斂しやすいと言われてきた。いずれの選挙区であれ得票数において首位にならなければ当選できないため、最多得票を争えるだけの馬力をもった大政党が有利となるからである。また、議員個人の自律性よりも政党としての一体性が醸成されやすいと説かれた。中選挙区制の下におけるような「同志討ち」は存在せず、候補者はよほど個人的な高い人気を誇らない限り、所属政党に対する有権者の支持に依拠して選挙戦を展開するからである。

少数派を取りこぼすことなく代表させるという意味において、中選挙区制を「少数代表制」、もっぱら多数派のみを代表させるという意味において、小選挙区制を「多数代表制」とそれぞれ称するならば、各政党に得票率に応じた議席を配分する比例代表制は、少数代表制の一種とみることができる。したがって、中選挙区制について述べたのと同じ理屈で、国会の構成が多党分立に傾くと言われてきた。他方、議員個人の自律性よりも政党としての一体性が育まれる傾向は、小選挙区制に近似すると説かれた。そもそも候補者届出政党の名簿に登載されなければ立候補さえ不可能なのだから、政党（の執行部）は所属議員に対して強い規律力を保持するというのである。

選挙制度改革に対する憲法学説の評価

右の分析のうち、たとえば小選挙区制が二大政党化を帰結するというのはおそらく単純に過ぎるし、議員の所属政党からの自律性は選挙区制よりむしろ公認権の所在や政治資金の分配規律によって左右されるとみる方が現実的かもしれない(4)。その意味では、議院内閣制の帰趨が選挙制度(のみ)によって定まるかのごとき説示は、行き過ぎた誇張であろう。とはいえ、国会に反映される「民意」をかたちづくるひとつのファクターとして、選挙制度が重要な位置を占めることは疑いを容れない(5)。

憲法は選挙制度の選択を国会(の制定する法律)に委ねており(47条)、国会はこれまで公職選挙法の制定ならびに改正を通じてこの任務を果たしてきた。この法律において1950年から長らく中選挙区制が採用された後、1994年の同法改正によって小選挙区比例代表(拘束名簿式)並立制に変更され、現在に至っている。衆議院の定数465議席のうち、289議席が小選挙区制に、176議席が比例代表制に割り振られているから、現在の選挙制度は、あくまで小選挙区制

(4) たとえば、国政選挙における候補者の選定が党中枢(執行部)から自律的な院外組織の権限とされる場合、少なくともそれが党中枢の専権とされる場合に比して、政党の一体性(凝集性)は弛緩すると思われる。イギリス保守党の例について、高安 [2018: 100] を参照。

(5) この点について松浦論文は、一党優位が生じやすい衆議院と複数の政党勢力に分散しがちな参議院とを比較しつつ、この相違をもたらす主因のひとつが選挙制度であることを指摘している。

を軸に比例代表制を加味したものと位置づけられるだろう。そうすると、この選挙制度改革によって、立法者は衆議院議員総選挙に次の二つの機能を託したとみることができる。その第一は、有権者の多様な意思を掬い取るよりも、多数派の意思を「民意」として析出させること、そして第二は、政党に政治的一体性を醸成し、議員個人ではなく政党間の政策競争を促すことである。既述のとおり、特定の選挙制度の採用を憲法の要請と断ずるのはもとより困難であるものの、憲法の定める議院内閣制にとって望ましい選挙制度のあり方はすぐれて憲法学の重要論点であり、右の選挙制度改革はそこでの論争を大いに刺激した。後述のように、主流の憲法学説がおおむね小選挙区制に批判的な論調を示す中で、むしろ小選挙区制を積極的に擁護する立場から自説を展開したのが高橋和之である。

高橋は、デモクラシーの本領として、内閣（の政策）を国民が事実上直接に選択できることを重視する。この「事実上」という副詞の含意は、すでに述べた議院内閣制の構造に照らして明らかであろう。憲法の規定によれば、内閣総理大臣の指名は国会の専権に属し、国民の権利はその国会の構成員を選挙することに尽きているのだから、形式的には、内閣と国民との結びつきは間接的である。けれども小選挙区制の採用にともなって、上述のごとく安定的に政権を担えるだけの政党が二つに集約され、それぞれの公認候補が各選挙区において自党の首相候補と政策プログラムを掲げて戦う構図が定着すると、実質的には、国民が内閣を直接的に選択する機会として衆議院議員総選挙が機能することとなる。高橋は、こうした議院内閣制の運用を「国民内閣制」と称し、これこそが憲法の下で志向されるべきデモクラシーであることを力説した（高橋 1994）。

しかしながら、憲法学者の間では、小選挙区制に対する懐疑論の方がむしろ支配的であるように思われる。その代表的論者と目される高見勝利の所説をみる限り、そこでの批判の核心は、小選挙区制が民意を「無理やり二極化」してしまうという評価である（高見 2008: 43）。高見は、穏健な多党制への支持を明確に語り、そのような視角からすれば、かつての中選挙区制に特に問題は感じられなかったと述懐している（高橋・高見ほか 2017: 92）。つまり、高見の言説には、国民の多様な意思は多様なままで反映されるべきという前提が控えており、小選挙区制は、この前提とまったく相容れないことを理由に否定されているのである。

しからば小選挙区制に対する評価の分かれ目は、結局のところ、右前提の当否に帰着するといえよう。この問いは、多数派（の意思）をどのように生み出すべきか、より精確を期して言うならば、多数派の形成過程の中で選挙にいかなる機能を担わせるべきか、という問いにほかならない。改めて明記するまでもなく、デモクラシーは多数決である。内閣総理大臣の指名にせよ、法律や予算の議決にせよ、あらゆる国家意思の決定に多数派の支持は不可欠である。小選挙区制はかかる多数派の形成に照準を合わせた選挙制度であるのに対して、中選挙区制はそうではない。多党制との親和性から明らかなように、少数派も含めた多様な有権者意思の反映が重視されるからである。別言すれば、多数派の形成は選挙後に召集される国会での交渉に委ねられることとなり、国民と内閣との距離は国会を介して遠いままなのである。

以上の分析を俯瞰するとき、小選挙区制の当否をめぐる論争の基底には、議院内閣制と権力分立との関係をめぐる理解の相違が垣間見える。多数派の形成こそ衆議院議員総選挙の欠くべからざる機能と位置づける高橋和之は、かように国民自身によって形成された安定的な国会内多数派とそれに支えられた内閣との密接な協働を志向する限りで、議院内閣制を権力融合と捉える思潮に親和的と言えよう。これに対して、国会での多党間交渉による多数派形成を理想とする高見勝利は、国会による政策決定と内閣によるその執行を切り分ける図式、つまり議院内閣制をなお権力分立の視角から捉える着想に親しむのではないだろうか。同じ多党制でも、比例代表制ではなく中選挙区制がとられる場合には、個々の国会議員の高度な自律性を介して、国会と内閣の「分立」はいっそう際立つと思われる。

4　国会・内閣の「分立」と「融合」

真っ向から対立するこれら二つの構想のうち、現実の制度改革が高橋の所説と軌を一にしたことは既述のとおりである。筆者はかかる方向性におおむね共鳴するものであるが、さりとて国会と内閣との関係を権力「融合」と言い切ってしまうことには躊躇を覚える。権力分立への拘泥も、その全面否定も、ともに憲法の定める議院内閣制の理解として適切とは思われない。

極端な「分立」論の難点

権力分立論への一方的な傾倒は、立法手続に対する内閣の関与をことごとく敵視する。具体的には、閣法への否定的評価やその裏返しとしての議員立法への過度な憧憬が学説の一部にみられるほか、国会の実務に目を転じると、内閣は「両議院の議事運営から完全と言ってよいほど排除されている」（上田 2012: 569）。とりわけ議事日程の決定に注目するならば、この権限は形式的には各議院の議長に与えられているところ（国会法55条1項）、実質的には議院運営委員会（議運）によって行使されている。議運は各議院に置かれた常任委員会であり、いずれの委員も例外なく各議院の議員によって占められる（衆議院規則92条16号、参議院規則74条16号）。議運の審議に内閣の代表者が参加する余地は皆無である。閣僚が国会議員の立場で参加する途も慣例上閉ざされている。つまり、内閣はいったん法案を国会に提出すると、その後の審議スケジュールにはまったく関与できないのが現状である（大山 2011: 74-75）。

国会の活動期間は「会期」によって区切られており（憲法52～54条、国会法10～14条）、しかも会期中に議決に至らなかった案件は「会期不継続の原則」によって廃案に追い込まれる（国会法68条）。こうしたタイトな日程を背景に、右のごとき国会と内閣との厳格な「分立」が貫徹されるとき、閣法の確実な成立を期する内閣はどのような手を打つだろうか。国会審議における紛糾の芽をあらかじめ摘み取るべく、国会の外で、与党との事前協議に勤しむのが合理的な行動となるだろう。こうして自民党では、法案の内容をめぐる綿密すぎる事前協議の慣行が形成されてきた。すなわち、国会と内閣との過度な「分立」は、法案に対する国会の審議機能をかえって減殺する契機となりかねない。

極端な「融合」論の難点

他方で、権力分立の全面否定に基づく極端な権力融合論も、不穏当と言わなければならない。第一に、憲法が定める議院内閣制の下で内閣と一体化するのは、もっぱら与党であって、国会全体ではない。(6) 国会の一部たる野党と内閣との間に、権力分立は命脈を保つ。さもなければ、与党の盤石な支持による内閣の政策遂行は、ブレーキの利かない暴走車輌と化すであろう。とはいえ、野党は数の上では与党に劣るのが通例であるから、内閣・与党に対する野党のブレーキをただ観念的に唱えるのではなく、その実効性を高める工夫がぜひとも必要である。具体的には、あらゆる政策と関わる予算委員会の委員長ポストを野党第一党に配分する（ドイツ）、議事日程の一部につき野党に優先的決定権を与える（フランス）、少数議員（たとえば全議員の4分の1）の申立てによる国政調査権の発動を認める（ドイツ）、政党交付金をむしろ野党に手厚く配分する（イギリス）、といった諸外国の例が参照に値するだろう。(7)

第二に、与党の強固な凝集性を不動の前提に据えること、すなわち与党議員の所属政党からの自律性を完全に視界の外へ追いやることは、適切ではない。この文脈において重要な意義を有するのが、個々の国会議員を「全国民〔の〕代表」と定める憲法43条1項である。この条項につき、憲法学の通説は「自由委任」の思考をベースに理解してきたといえる。ここでの「自由委任」とは、選出母体や所属政党の違いにかかわらず、すべての国会議員は窮極的にはもっぱら自己の信念のみに従って行動すべきことを指す。むろん、政党が所属議員の表決行動に拘束的な指示を及ぼすことは、それだけでは「自由委任」と抵触しない。ただし、そうした党議拘束に従うか否かの最終的な決定は、個々の議員の判断に開かれていなければならない(8)。「自由委任」は、与党と内閣との一体性を和らげる方向へ働き、その限りで国会と内閣との厳格

(6) 長谷部［2018:17］は、議院内閣制にともなう「権力分立原理〔の〕変容」として、「議会の多数派」と「行政権（内閣）」との「融合」に言及する。憲法の体系書の中で、権力「分立」ならぬ「融合」を明示的に掲げる稀少な例ではあるものの、国会全体と内閣との融合、ひいては国会と内閣との間における権力分立の全面否定を企図する叙述ではないことが、留意されるべきであろう。

(7) 野党の優遇にかかわる憲法問題については、村西［2018］を参照。

(8) とりわけ、名簿式比例代表選出議員の場合、その議席は政党別の得票率に応じて獲得されているため、当該議員が当選後に所属政党を離脱したとき（たとえば党議拘束への不満を理由に離党し、あるいは党議拘束への違反により除名されたとき）に、なお議席の保有を認めるべきか否かが問題となり得る。現行法によれば、当選後に所属政党を離脱し、かつ当選時の選挙において相争った別の政党に所属する者となった比例代表選出議員に限り、「当選を失う」と規定されているところ（国会法109条の2、公職選挙法99条の2）、憲法学説においては、こうした限定的な議席剥奪の措置でさえ違憲とみる見解が支配的である。かかる通説の理論的基盤は「自由委任」の思考であり、そのさらに基底には、名簿式比例代表制の下でも投票ないし選出の対象はあくまで個々の「議員（候補者）」であって「政党」ではない、との理解が根を下ろしている。以上の点にかかわる概説として、野中ほか［2012: 64-66〔高見〕］。

な「分立」を支える思考と位置づけられるところ、これが行き過ぎると、自律的な議員相互の平等ばかりが強調され、上述の野党強化（優遇）策はその理論的基盤を喪いかねない。とはいえ、与党の一体性を突き崩す自律性が個々の議員に留保されていることは、不当に軽視されるべきではあるまい。小選挙区制に基づく議院内閣制の代表格とされるイギリスにおいて、いわゆる「バックベンチャー」（内閣の構成員に名を連ねていない与党の平議員）の造反（党議拘束からの逸脱）が少なくとも日本より活発とされる現実は、ここで想起されてよいだろう（高安 2018: 92）。与党議員と内閣との一体化を議院内閣制の常態として認めつつも、与党執行部による党内規律を必要以上に強める要因が働いているのであれば、その批判的検証は不可欠であるように思われる。(9)

5　議院内閣制における参議院の位置と権能

本稿はこれまで「議院内閣制」を〈国会の信任に依拠する内閣〉として論じてきた。憲法によれば、内閣総理大臣を指名するのは「国会」であり（67条1項）、内閣総理大臣（および過半数の国務大臣）は必ず「国会」議員でなければならず（同・68条1項ただし書）、さらに内閣が連帯して責任を負う直接の相手方も「国会」なのであるから（66条3項）、右の叙述には一見したところなんの変哲もない。しかしながら、内閣に対する不信任決議権が衆議院にのみ与えられている（そして不信任決議を突きつけられた内閣がその対抗手段として行使する解散権の対象も衆議院のみである）こと

（69条）に明らかなごとく、「議院内閣制」とは本来的には〈衆議院の信任に基づく内閣〉を指すはずである。憲法は、確かに内閣総理大臣の指名権を衆議院のみならず参議院にも与えてはいるものの、両院の議決が異なった場合には衆議院の議決をもって国会の議決としており（67条2項）、法律案の議決、予算の議決、そして条約の承認のいずれにおいても「衆議院の優越」を認めている（59条2項・60条2項・61条）。これらを総じてみれば、参議院は内閣の進退を左右すべき地位から遠ざけられており、いわば「参議院の劣後」を認めることができる（毛利 2018: 22）。

ところが、右の前提は、いわゆる「ねじれ国会」（松浦論文の言う「分裂議会」）を契機として大きく揺らぐこととなった。最近では、次のような評価がむしろ広く共有されている。

「憲法……の趣旨は、議院内閣制の下で、限られた範囲について衆議院の優越を認め、機能的な国政の運営を図る一方、立法を始めとする多くの事柄について参議院にも衆議院とほぼ等しい権限を与え、参議院議員の任期をより長期とすることによって、多角的かつ長期的な視点からの民意を反映し、衆議院との権限の抑制、均衡を図り、国政の運営の安定性、継続性を確保しようとしたものと解される」（最高裁平成24年10月17日大法廷判決〔民集66巻10号3357頁・傍点は引用者〕）。

参議院の権限は衆議院のそれと肩を並べるほどに強力だ、というこの分析は、憲法59条2項によって根拠づけられる。

（9）その具体例として、たとえば国政選挙における政党内部での候補者選定にかかわる法的規律の不存在、政治資金規正法や政党助成法による政党への政治資金の集中を挙げることができる。

「衆議院で可決し、参議院でこれと異なつた議決をした法律案は、衆議院で出席議員の3分の2以上の多数で再び可決したときは、法律となる」。

一読して明らかなように、ここに定められているのは、単純な「衆議院の優越」ではない。法律案については、両院の議決が異なった場合に衆議院の議決がそのまま国会の議決とされるのではなく、衆議院は3分の2以上の特別多数決によってはじめて可決・成立に持ち込むことができる。すなわち、与党は衆参両院において過半数を確保するか、あるいは衆議院で3分の2以上を確保するか、そのいずれかでなければ閣法の安定的な成立を期することができない。

ほとんどすべての政策は法律の執行として実施されるのだから、法律の不成立はそのまま政策実施の停滞を意味する。(10) それゆえ内閣にとっては、衆議院のみならず参議院においても強固な支持基盤、すなわち安定的な多数派を形成することが不可欠である。換言すれば、「(衆) 議院内閣制」ならぬ「国会内閣制(両院内閣制)」は、憲法59条2項の当然の帰結であり、したがって、参議院が衆議院と同様に政党化の波に呑まれるのも、同じく憲法の当然に予定するところと評価されなければならない。

以上のとおり、衆議院に劣後する参議院も、衆議院とほぼ対等な参議院も、ともに憲法の所産とみることができるところ、(11) このどちらの側面に重きを置くかによって、議論の様相は異なってくる。

参議院も衆議院とほぼ対等な権限をもつからこそ、憲法は両院の人的構成を同一に揃えているのだ、という解釈が一方では成り立ち得る。なるほど任期に関する限り、衆議院議員は4年（ただし任期満了前に内閣による解散の可能性あり・45条）、参議院議員は6年（3年ごとの半数改選・46条）と差別化が図られているものの、いずれにせよ「全国民を代表する選挙された議員」（43条1項）でなければならぬことに違いはない。つまり、衆議院議員総選挙と参議院議員通常選挙との間に機能上の相違はなく、あるとすれば選挙時期の違いだけということになる。むろん選挙時期が違えば、そこで示される「民意」も変化する。衆議院の解散に続く総選挙の場合、内閣は与党に有利と思われる時期を選択できるのに対して、参議院の通常選挙についてはそうはいかない。こうして参議院がその時々の「新鮮な民意」を背景に内閣の進退に影響を及ぼすことは、憲法が組み込んだ国会による政府統制の一環であり、必ずしも否定的に評価される事態ではない、との評価が一方では成り立ち得る（只野 2017: 261-276, 421-446）。

(10) 松浦論文の指摘するとおり、予算の執行には予算関連法案の成立が、条約の国内適用には条約関連法案の成立がそれぞれ必要であることに鑑みると、憲法59条2項に基づく参議院の権限（法律制定にあたっての事実上の拒否権）は、予算の議決や条約の承認における衆議院の優越（憲法60条2項・61条）をかき消すほどに強力と言うことができる。

(11) 松浦論文は、統治権において衆議院と対等な参議院を前提に、これを積極的に評価する立場から書かれている。かように強力な参議院の権能は、確かに憲法59条2項のストレートな帰結ではあるものの、これにともなう議院内閣制との不整合を和らげる憲法解釈も不可能ではない、というのが本稿の主旨である。

他方、憲法が不信任決議による倒閣権とこれに対抗する解散権の構図から参議院を締め出していることを重くみる立場からは、内閣の創出ないし存立にかかわる参議院の権限につき、その抑制的な行使を求める反論が考えられる。(12) たとえば内閣総理大臣の指名について、衆議院の優越に鑑みると参議院の指名は無意味なのだから「そもそも〔参議院による〕指名は行わないという憲法上の慣行を確立すれば〔よい〕」、あるいは法律の制定に関して、「〔一部の〕立法課題、とくに総選挙で争点となって国民から信認を得たような政策の立法化については、衆院ないし内閣に対して参院が修正意見を述べるにとどめるという憲法慣行を形成していくことが〔望ましい〕」との主張が目に留まる（高見 2012: 189-190）。かように内閣の進退をめぐる決定から遠ざけられた参議院こそが憲法の精神に合致するとの見地(13)からすれば、衆参両院の選挙に同一の機能を認める上述の見解は背理であろう。衆議院議員総選挙は内閣の創出およびその恒常的な責任追及を任務とする議院の選出であるから、そこで示される「民意」はまぎれもなく「政権選択」に照準を定めたものと解されるのに対して、参議院議員通常選挙における「民意」はそうではない。別言すれば、衆議院議員総選挙の結果と参議院議員通常選挙の結果を同じ土俵で見比べて、いずれか直近の結果に「新鮮な民意」としての優位を認める運用は、憲法の定める「議院内閣制」を大きく歪めてしまう、との評価がここでは成り立ち得る（高見 2012: 59-60, 71-72）。

「民意」は静態的に実在するのではなく選挙によって動態的にかたちづくられるのだ、という前提を改めて想起するとき、右の分析は我々の視線を選挙制度の巧拙へ導くであろう。参議院の現行選挙制度は、都道府県ごと（ただし鳥取・島根および徳島・高知はそれぞれ合区）の選挙区選挙（定数147）と全国ブロックの比例代表選挙（非拘束名簿式・定数98）の組みあわせであり、このうち選挙区選挙は、各選挙区に2～12人の定数（3年ごとの半数改選であるから改選定数は1～6人）を配分して行われている。改選定数が1人の選挙区（一人区）は、要するに小選挙区制にほかならず、総計45選挙区のうち32選挙区をこの一人区が占めている。参議院議員通常選挙から政権選択の機能を抜き取る方向、あるいはその前提として、参議院においては議員に対する政党の拘束力を相対的に減じさせる方向へ進むべきだと考えるならば、これは端的に不整合であろう。もっとも、それ以前の問題として、同一の選挙にもかかわらず小選挙区制と中選挙区制が混在し、この選挙を通じて立法者はどのような「民意」を形成しようとしているのか、その一貫した方針が定まっていないことこそ批判されなければなるまい（毛利 2008: 189)。

(12) ①参議院議員の中から内閣総理大臣を指名する可能性は事実上――憲法の純然たる文言解釈に徹すれば不可能ではないにもかかわらず――閉ざされてきたこと、②参議院議員からの閣僚の任命に――これまた憲法の文言上はまったく差し支えないにもかかわらず――否定的な見解も少なくないこと、加えて、③参議院の政党化がしばしば慨嘆されてきたことはいずれも、内閣の命運とは一線を画すべき参議院の相対的劣後に着目しつつ、同時に、衆議院の「カーボンコピー」に堕することのない参議院の独自色を模索する試みであったと整理できるだろう。

(13) ほかにも、参議院議員の選挙に限って間接選挙制の採用も可能と論ずる学説（大石 2008: 142)、あるいは衆議院議員の選挙と比べて大きな定数不均衡（一票の較差）を容認する学説（櫻井 2013: 542）は、むしろ衆議院に劣後する参議院を憲法上の要請とみる見地に立脚するものと解される。

［附記］本稿は、科学研究費・基盤研究C（課題番号：18K01247）の助成に基づく研究成果の一部である。

参考文献

芦部信喜 2019『憲法〔第7版〕』岩波書店.
上田健介 2012「議院の議事運営に対する内閣の関与について」大石眞先生還暦記念『憲法改革の理念と展開（上巻）』信山社.
大石　眞 2008『憲法秩序への展望』有斐閣.
大山礼子 2011『日本の国会―審議する立法府へ』岩波新書.
櫻井智章 2013「参議院『一票の格差』『違憲状態』判決について」甲南法学53巻4号.
高橋和之 1994『国民内閣制の理念と運用』有斐閣.
――― 2006『現代立憲主義の制度構想』有斐閣.
―――・高見勝利ほか 2017「55年体制をどう考えるか―議院内閣制（1）」法律時報89巻12号.
高見勝利 2008『現代日本の議会政と憲法』岩波書店.
――― 2012『政治の混迷と憲法』岩波書店.
高安健将 2018『議院内閣制―変貌する英国モデル』中公新書.
竹中治堅 2010『参議院とは何か　1947～2010』中央公論新社.
只野雅人 2017『代表における等質性と多様性』信山社.
野中俊彦・中村睦男・高橋和之・高見勝利 2012『憲法Ⅱ〔第5版〕』有斐閣.
長谷部恭男 2018『憲法〔第7版〕』新世社.
濱本真輔 2018『現代日本の政党政治―選挙制度改革は何をもたらしたのか』有斐閣.
待鳥聡史 2012『首相政治の制度分析―現代日本政治の権力基盤形成』千倉書房.
――― 2015『代議制民主主義―「民意」と「政治家」を問い直す』中公新書.

松浦淳介 2017『分裂議会の政治学─参議院に対する閣法提出者の予測的対応』木鐸社．
村西良太 2011『執政機関としての議会』有斐閣．
――― 2018「少数派・反対派・野党会派─政府統制の主体に関する覚書」法律時報90巻5号．
毛利　透 2008「選挙制度改革」大石眞・石川健治（編）『憲法の争点』有斐閣．
――― 2018「参議院の存在意義」法律時報90巻5号．

第4章

内閣

概　観

1　日本の議院内閣制

日本は統治制度として議院内閣制を採用している。議院内閣制とは行政権を担う内閣が議会の信任に依拠して、存在し、議会を解散できる制度である。

1990年代以降、日本の政治制度は数次にわたり改革され、この結果、日本の議院内閣制の性格は大きく変化した。特に重要なのは1994年の政治改革、2001年の省庁再編、2014年の公務員制度改革である。

日本の議院内閣制のあり方を考える上で有用なのは議院内閣制をウェストミンスター型とコンセンサス型という二つの類型に区分する考えである。ウェストミンスター型の特徴は単独過半数内閣への行政権の集中、行政府が優位に立つ行政府・議会関係、二大政党制、小選挙区制、一院制である。コンセンサス型の特徴は連立内閣による行政権の共有、行政府・議会間の均衡、多党制、比例代表制、二院制である。

いわゆる55年体制の下での日本の議院内閣制はコンセンサス型に近かった。1994年に政治改革が行われたことを契機として日本の議院内閣制のあり方は変容した。この日本の議院内閣制の変化のあり方を検討したい。結論から言えば、多くの研究者が指摘しているように日本の議院内閣制は以前に比べてウェストミンスター型に近づいた（笠 2006：待鳥 2012）。ただ、ウェストミンスター型との大きな違いは依然として残っている。

もっとも大きな変化があったのは行政権のあり方である。1955年から1993年に至る時期、いわゆる55年体制の下で自民党は単独内閣を維持した。しかしながら、内閣の性格は連立内閣に近いものであった。自民党の中には強い自律性をもつ派閥が存在し、閣僚ポストは派閥の規模に応じて割り振られた。首相は派閥の推薦に基づいて閣僚を起用することが求められ、閣僚人事における裁量は限られたものであった。行政権は派閥によって共有されていたのである。

日本の議院内閣制の下で行政事務は内閣府と各省が担当し、首相が内閣府の長、大臣が各省の長として分担管理することになっている（宇賀 2019: 110）。これは分担管理原則として知られている（飯尾 2007: 28）。55年体制の下でこの原則が実質的にも守られた。首相の指導力が弱く、各大臣の所掌事務への介入が難しかったためである。

2　制度改革

１９９４年の政治改革以降の一連の改革の結果、内閣への行政権への集中は進んだ。政治改革により、内閣は単独内閣の性格を強めた。かたちの上では政治改革以降、ほとんどの内閣は連立内閣であったが、自民党は政党としての凝集性を高め、自民党政権の下では、首相の統率力が高まった。

２００１年の省庁再編により、首相の政策提案権や内閣官房の事務として「内閣の重要政策に関する基本的な方針に関する企画及び立案」（内閣法12条2項2号）が認められ、政策決定過程における首相や内閣官房の権限が強まった。

一連の改革により、分担管理原則は実質的に修正される。主任の大臣がいる場合でもその担当事務について首相は政策を提案することが可能となる一方、内閣法3条2項に基づき「行政事務を分担管理しない」大臣を設置し、内閣官房に認められた「重要政策に関する基本的な方針に関する企画及び立案」に関する事務として各省の事務の一部を実質的に担当させることも可能となったからである。

内閣と国会の関係はどうか。広く指摘されるように日本の国会は議事運営権限を独占しており、内閣は国会の議事運営に関与する権限をほとんどもたない。55年体制の下では自民党が分権的であったため、国会は内閣に対し、強い自律性をもっていた。一連の改革は行政府と選挙制度に関するものであり、制度面での内閣と国会の関係は変革されていない。与党党首として首相が与党の統率力を高めたため、以前に比べ、国会の自律性は弱まったと考えられる。ただ、両者の関係を内閣優位と形容することは難しく、両者は依然として均衡していると言える。このことは民主党政権による「政策決定の内閣への一元化」の試みが失敗に終わったことや自民党が事前審査を継続していることに現れている。

政党の凝集性が高まり、首相の指導力が高まった結果、内閣の性格が連立内閣から単独内閣に近づいたため、全体としてはウェストミンスター型議院内閣制に近づいた。しかし、内閣と議会の関係、および、二院制のあり方では、ウェストミンスター型議院内閣制との間に大きな違いが残る。

こうした現状を踏まえて、日本の統治制度についてさらなる改革が提案、構想されている。議院内閣制のあり方にかかわる改革案は大きく言って次の二つの種類に分けることができる。

ひとつは内閣官房や内閣府に集中する業務を整理すべきという提案である。

もうひとつは内閣と国会の関係を対象とする改革案である。こうした改革案の多くは直接、間接的に国会の議事運営権のあり方に関係している。

具体的にみると内閣と国会の関係を見直すことにつながる提案は、内閣に国会の議事運営権の関与を認めるもの（21世紀臨調 2009：日本アカデメイア 2012：２０２０年以降の経済社会構想会議 2018）、国会の職務と政府の職務の兼職を認めるもの、（21世紀臨調 2009）、首相や大臣の国会出席数を削減するもの（日本アカデメイア 2012：２０２０年以降の経済社会構想会議 2018）、質問通告の事前時間を厳守すること（日本アカデメイア 2012：２０２０年以降の経済社会構想会議 2018）、などに分類できる。

（竹中 治堅）

参考文献

飯尾　潤 2007『日本の統治構造―官僚内閣制から議院内閣制へ』中公新書．

宇賀克也 2019『行政法概説Ⅲ〔第5版〕』有斐閣．

21世紀臨調 2009「国会審議活性化等に関する緊急提言～政権選択時代の政治改革課題に関する第1次提言～」<http://www.secj.jp/pdf/091104-1.pdf>．

2020年以降の経済社会構想会議 2018「よりオープンに、より政策本位で～政治不信を乗り越えるための国会改革～」<https://shinjiro.info/torimatome.pdf>．

日本アカデメイア 2012「国会に関する緊急提言」<https://j-akademeia.jp/activity/pdf/j-akademeia_suggestion.pdf>．

待鳥聡史 2012『首相政治の制度分析―現代日本政治の権力基盤形成』千倉書房．

笠　京子 2006「日本官僚制―日本型からウェストミンスター型へ」村松岐夫・久米郁男（編）『日本政治変動の30年―政治家・官僚・団体調査に見る構造変容』東洋経済新報社．

Ⅰ 分析と論点

日本の議院内閣制の変容の方向性
——権力分立論再考

竹中治堅

近年、「安倍一強」、「官邸主導」という言葉が現在の日本の政治過程を形容するために用いられることが多い。こうした言葉の含意は日本の政策決定過程において安倍晋三首相、そして首相周辺の政治家、および補佐機構の果たす役割が大きいということである。2012年12月に発足した第2次安倍政権は長期政権となり、首相、首相周辺の政治家、および補佐機構が主導して重要政策の立案が進められてきた(1)。

この背景には、安倍首相の政権運営が第1次政権に比べて巧みになったことに加え、1990年代以降、日本の政治制度が改革されて首相の権力が制度的に強化されたことがある。首相の権力が強化された結果、日本の議院内閣制の性格自体が変わった。

本稿ではまず、首相の権力が拡大した結果、日本の議院内閣制がいかに変容したのか明らかにする。その上で現在議論されている日本の政治制度に関する一層の改革案を紹介し、実現性を検討する。改革案のほとんどは行政権と首相権力をさらに拡大させるもので、批判も予想される。過去に同じ方向性の制度変革が試みられた時の批判、あるいは首相権力の現状への一部の評価を考慮すると、批判の一部は日本国憲法が三権分立（あるいは権力分立）を採用しているという理解の下になされる可能性が高い。そこで、三権分立の構成要素を改めて検討し、日本国憲法に関するこうした理解が的確なものなのか問題提起する。

ここまで本稿の目的を述べてきた。以下、次の順序で議論を進める。**1**では日本の議院内閣制の性格を検証する。そのために民主主義、および議院内閣制の二つの類型論を紹介する。**2**では、１９９０年代以降の改革による首相権力の拡大と、日本の議院内閣制の変容について議論する。**3**では今後の改革として議論されている案の中で内閣と国会との関係に関するものを紹介し、実現可能性を議論する。**4**では改革案に批判が予想されること、そして、その一部は日本国憲法が三権分立を採用しているという理解の下になされると考えられることを論じる。その上で、こうした理解が適切なのか検討する。最終節の**5**では、議論を憲法学への期待という観点からまとめる。

（1）本稿では第2次、第3次、第4次安倍晋三内閣を総称して第2次安倍政権と呼ぶ。

1　議院内閣制について――二つの類型論

日本は統治制度として議院内閣制を採用する。議院内閣制とは行政権を担う内閣が議会の信任に依拠して、存在し、議会を解散できる制度である（憲法学者の定義については長谷部 2018: 377；佐藤 1995: 207など）。

日本では、衆議院の多数派から支持を得られる政治家が首相に就く。首相は閣僚を指名し、組閣する。衆議院議員の任期の間は衆議院の多数派から支持されている限り、内閣は継続する。衆議院は内閣に不信任決議案を提出でき、可決された場合、内閣は総辞職するか衆議院の解散を選ばなくてはならない。内閣は不信任案が可決された場合以外のときも衆議院を解散できる。第二院として参議院が存在し、厳密には内閣は参議院の信任によらず存在する。ただ、衆議院が参議院に優位する。以上のことから日本の統治制度は議院内閣制の要件を満たす。

首相と大臣の任務は何か。首相は内閣を代表して内閣作成の法律案、予算その他の議案を国会に提出し、一般国務および外交関係について国会に報告する（憲法72条、内閣法5条）。また閣議決定に基づき、「行政各部を指揮監督する」ことが認められている（憲法72条、内閣法6条）。また2001年の省庁再編の結果、首相は閣議に「内閣の重要政策に関する基本的な方針その他の案件」を提案することができる（内閣法4条2項）。

図1：ウェストミンスター型とコンセンサス型議院内閣制の比較

	ウェストミンスター型	コンセンサス型
内閣への行政権集中	単独過半数内閣への行政権の集中	多党連立内閣による行政権の共有
行政府と立法府の関係	行政府が優位に立つ行政府・議会関係	均衡した行政府・議会関係
政党制	二大政党制	多党制
選挙制度	小選挙区制	比例代表制
利益媒介	多元主義	コーポラティズム
中央地方関係	中央集権	連邦制・地方分権
両院制	一院制	二院制
憲法のあり方	軟性憲法	硬性憲法
違憲立法審査制	なし	あり
中央銀行	非独立	独立

出典：筆者作成。以下すべての図表につき同じ。

行政事務は内閣府と各省が担当し、首相が内閣府の長、大臣が各省の長として分担管理する（宇賀 2019: 110）。この原則は分担管理原則として知られている（飯尾 2007: 28）。

ただ、議院内閣制のあり方は多様であり、法的な性格づけに注目するだけでは日本の議院内閣制のあり方を十分理解することは難しい。日本の議院内閣制の特徴を考える上で参考になるのは民主主義をウェストミンスター型とコンセンサス型に分けるライプハルトの考え方である（Lijphart 2012）（図1）。二つの違いは、前者が多数派による意思決定を重視するのに対し、コンセンサス型は多数派よりも多くの関係者の合意を確保した決定を尊重することである。ライプハルトはすべての民主主義をこの分類によって包含しようとする。だが、大山礼子氏が指摘したようにこの分類はむしろ議院内閣制を区別する上で有用である（大山 2003: 22）。二つの類型のいずれも大統領制に当てはめることが難しいからである。

議院内閣制を比較する際に重要な要素は①内閣への行政権集中、②行政府と立法府との関係、③政党制、④選挙制度、⑤二院制である。ウェストミンスター型の特徴は単独過半数内閣への行政権の集中、行政府が優位に立つ行政府・議会関係、二党制、小選挙区制、一院制である。首相は強い指導力をもつことが想定されている。コンセンサス型の特徴は連立内閣による行政権の共有、行政府・議会間の均衡、多党制、比例代表制、二院制である。首相の指導力は制約されることになる。

2　首相権力の拡大と日本の議院内閣制の変容

１９９０年代以降いくつもの改革が行われた結果、日本の議院内閣制はウェストミンスター型に近づいた（笠 2006：待鳥 2012）。最大の変化は首相の指導力が拡大したことである。内閣は単独内閣の性格を強め、以前より行政権が内閣に集中するようになった。分担管理原則も実質的に変化することになった。ただ、ウェストミンスター型との違いは依然として残る。

コンセンサス型に近かった日本の議院内閣制

日本の議院内閣制が変わる契機となったのは１９９４年の政治改革である。いわゆる55年体制の下での日本の議院内閣制はコンセンサス型に近く、首相の指導力は限られていた。

１９５５年から１９９３年にかけて自民党の単独内閣が続いたものの実態は連立内閣に近かった。自民党には強い自律性をもつ派閥が存在し、閣僚ポストは派閥の規模に応じて割り振られた。首相は派閥からの推薦に基づいて閣僚を起用することが求められた。つまり、行政権は派閥によって共有されていた。さらに、分担管理原則が守られていた。首相の指導力が弱く、各大臣の担当領域への介入が難しかったためである。

また内閣と国会の関係は均衡していた。これには、二つの要因がある。第一に国会は制度的に行政府からの独立性が強いためである。内閣は国会の議事運営に関与する余地がほとんどない。第二に、自民党議員の自律性や派閥の独立性が強かったためである。中選挙区制の下で無所属として当選することが容易であった。政治資金への規正は緩く、与党議員や派閥は潤沢な資金を集めることができた。このため、選挙や政治資金の面で自民党議員の党執行部への依存度が弱かった。首相が与党党首として自民党議員や派閥を統制することは難しかった。

したがって、内閣が法案を準備すれば直ちに国会において与党議員から支持を獲得し、成立させられるという状況には程遠かった。自民党は慣行により事前審査制という仕組みを作り上げる

（奥 2014）。事前審査制を通じ、内閣は法案準備過程で与党議員の意見を反映させ、支持を確保した。

さらに中選挙区制は比例代表制に近く、中小政党も一定の数の当選者を出すことができ、政党制は多党制であった。１９６０年代後半から自民党以外に社会党、公明党、民社党、共産党が主要政党として存在した。

政治改革

日本の議院内閣制は１９９４年の政治改革をきっかけに変貌を始める。政治改革によって衆議院の選挙制度と政治資金規正制度が改められる。中選挙区制は現在の小選挙区比例代表並立制に置き換えられた。また、政治資金規正が強化される一方、政党への公的助成制度が導入される。この結果、首相の与党党首としての権限が強化された。

まず、政党の公認権の重みが増した。首相は自分の政策に自民党政治家から反対が予想される場合、公認権を衆議院の解散と組みあわせ、効果的に牽制することができるようになった。また、個々の政治家にとって政治資金を集めることが難しくなる一方、政治資金は政党に集中するようになったため、政党執行部の政治資金配分権の重みが増した（竹中 2006）。

政治改革は派閥の影響力も減少させた。派閥は所属する政治家を無所属として当選させることが以前より難しくなり、党執行部に所属政治家の公認を依頼する立場になった。また派閥が獲得する政治資金も減少していく。

政治改革以降、与党党首としての権限をテコとして首相の権力が拡大する。1998年7月に就任した小渕恵三首相は閣僚人事を行う際に半分ほどの閣僚を自らの裁量に基づいて起用した。また、2000年11月に森内閣に対していわゆる「加藤の乱」が起きた際には、自民党執行部が加藤派の議員を切り崩す上で公認権は絶大な威力を発揮した。

省庁再編

さらに2001年の省庁再編が首相の権力を拡大させた。内閣法4条2項が改正され、首相は「内閣の重要政策に関する基本的な方針その他の案件を発議すること」が可能となり、政策を提案・立案する権限を獲得した。それまで、法律上、首相は政策を立案する権限をもっていなかった。政策を立案するのは大臣であった。首相が政策立案を主導する場合もあったが、あくまで首相の権威を拠り所として実質的影響力を行使した結果であった。

さらに首相を補佐する態勢が強化された。内閣法12条が改正され、内閣官房の事務のひとつとして「内閣の重要政策に関する基本的な方針に関する企画及び立案並びに総合調整に関する事務」が新たに認められた。この結果、首相は内閣官房を活用して政策を立案、法案を準備することができるようになった。

また首相の政策立案を支える組織として内閣府が創設される。内閣府の下には経済財政政策を策定するための経済財政諮問会議や科学技術政策を立案するための総合科学技術会議（現・総合科学技術・イノベーション会議）などが設置された。首相はこうした組織も活用して政策を立案することができるようになった。

小泉内閣以降の変化

その後、2001年4月に小泉純一郎内閣が成立する。小泉首相は参議院自民党に割り振った閣僚ポストを除き、派閥の意向を尊重せずに自らの裁量で閣僚人事を行った。小泉首相は郵政事業民営化や米国を中心とする有志連合による対テロ戦争への協力をはじめとする重要政策を立案する上で内閣官房や内閣府の組織を活用する。

小泉内閣以降の自民党政権でも首相の権力の拡大は続いている。待鳥聡史氏は省庁再編後、執政部中核と呼ばれる首相周辺の政治家と首相の接触頻度が高まっていることを示し、政策立案における首相周辺の政治家の重要性が増していることを明らかにしている（待鳥 2012：2013）。執政部中核を支える組織は内閣官房と内閣府であり、この知見は、政策立案において二つの機関が重要になっていることを示唆する。

実際に内閣官房と内閣府を柱とする首相の補佐体制の組織としての拡大が続いている。内閣官房の職員数は2000年度には377人であったのに2018年度には1141人にまで増えている。併任数も含めた職員数でみると822人から2971人への拡大となる（図2）。内閣官房

図2：内閣官房の人員の推移

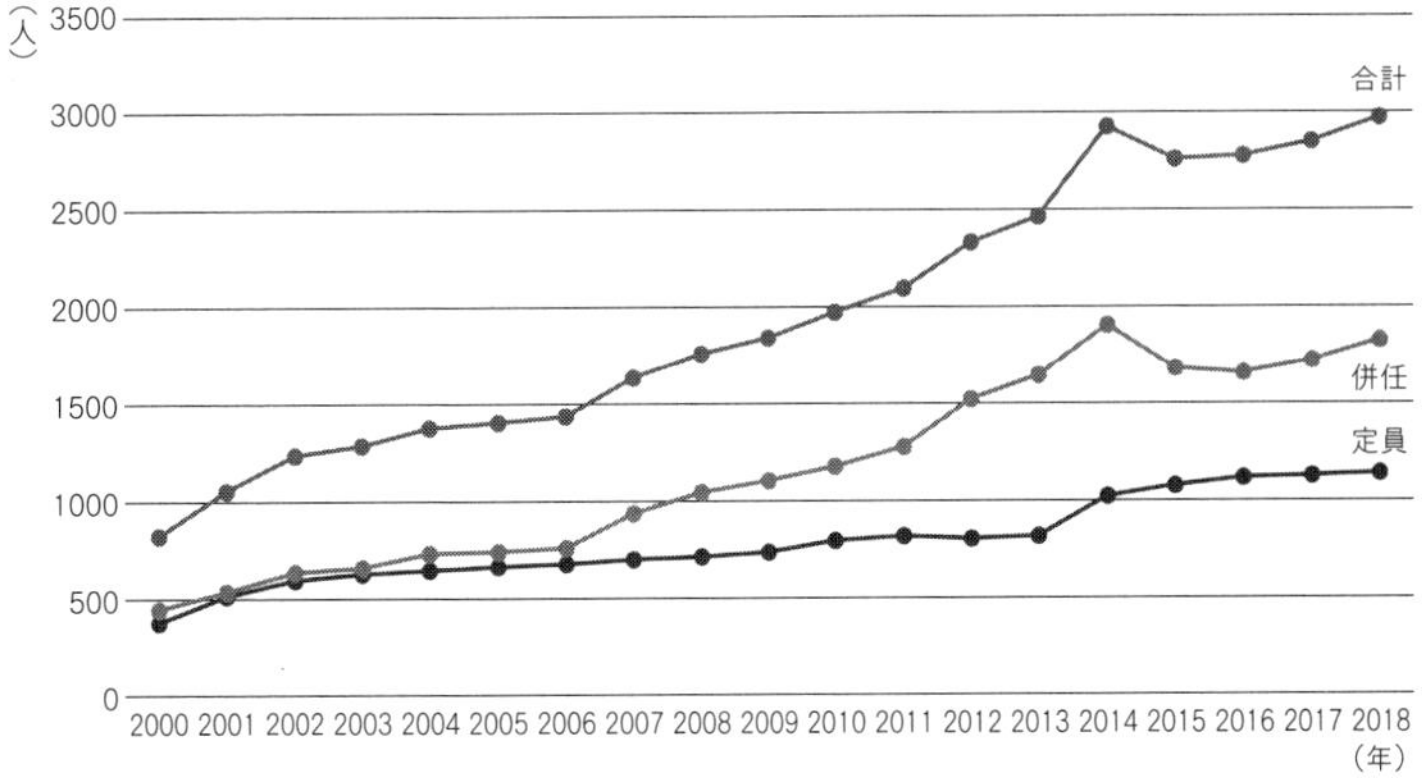

図3：内閣官房副長官補および総務官の下の部局数

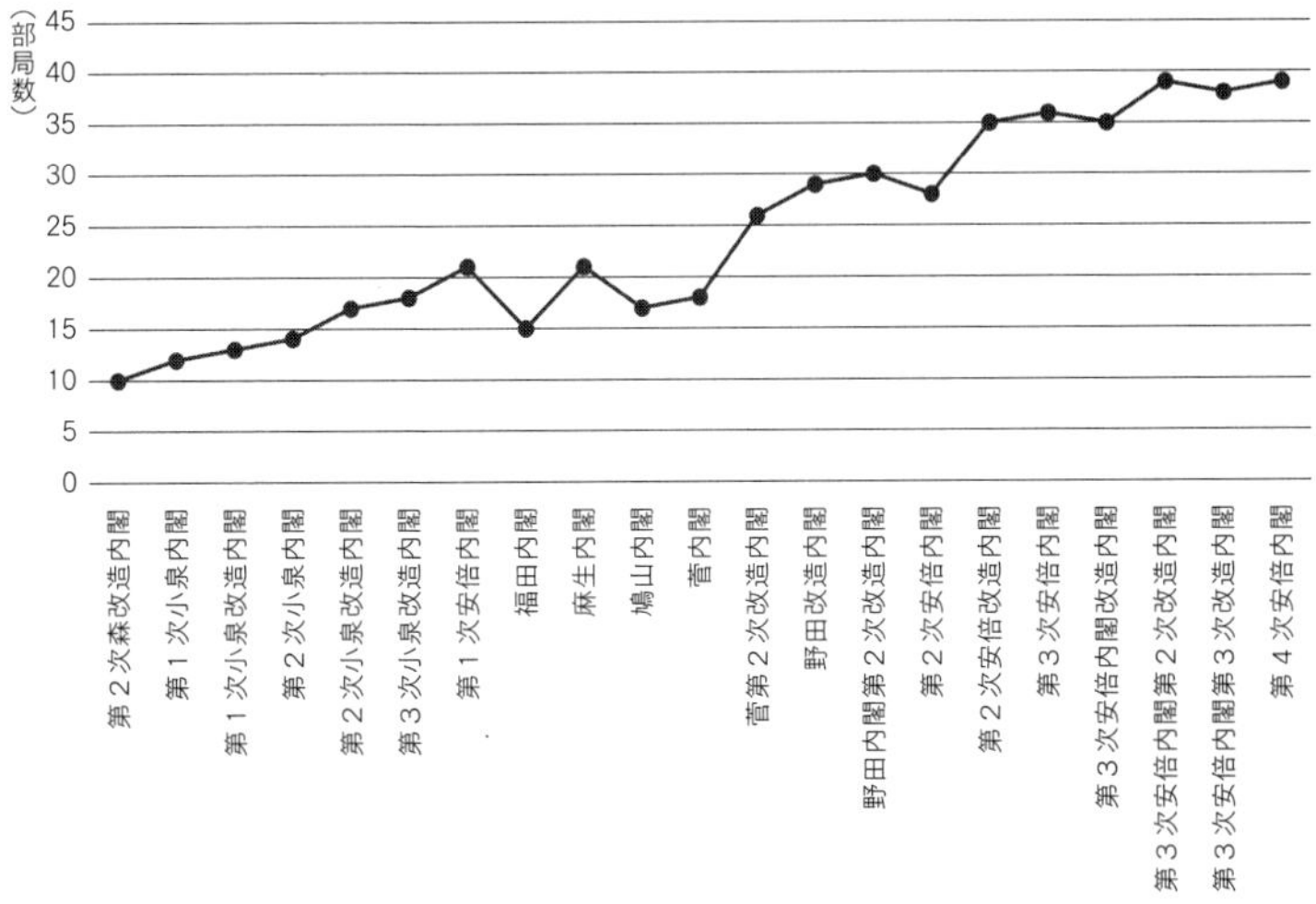

図4：内閣府の定員の推移

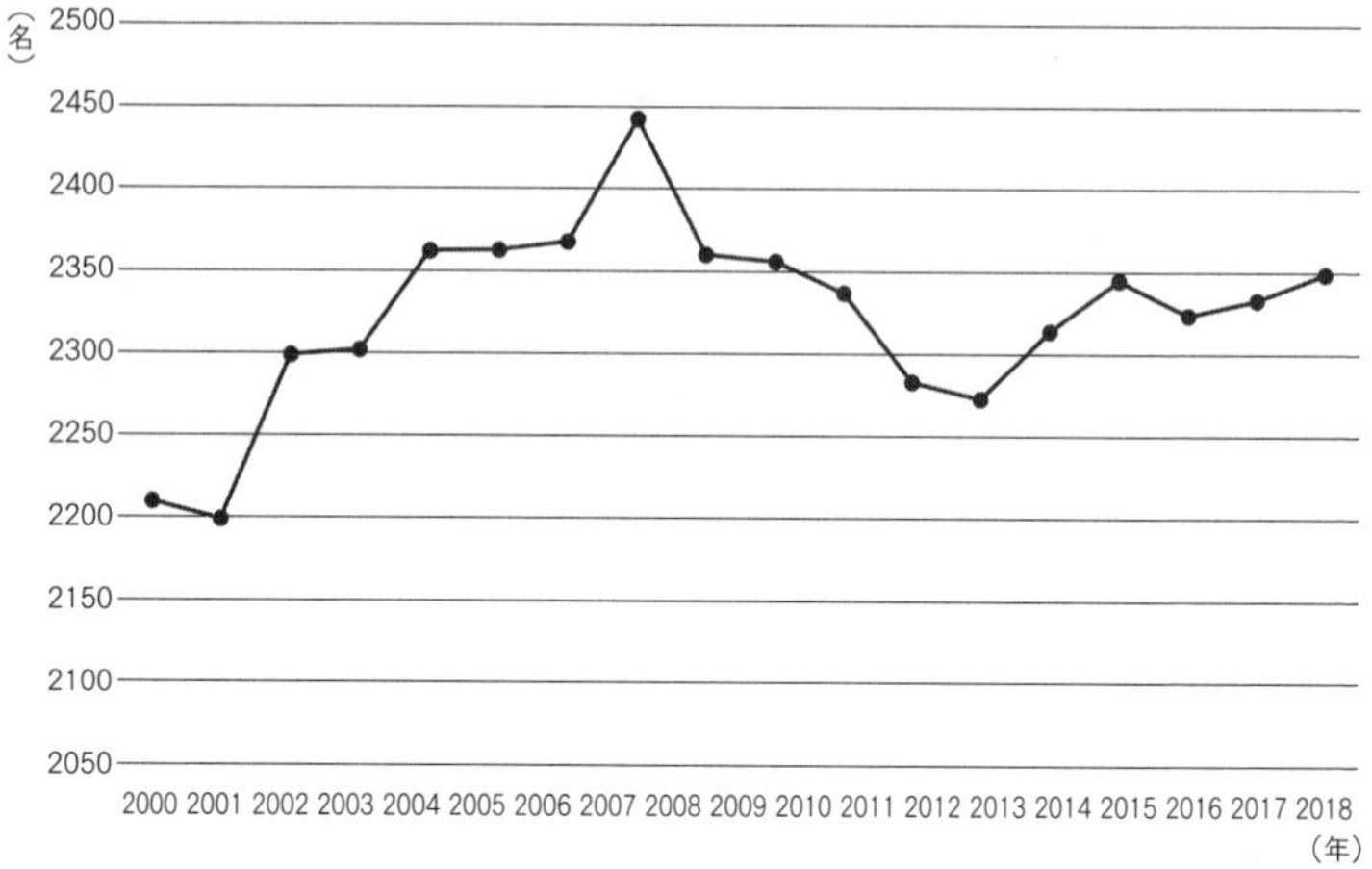

の中で政策立案を担うと考えられる総務官室および内閣官房副長官補の下に置かれる部局数も急増している。省庁再編直後の第2次森喜朗改造内閣の下では部局数は10にすぎなかった。第4次安倍晋三内閣の下では39となっている（図3）。

内閣府も拡大している。省庁再編時の2001年度には内閣府本府の定員は2210人であった。本府の定員は消費者庁設置にともない、2008年度から2009年度にかけて削減されたにもかかわらず、2018年度には2349人となっている（図4）。内閣府設置法が定める内閣府が担当する事務の数は2001年には76であったのに、2016年末には100となっている。

内閣官房が準備する法案の数も増えている（図5）。省庁再編以前に内閣官房が法案を立案することはほとんどなかった。再編後の法案準備数の平均は約7本である。

図５：内閣官房提出法案数

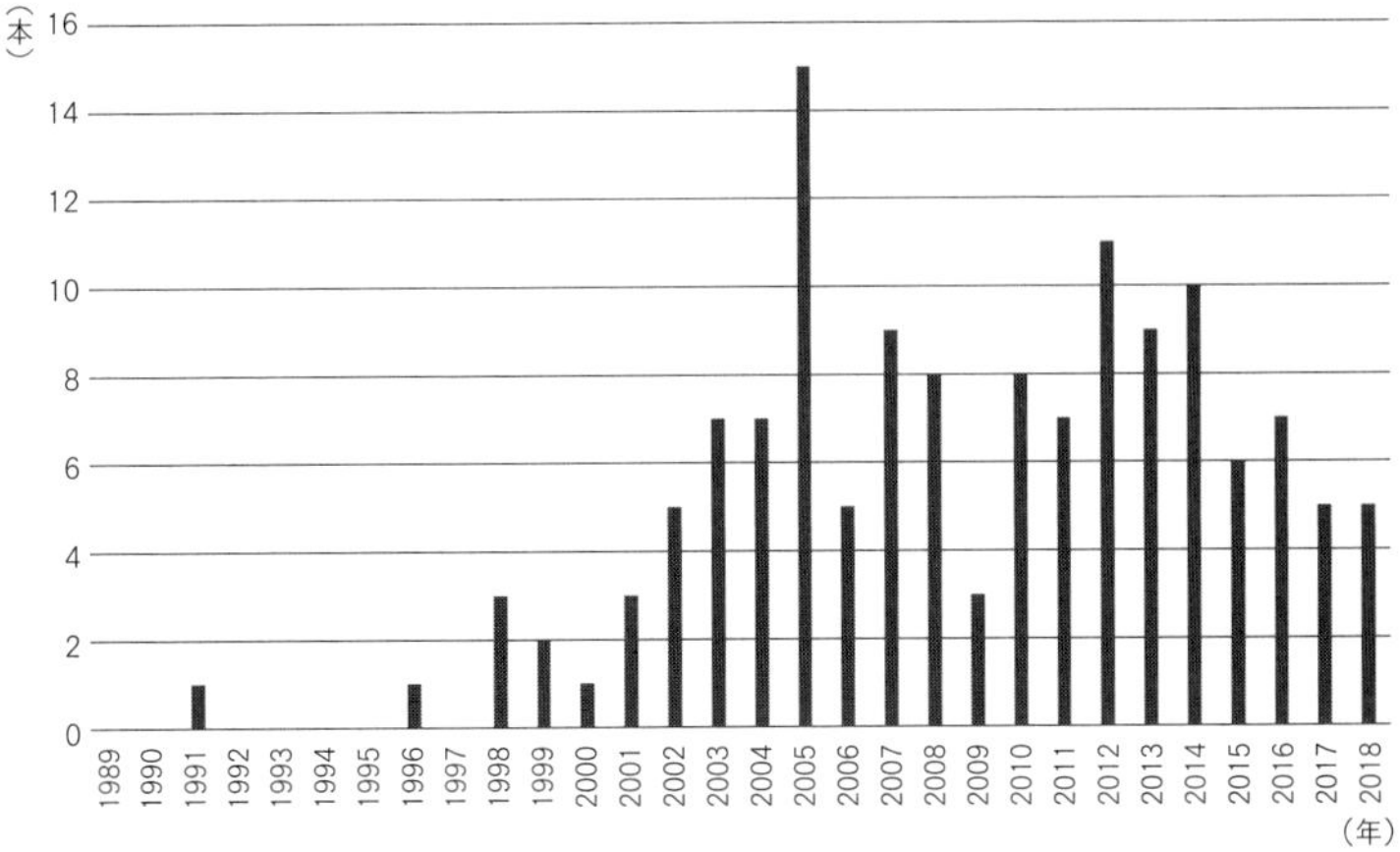

第２次安倍政権の下での変化

第２次安倍政権の下でも首相の権力はさらに拡大している。中北浩爾氏は、自民党の当選６回以上の議員の中で閣僚経験のない者の割合が第２次・第３次安倍内閣の下では増加していることを根拠として、首相の人事権が強化されたことを示している（中北 2017）。

また、二つの制度改革が行われ、首相の法的権限がさらに拡大する一方、補佐体制も拡充された。まず、第２次安倍政権は安全保障会議設置法を改正し、２０１３年12月に安全保障会議を国家安全保障会議に改組する。改組の目玉は基本的に首相、官房長官、外務大臣、防衛大臣だけが参加し、外交と防衛政策について議論する会合＝いわゆる四大臣会合の創設であった。２０１４年１月に会議の事務局として国家安全保障局を設置する。この結果、外交・安全保障面でも、首相の政策立案能力は強化された。

さらに第2次安倍政権は2014年4月に国家公務員制度改革関連法案を成立させる。公務員制度改革の結果、国家公務員制度と幹部人事に対する首相の権限が強化され、公務員制度や幹部人事を管理するために内閣人事局が2014年5月に創設された。同時に重要な権限の移譲が行われた。内閣法12条2項が定める内閣官房の事務に「各行政機関の機構の新設、改正及び廃止並びに定員の設置、増減及び廃止に関する審査を行う事務」が加えられ、行政組織編成に関する首相の権限が強められた。

ウェストミンスター型議院内閣制への接近と残る違い

こうして日本の議院内閣制は、ウェストミンスター型に近づいた。内閣は連立であることが多いものの政党の凝集性が高まった結果、以前より単独内閣の性格を帯び、行政権は内閣に集中するようになった。

また、内閣法4条と12条の改正により、分担管理原則は実質的に修正される。すなわち内閣法3条1項により主任の大臣がいる場合でもその担当事務について首相は政策を提案することが可能となった。また、同条2項に基づき「行政事務を分担管理しない」大臣を設置し、内閣官房の「重要政策に関する基本的な方針に関する企画及び立案」に関する事務として各省の事務の一部を実質的に担当させることも可能となった。明確な例は小泉純一郎内閣が取り組んだ郵政民営化で

図6：大臣が担当する内閣官房の事務と大臣の数の推移

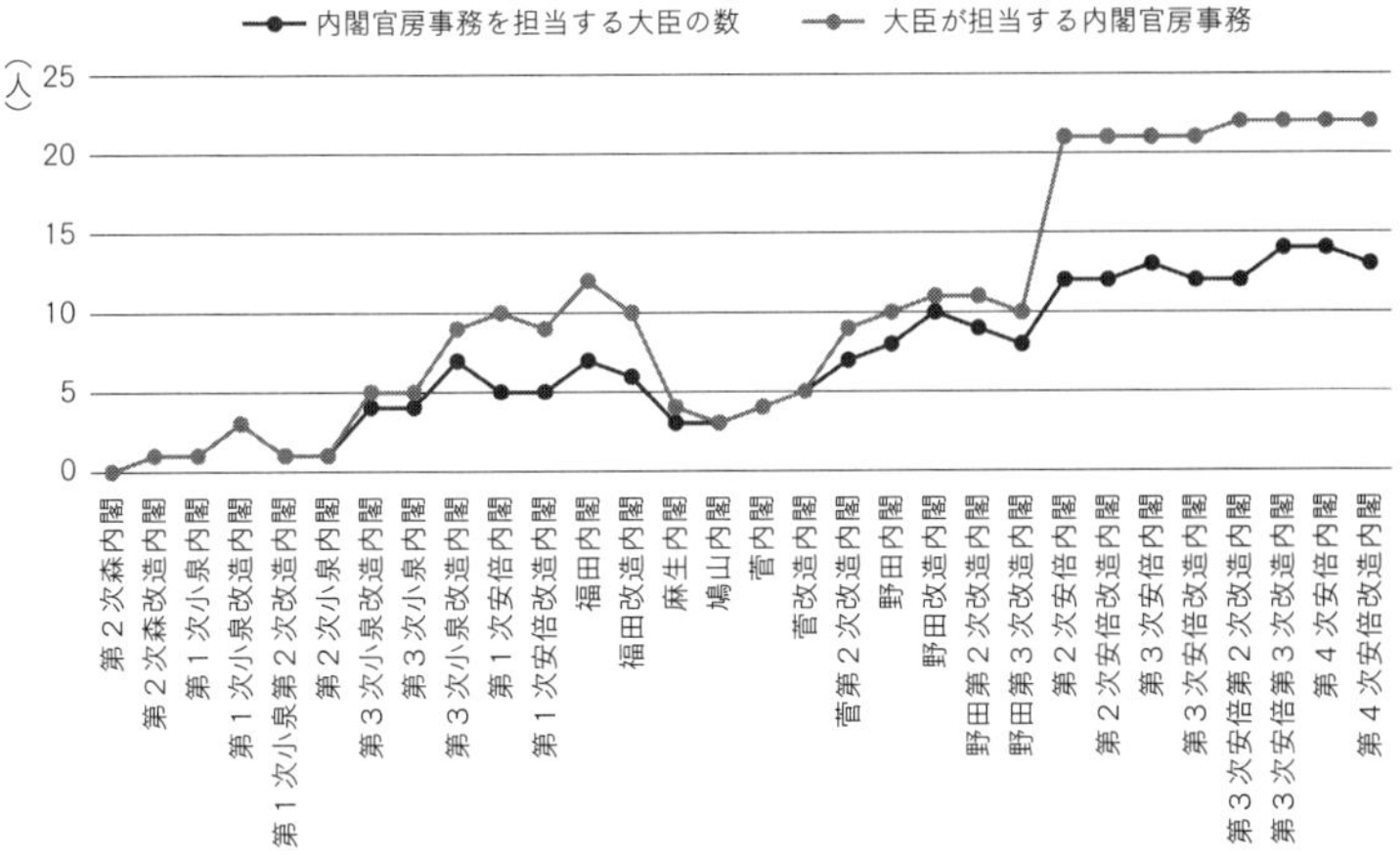

ある。郵政事業は総務省の担当であった。しかし、小泉純一郎首相は内閣官房に郵政民営化の担当部署を作り、2004年9月に竹中平蔵経済財政担当大臣を郵政民営化担当大臣に任命、民営化政策を委ねた。行政事務を分担管理しない大臣とその担当事務の数は省庁再編以降急増している（図6）。

ただ、ウェストミンスター型との違いも残る。国会は強い議事運営権を保持したままで、内閣と国会の関係は均衡したものとなっている。第二院である参議院も法律を制定する上で強い権限を保持している。

3　構想される統治制度改革

一連の改革後も日本の議院内閣制のあり方に影響を及ぼす変革について様々な議論がなされてい

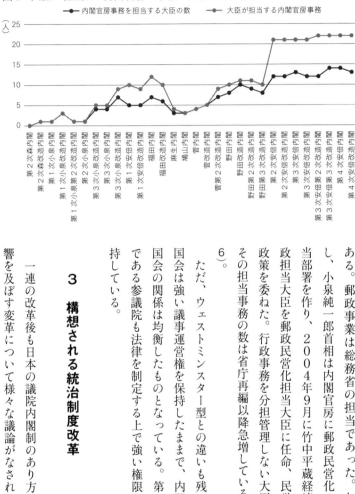

る。議論は首相の補佐体制に関するものと内閣と国会の関係にかかわるものに大別できる。紙幅の関係で、より重要な内閣と国会の関係にかかわる改革について議論したい。

国会の議事運営権への挑戦

内閣と国会の関係の見直しにつながる提案は内閣に国会の議事運営権の関与を認めるもの（21世紀臨調 2009：日本アカデメイア 2012：2020年以降の経済社会構想会議 2018）、国会の職務と政府の職務の兼任を認めること（21世紀臨調 2009）、首相や大臣の国会出席数の削減（日本アカデメイア 2012：2020年以降の経済社会構想会議 2018）、質問通告の事前時間を厳守すること（日本アカデメイア 2012：2020年以降の経済社会構想会議 2018）、などに分類できる。

一連の提案はいくつかの問題意識を共有する。まず、「日程闘争」よりも法案や政策に関する議論にエネルギーを注ぐべきであるという認識である。もちろん国会では政府が提案する法案やその政策について議論が行われている。ただ、国会は「政策論争でなく『日程闘争』の舞台になりがち」（朝日新聞2018年1月17日）である。「日程闘争」とは、野党が法案の審議未了、廃案を目的に可能な限り審議を遅らせようとすることである。野党はしばしば法案とは無関係なスキャンダルへの非難、失言の追及、一部の委員会での与野党対立を理由とするその他の委員会における法案審議拒否などの戦術をとる。

もうひとつは首相や閣僚が本会議や委員会に過度に出席を求められ、政策立案や外交に時間を使えていないのではないかという危惧である。日本の首相と閣僚が国会審議のために多くの時間を費やしていることは次の調査からも裏づけられている。日本アカデメイアによれば２０１１年1月から12月にかけて日本の首相と財務大臣の国会出席日数はそれぞれ１２７日、２０７日にのぼる。一方、「２０２０年以降の経済社会構想会議」の調べによれば、イギリスの首相の２０１６年から２０１７年に至る議会会期における出席日数は38日、通常年における財務大臣の出席日数は20日程度、フランスの首相と経済財務大臣の２０１５年から２０１６年に至る議会会期における出席日数はそれぞれ91日、74日である。

国会議員からの質問通告時間は本会議や委員会開催の直前になることが多い。このため官僚が質問提出まで待機し、深夜、未明にまで答弁準備に追われることになる。このため、執務環境が著しく悪化しているという問題も広く認識されている。

首相と大臣の出席日数の合理化や十分な事前期間を置いた質問通告はひとつの改革案である。しかし、こうした改革について与野党合意がなされている[(2)]にもかかわらず実効性がないのは、一連の問題に構造的要因があることを示している。重要な要因は、国会が自律的に保持する議事運営権である。

（2）たとえば、質問通告を速やかに行うことについては２０１４年の「国会審議の充実に関する申し合わせ」で合意されているものの、形骸化している。また、２０００年1月に党首討論制度の導入で与野党が合意した際には党首討論を行う代わりに首相の国会出席を実質的に削減することで合意がなされていた（日本経済新聞２０００年1月19日）。

したがって、数ある改革案の中で、内閣の国会の議事運営権への関与を可能にするものが、より本質的な解決策になると考えられる。

議会における議事運営とは、議案の順位、法案の優先順位、審議時間、採決日時、一般質疑の時間などを決めることである。日本では、内閣に議事運営に関わる権限がほとんど認められておらず、国会が議事運営を自律的に決めている（大山 2011：川人 2005：増山 2003：2015）。

両院の議長および委員長が議事運営に関し、強い権限をもつ。議長は国会法19条および55条により本会議の議事運営に関する広範な権限をもち、56条により、委員会に法案を付託する権限も保持する。一方、委員長は国会法48条により委員会における議事運営権を認められている。

また、議院運営委員会が「議院の運営に関する事項」を扱う委員会として設置されている（衆議院規則92条、参議院規則74条）。議長が自らの判断で議事運営権を行使することは稀で、実際には議院運営委員会が議事運営のあり方を決めている。議院運営委員会は、国会法56条の2により実質的に法案審議の開始を決める権限も保持する。

さらに各政党には議事運営を担当する組織として国会対策委員会が置かれ、議院運営委員会における公式、非公式の協議と国会対策委員長を中心とする与野党の執行部間の協議が国会審議の進め方をほぼ決定している。

国会は常任委員会制をとり、基本的に中央省庁に対応するかたちで常任委員会は置かれる。現在、慣行として、委員会における審議や質疑のあり方は委員会の理事間の協議および、各党国会対策委員間の調整により決まる。ただ、法的権限をもつのはあくまで委員長である。首相や閣僚は幹事長や国会対策委員長に働きかけ、議事運営に影響を及ぼすことは可能である。しかし、首相や内閣に議事運営に関わる公式の権限が認められるわけではない（大山 1997）。

1990年代以降、様々な制度改革が行われる中で、モデルとして意識されてきたのはイギリスの議院内閣制であった。ウェストミンスター型議院内閣制との違いを踏まえれば、国会の議事運営権の関与を認める提案がなされるのは自然な流れである。

改革をどう実現するのか

内閣の国会の議事運営への関与を認めようとする提案には次のようなものがある。

・政府提出法案の扱いに関する協議への政府の関与（21世紀臨調、日本アカデメイア）
・採決時期の事前決定（日本アカデメイア）
・議院運営委員会への政府代表者の出席（21世紀臨調）
・内閣が委員長に要請した場合の委員会開催義務（2020年以降の経済社会構想会議）
・副大臣および大臣政務官の委員会理事兼任（21世紀臨調）

このうち、国会法や議院の規則に副大臣・大臣政務官の委員会理事兼任を禁ずる規定を見つけることはできず、兼任は法改正なしで実現可能である。兼任により、委員会運営にこれまで以上に内閣の意向を反映させることが可能になるであろう。

それ以外は法改正が必要である。議長、委員長、そして議院運営委員会の権限は法律に基づく。内閣に議事運営に関与する権限を認めるためには国会法の改正が必要である。

まず、内閣に法案の優先順位や法案審議を開始する時期の決定権限を与えることが考えられる。このためには国会法55条を次のように改正する一方、国会法56条の2を廃止することが考えられる。

第55条　各議院の議長は、議事日程を定め、予めこれを議院に報告する。ただし、内閣は議長に議事日程を勧告することができる。内閣と議長の意見が一致しない場合には、内閣は議事日程案を動議として提出することができる。議長はこの動議が提出された場合、他の動議全てに優先し、この動議を直ちに本会議の採決にかけなくてはならない。

趣旨説明以降の法案審議日程を決める動議の提出権を内閣に認めることも考えられる。これは次のような条文を55条の3として新設することで可能になる。

第55条の3　内閣提出法案の趣旨説明が終わった後、内閣は法案の審議日程及び採決日時について提案を動議として提出することができる。議長はこの動議が提出された場合、この動議を直ちに本会議の採決にかけなくてはならない。

また、国会法41条を改正し、法案審議はすべて特別委員会で行うことにし、常任委員会は一般質疑だけを行うようにすることも考えられる。

ただ、こうした改革に対しては野党議員に加え、与党議員の反発も予想される。国会による議事運営権の独占は、与党議員にも内閣に対して抵抗する余地を与えているからである。与党のすべての議員が与党に所属するというだけの理由で内閣の政策に自動的に賛成することは考えられない。内閣の政策に消極的な与党議員も存在する。審議が終局し、態度を明確にすることを迫られる場合、与党議員として反対することには一定のリスクがある。だが、消極的な議員は国会の議事運営権を使って審議を引き延ばすことにより、審議未了に終わらせる潜在的な力を有している。

与党議員がこうした力をもつために事前審査制は発達した。事前審査を通じて、与党議員は政策に影響力を行使してきた。議事運営権の恩恵を享受している与党議員がこうした改正に賛成するとは考えにくい。

4 三権分立論再考

内閣に国会の議事運営への関与を認める改革は行政権の強化につながる。これに対する批判も予想される。批判の一部は日本国憲法が三権分立（権力分立）を採用しているという理解を前提になされる可能性が高い。憲法は三権分立と議院内閣制を同時にとっているという理解が広く受け入れられている。ただ、これは憲法に対する的確な理解と言えるのだろうか。

三権分立かつ議院内閣制？

今日、憲法学説では権力分立という用語が用いられることが多い。ただ、『新法律学小事典』が権力分立を次のように定義しているように、三権分立と権力分立はほぼ同義である（高橋ほか 2016: 344）。

「国家作用を立法・司法・行政（又は執行）の三権に分け、各々を担当する機関を分離独立させ、相互に牽制させて人民の政治的自由を保障しようとする自由主義的な統治組織原理」

過去に行政権の拡大が試みられた際に権力分立は批判の根拠となった。たとえば、１９９９年秋に当時の与党、自民党・自由党・公明党は政務次官に参議院の委員会の理事を兼任させようとした。だが、民主党が「三権分立のもとで、閣僚の代わりに答弁することもある政務次官が、理事として国会運営を仕切るのはおかしい」（朝日新聞1999年10月28日）と批判、試みは実現しなかった。近年でも首相に権力が集中し、国会が行政の監視機能を十分果たしていないと考え、「憲法が定める立法・行政・司法の三権分立の基本原理が脅かされている」という批判がなされることがある（朝日新聞2018年7月22日）。

わが国で日本が三権分立と議院内閣制を同時に採用しているという考えが広く受容されていることの証左として一例を挙げる。小学校の社会の教科書の記述である。

ある小学校6年生向けの社会の教科書には「内閣の働き」について次のような説明がなされている。「内閣は、国会で選ばれた内閣総理大臣が、その中心になります。内閣総理大臣は首相ともよばれ、それぞれ専門的な仕事を担当する国務大臣を任命し、大臣たちなどと会議（閣議）を開いて政治の進め方を相談します」（東京書籍 2018）。

議院内閣制という用語は使われていないものの、この記述は日本が議院内閣制を採用していることの説明にほかならない。

次にこの教科書は「国会・内閣・裁判所は、国の重要な役割を分担しており、その仕組みを三権分立といいます」と記述するとともに、国会、内閣、裁判所の相互関係を解説し、日本が三権分立をとっていることを説明する（東京書籍 2018）。

権力分立の定義再考

また、憲法学者の芦部信喜氏は「近代憲法は、権利宣言と統治機構の二つの部分から成るが、統治機構の基本原理は国民主権と権力分立である」とまで断じている（芦部 2019: 297）。

重要なのは概念をどのように定義するかということである。権力分立（三権分立）の定義をまず紹介しなくてはならない。権力分立の目的は専制政治を回避し（長谷部 2018: 16）、国民の権利・自由を守ることである（芦部 2019: 297）。ほとんどの研究者が用いる三権分立の定義に少なくとも次の二つの構成要素が含まれる（芦部 2019: 297；長谷部 2018: 16-18）。

・第一に国家の権力を立法、行政（執行）、司法の三権に分けること
・第二にこの三権を三つの機関に分けること

一部の研究者は第三の要素として、三つの機関の間で均衡と抑制を確保することを含める（芦部 2019: 297；長谷部 2018: 17）。

さらに第四として、人的分離も権力分立の要素であるという考えがあることに注目したい（Vile 1998: 17）。すなわち、一つの機関あるいは人物に権力が集中することは専制につながるおそれがある。これを回避することが権力分立の目的である以上、機関の間で人的な重なりがないこと、す

なわち一人の人間が複数の機関に同時に地位を有しないことが必要であるということである。権力を三分割し、異なる機関に割り振ったとしても同一人物による複数機関の兼職が認められるのであれば同一人物は複数の権力を行使できることになる。したがって、この要件を三権分立の定義に入れることは必要である。

人的要素について考察しながら、権力分立論に大きな影響を与えたモンテスキューやマディソンの言説を見直すと第五の要件も必要と考えられる。すなわち、権力を分有する各機関が他の機関の選任に関わらないということである。たとえば、マディソンは三権分立を徹底するためには権力を分有する機関が他の機関に就く者の選出に関わるべきでないと主張する（マディソンほか 1999: 236-237）。またモンテスキューは次のように説く。

「君主が存在せず、執行権力が立法府から選ばれた若干の人々に委ねられるならば、もはや自由は存在しないであろう。なぜなら、二つの権力が結合され、同じ人々がそのいずれにも時として参加し、また、常に参加しうるからである。」（モンテスキュー 1989: 299）

以上をまとめると、三権分立は次のように定義できる。

・第一に国家の権力を立法、行政（執行）、司法の三権に分けること

・第二にこの三権を三つの機関に分けること
・第三に三つの機関の間で均衡と抑制が確保されること
・第四に同一人物が二つ以上の機関で兼職しないこと
・第五に権力を分有する機関が他の機関に就く者の選出に関わらないこと

日本の議院内閣制と権力分立

三権分立をこのように考えると、今日、これをもっとも忠実なかたちで実現しているのはアメリカの大統領制である。議院内閣制がこれまで権力分立として紹介されることが多かったのは上記要件のうち最初の三つを念頭に議論がなされていたからであると考えられる。たとえば、芦部氏は議院内閣制の条件のひとつとして「議会（立法）と政府（行政）が一応分立していること」を掲げる。議院内閣制の下では議会と内閣がそれぞれ立法権と行政権をもつので、立法権と行政権は分立しているということである。

また、第三の条件の抑制と均衡については内閣不信任案と解散権が注目されてきた。その際、議院内閣制は二元型議院内閣制と一元型議院内閣制に分けて紹介される（高橋 1994: 358-360；長谷部 2018: 378-379；上村 1985: 151）ことが多い。二元型では、内閣は国家元首と議会に責任を負い、君主の解散権と議会の内閣不信任決議案によって抑制と均衡が図られる。一元型では内閣は議会にのみ責任を負い、内閣の解散権と議会の不信任決議案により抑制と均衡が図られることになる。二元型を均衡本質説、二元型を責任本質説として捉える研究もある（樋口 1985: 180-183）。こうした議院内閣制のあり方を「緩やかな分立」と位置づける見方もある（たとえば、高橋 1994: 358, 392）。

しかし、議院内閣制を権力分立と言えるのかについては以前から疑問が提示されてきた。バジョットはイギリスの政治体制を三権分立であると理解することを批判する（Bagehot 1966）。バジョットはイギリスの政治形態の特徴は内閣を介して行政権と立法権が融合していることであると説く。イギリスのように凝集性をもつ政党が内閣を組織し、内閣が立法府に強い影響力をもつ場合、行政権と立法権は分立すると理解することは難しいということである。日本でも、山口二郎氏はバジョットの議論を紹介しながら、議院内閣制の特徴は行政権と立法権の融合であり、日本の統治制度を権力分立論で捉えることを疑問視している（山口 1989: 82）。

重要なのは、やはり定義に立ち返って考えることである。日本では行政権と立法権を分け、内閣と国会に分有させている。また内閣は解散権を有し、衆議院は内閣不信任決議案を提出可能である。本稿は内閣と議会が対立した場合、内閣に国民に判断を仰ぐ手段を与える点で、解散権は議院内閣制の重要な要件と捉えるべきであると考えている。もっとも、多くの憲法学者が説くように内閣の解散権と衆議院の不信任決議案可決権を踏まえて、内閣と国会の間で均衡と抑制が働いていると考えることは可能である。

ただ、第四と第五の条件をあわせて考えるとどうなるか。議院内閣制のあり方は多様であり、議員が閣僚を兼職しない議院内閣制も存在する（川人 2015）。また、歴史的には首相や閣僚を選任していたのは君主であった。議員が閣僚を兼ねず、かつ君主あるいは大統領などの国家元首が首相あるいは閣僚を実質的に任命している場合には議院内閣制と権力分立が両立していると考える余地は残る。

しかしながら、日本国憲法は68条1項において閣僚の半分以上を国会議員とすることを求める。首相も67条2項により衆議院の議決が優先されるかたちで国会議員から選出される。首相および閣僚の多くは行政権と立法権を行使し得るので第四の要件は満たさない。また、立法府が行政府の選出に関わるので第五の要件も成立しない。

衆議院の多数派から首相が選出され、首相が閣僚を指名することが定められ、さらに衆議院の参議院への優位も保障されているので、バジョットの議論に即して言えば、憲法は立法権と行政権を融合させている。このような関係が成り立つ「日本の」議院内閣制を三権分立、権力分立として分類することはやはり難しい。

行政権拡大につながる改革が議論される場合、こうした議論を単に「三権分立に反する」と言うことによって批判するのは適当ではない。もちろん、行政権の肥大化自体を問題視することはひとつの考えではある。その場合、肥大化自体が問題であるという批判を展開すべきである。

5　まとめ

本稿では議院内閣制についてウェストミンスター型とコンセンサス型という二つの類型を紹介した。1950年代以降の日本の議院内閣制のあり方はコンセンサス型に近かった。しかし、1990年代以降、一連の制度改革が行われた結果、首相の権力は拡大し、内閣に行政権がより集中するようになり、日本の議院内閣制はウェストミンスター型に近づいた。ただ、内閣と議会の関係や二院制を考慮した場合、日本の議院内閣制とウェストミンスター型との間には依然として大きな違いがある。

現在も多くの改革が提案されている。それらの主たる目標は国会が占有する議事運営権に内閣を関与させることである。こうした改革は行政権の拡大につながる。日本の教育、言説状況を踏まえると、改革に対して権力分立・三権分立に反するという批判が予想される。しかし、日本のように閣僚の大半が立法府の議員によって占められ、立法府が首相を選出することが法定される日本の議院内閣制を三権分立と分類するのは難しいという問題提起をした。以上の提案、問題提起に対して憲法学からみるとどう評価できるのであろうか。これについては、続く、本章Ⅱの横大道論文の議論に委ねたい。

参考文献

芦部信喜（高橋和之補訂）2019『憲法〔第7版〕』岩波書店．
飯尾　潤 2007『日本の統治構造―官僚内閣制から議院内閣制へ』中公新書．
上村貞美 1985「権力分立」小嶋和司（編）『憲法の争点〔新版〕』有斐閣．
宇賀克也 2019『行政法概説Ⅲ〔第5版〕』有斐閣．
梅津　實 2006「イギリス議会はどこまで変わったか」梅川正美・阪野智一・力久昌幸（編）『現代イギリス政治』成文堂．
大山礼子 1997『国会学入門』三省堂．
――― 2003『比較議会政治論―ウェストミンスターモデルと欧州大陸型モデル』岩波書店．
――― 2011『日本の国会』岩波新書．
奥健太郎 2014「事前審査制の起点と定着に関する一考察―自民党結党前後の政務調査会」法学研究87巻1号．
川人貞史 2005『日本の国会制度と政党政治』東京大学出版会．
――― 2015『議院内閣制』東京大学出版会．
佐藤幸治 1995『憲法〔第3版〕』青林書院．
佐藤誠三郎・松崎哲久 1986『自民党政権』中央公論社．
高橋和之 1994『国民内閣制の理念と運用』有斐閣．
―――・伊藤眞・小早川光郎・能見善久・山口厚（編集代表）2016『法律学小辞典〔第5版〕』有斐閣．
高見勝利 2008『現代日本の議会政と憲法』岩波書店．
竹中治堅 2006『首相支配―日本政治の変貌』中公新書．
――― 2013「民主党政権と日本の議院内閣制」飯尾潤（編）『政権交代と政党政治』中央公論新社．
東京書籍 2018『新しい社会6　下』．
21世紀臨調 2009「国会審議活性化等に関する緊急提言～政権選択時代の政治改革課題に関する第1次提言～」<http://www.secj.jp/pdf/091104-1.pdf>．
2020年以降の経済社会構想会議 2018「よりオープンに、より政策本位で～政治不信を乗り越えるための国

会改革～」<https://shinjiro.info/torimatome.pdf>.
日本アカデメイア 2012「国会に関する緊急提言」<https://j-akademeia.jp/activity/pdf/j-akademeia_suggestion.pdf>.
中北浩爾 2017『自民党―「一強」の実像』中公新書.
長谷部恭男 2018『憲法〔第7版〕』新世社.
濱本真輔 2018『現代日本の政党政治―選挙制度改革は何をもたらしたのか』有斐閣.
樋口陽一 1985「議院内閣制の概念」小嶋和司（編）『憲法の争点〔新版〕』有斐閣.
ＰＨＰ「統治機構改革」研究会 2019「統治機構改革１・５＆２・０―次の時代に向けた加速と挑戦―」ＰＨＰ総研.
増山幹高 2003『議会制度と日本政治―議事運営の計量政治学』木鐸社.
――― 2015『立法と権力分立』東京大学出版会.
マディソン、A.／J. ハミルトン／J. ジェイ（斎藤眞・中野勝郎訳）1999『ザ・フェデラリスト』岩波文庫.
待鳥聡史 2008「『多数主義』時代の二院制を再考する」論座１５２号.
――― 2012『首相政治の制度分析―現代日本政治の権力基盤形成』千倉書房.
――― 2013「民主党政権下における官邸主導―首相の面会データから考える」飯尾潤（編）『政権交代と政党政治』中央公論新社.
モンテスキュー（野田良之ほか訳）1989『法の精神　上』岩波文庫.
山口二郎 1989『一党支配体制の崩壊』岩波書店.
笠　京子 2006「日本官僚制―日本型からウェストミンスター型へ」村松岐夫・久米郁男（編）『日本政治変動の30年―政治家・官僚・団体調査に見る構造変容』東洋経済新報社.
Bagehot, Walter. 1966. *The English Constitution*. Cornell University Press.
Lijphart, Arend. 2012. *Patterns of Democracy: Government Forms in Thirty Six Countries*. 2nd ed. Yale University Press〔粕谷祐子・菊池啓一（訳）2014『民主主義対民主主義―多数決型とコンセンサス型の36カ国比較研究〔原著第2版〕』勁草書房〕.
Vile, M.J.C. 1998. *Constitutionalism and the Separation of Powers*. Liberty Fund.

Ⅱ 応答と展望

議院内閣制の改革と憲法論

横大道 聡

1990年以降、政治改革、行政改革、地方分権改革、司法制度改革など、一連の統治構造改革が試みられてきた。このうち、本稿が主に対象とするのは内閣そして議院内閣制に深くかかわる政治改革と行政改革であるが、これらは、「一つの明確なグランドデザインの下に行われたものではない。しかし、派閥政治や政権の不安定といった問題を克服し、首相の民主的正統性とリーダーシップを高めるという狙いをもつものであった点では一貫する」ものであった（上田 2016: 10)。この狙いは、「内閣機能の強化」という言葉で集約的に表現できるが、「内閣機能の強化」と言っても多様な側面がある。ここで何との関係での強化なのかに着目すると、次の三つに区別できる。

第一に、立法・行政・司法という三権の相互関係の中での行政権の強化、特に国会との関係で内閣の位置づけが相対的に強化されるという意味での「内閣機能の強化」である。本章Ⓘの竹中論文は、一連の改革によるこの意味での「内閣機能の強化」を、イギリスに範をとったウェストミンスター型議院内閣制への移行として整理しているが、このこと自体、憲法学としてどのように評価できるのだろうか。いわば、三権のバランスという視点からみた問題局面であり、これが本稿の第一の検討課題である（1）。

第二に、行政の内部での官僚に対する内閣・内閣総理大臣の強化という意味での「内閣機能の強化」である。竹中論文は、ウェストミンスター型に近づいた日本の議院内閣制の最大の変化として、「首相の指導力」の拡大を挙げている。本稿では、このうちの官僚に対する人事権の拡大という現象、すなわち、政官関係の変容という視点からみた問題局面に焦点を当てて検討する。これが本稿の第二の検討課題である（2）。

第三に、内閣が国会の自律権領域とされてきた議事運営権に関与するという意味での「内閣機能の強化」である。竹中論文は、今後の改革が向かう方向は、国会の議事運営権への内閣の関与だと予測したが、これを評価するために憲法学はいかなる視座を提供できるだろうか。竹中論文は、各所から「権力分立」に反するという批判が提起されることを予想しつつ、一般的な権力分立理解それ自体に異を唱えて、憲法学に対して問題提起を行っている。この行政権と立法権の交錯という問題局面について、竹中論文の問題提起に応えながら分析を加えること。これが本稿の第三の課題である（3）。

1　国会に対する「内閣機能の強化」と憲法

問題の所在

憲法の教科書では、一般に、「権力分立制の現代的変容」という表題の下、「20世紀の積極国家・社会国家の要請にともない、行政活動の役割が飛躍的に増大し、行政権が肥大化し、法の執行機関である行政府が国の基本政策の形成決定に事実上中心的な役割を営む」という「行政国家」現象が指摘される（芦部 2019: 299；辻村 2018: 15 など）。そして、「このような状況の下で、権力分立制のあり方は現代的に再検討されなければならないが、その場合でも、人権の確保という権力分立制の根本思想を維持し、国家権力の強大化を防止していくことが重要である」とされる（芦部 2019: 299）。

内閣機能を強化し、「行政国家」現象をさらに推進させるようにもみえる行政改革は、権力分立のバランスを崩し、「国家権力の強大化」を招くようにも思える。それでは〈国会に対する内閣機能の強化〉は、憲法の観点から果たしてどのように評価できるだろうか（木下 2019 も参照）。

議院内閣制の運用――「国民内閣制」論

まず指摘できるのは、近時の行政改革を憲法学として積極的に評価する議論が有力に存在することである。髙橋和之が議院内閣制のあるべき運用形態として提示した「国民内閣制」論――高橋の議論は、「あくまでも既存の議院内閣制の憲法的枠組みを前提とした上で、その運用をどのような理念で行うか」という考え方に基づいている――がその代表である。

念のため、本稿でも議院内閣制とは何かについて確認しておこう。まず議院内閣制とは、「立法権（議会）と行政権（政府）との関係」、すなわち執政制度についての分類のひとつであり、そのほかには大統領制や半大統領制、議会統治制などの類型がある。このうち、議院内閣制の本質的要素として挙げられるのが、「①議会（立法）と政府（行政）が一応分立していること（この点でスイス型〔議会統治制〕と異なる）、②政府が議会（両院制の場合には主として下院）に対して連帯責任を負うこと（この点でアメリカ型〔大統領制〕と異なる）、の2点」である。さらに、「③内閣が議会の解散権を有すること、という要件を加える説もなお有力」とされる（芦部 2019: 341-342）。いずれにしても、日本の執政制度が議院内閣制であるという点についてほとんど異論はない。

「国民内閣制」論とは、行政国家化、政党国家化現象を前提とした上で、それに適した議院内閣制の運用形態として、デモクラシーを指導理念とした直接民主政的な運用形態を目指そうというプロジェクトである。[1] この運用を実現するためには、選挙で国民の意思が明瞭に示される必要があるから、二大政党制と小選挙区制が望ましい。それを基盤に、国民は選挙時に政党から提示された政治プログラムを「選択」することで事実上首相・内閣を選出する。そしてそこで選ばれた首相・内閣は、直接国民に責任を負うかたちで、提示した政治プログラムの実現を目指す。「国民内閣制」論では、このような運用形態が目指されているのである（高橋 1994）。

高橋の「国民内閣制」論は、行政改革を正当化するために提案されたわけではない。しかし、「イギリスをモデルとした『議院内閣制－小選挙区制－二大政党制』の三位一体構造」（高橋 1994: 17）の提案であるから、同じくイギリスのウェストミンスター型の議院内閣制の運用を目指す行政改革と方向性を同じくするものとして把握しても大意を損なわないはずである。事実、行政改革会議の主要メンバーとして内閣機能強化論を主導した憲法学者の佐藤幸治は、「国民内閣制」論に対する「深い共感」（佐藤 2002: 240）を表明していた。

「国民内閣制」論の憲法的評価

議院内閣制を採用する日本国憲法は、その具体的な運用形態についてまで指示していない。そのため、合意を重視したコンセンサス型の運用も、これをウェストミンスター型に近づけて理解する近時の改革が目指す運用――そしてそれと整合的な「国民内閣制」論――も、いずれも許容していると解される。換言すれば、どのように議院内閣制を運用するべきかという問題は、憲法解釈によって一義的に決まる性質のものではなく、憲法の枠内で、いかなる議院内閣制の運用形態を理念型と捉えるのか、その理念型はいかなるデモクラシー観に基づくもので、どのような意義があるのか、理念型と現実の運用との齟齬はどの程度あり、それを解決するためにはどのような改革が必要なのか、といった観点から評価される性質の問題なのである[2]（岡田 2005）。

そうであるからこそ、高橋の議論に批判的な論者も、「国民内閣制」構想が憲法に違反するとまでは考えていない。たとえば、高橋の論争相手となった高見勝利は、「選挙制度と政党制のあり方いかんによっては、議院内閣制の運用のレベルで『多数派』型〔「国民内閣制」型——引用者注〕を実現することも可能であるが、しかし、日本国憲法そのものの規範構造は、むしろ、『合意』型の理念型に属するものといえよう」（高見 2008: 29）という認識から、「合意型の憲法構造を踏まえ、比例代表制もしくは比例代表的に機能しうる選挙制度……を衆議院選挙に導入し、多党制のもとに内閣が組織され、強い参議院を擁する国会との間で一定の緊張と協調を保ちながら国政を進め

（1）「国民内閣制」というネーミングについて、高橋は次のように述べている。「なぜ国民内閣制かといえば、内閣（より具体的には首相とその政治プログラム）が国民の直接的な選択・決定に基づいて形成され、『議院』の内閣というよりは『国民』の内閣として現れること」を期待されているからである」（高橋 2006: 66）。

（2）そのため、高橋からすると、「たとえば、内閣が国民の意思を反映していないと批判しながら、同時に他方で媒介民主政（比例代表制）こそがデモクラシー（選挙制度）の正しいあり方だと論ずるのは、私の視角からは、論理的整合性を欠いた議論と言わざるをえない」、という評価となる（高橋 2006: 50）。

るというデモクラシーの方途」を展望する（高見 2008: 87）。しかしその高見も、「『国民』－内閣制による多数派型デモクラシーの途を歩むべきか、それとも、『議院』－内閣制による合意型デモクラシーの途を歩むべきかは、憲法の枠組みからはもとより、理論的にも一義的に決しうる問題ではなく、……いずれの途をよしとするかは、基本的には『個人の規範的な好み』ないし『個人的な趣味』の問題であり、おそらくは、たぶんに『文化的背景』の問題であると言えるのではなかろうか」と述べ（高見 2008: 45-46）、「国民内閣制」論が違憲だとは考えていないのである（本 2012も参照。高橋と高見の見解の相違を分析した、高橋 2015 も参照）。

国会の役割

「国民内閣制」論は、――政治学や行政学の通説的な見方のように（山口 2007 など）――〈内閣（与党）が統治を担い、国会（野党）がコントロールする〉という構図によって議院内閣制を捉え直す。しかし、国会の多数派（与党）の支持を得た内閣に対して、国会の少数派（野党）がコントロールするための術をもたなければ、この構図は絵に描いた餅となってしまう。

国会には、「内閣形成機能」と「内閣批判・監視機能」という二つの機能を果たすことが要請されるが（原田 2010: 156）、とりわけ「国民内閣制」論の下では、前者を担うのが主に議会の多数派たる与党（ないし連立与党）であるのに対して、後者を担うのは主として議会の少数会派たる野党となる。こうして憲法学では、野党に「内閣批判・監視機能」をもたせることで、行政権に対する統制を実現しようという方向――具体的には、野党による国政調査権の積極的な活用を可能とする制度改革や質問権の改革など――で議論が展開されているところである（原田 2010；上田 2015；新井 2017など）。これは、「内閣機能の強化といわば対をなすものとして、国会の政府・行政に対する統制という観点をより鮮明にし、その機能を充実させるという方向での検討も必要であろう」という大石眞の指摘に沿うものである（大石 2008: 205-206）。この文脈で、内閣形成機能を直接には担わない参議院の位置づけを見直すこともあり得るだろう。

このようなかたちで、憲法の観点から、議院内閣制の運用形態に応じて、制度改革のあるべき方向性という意味における規範的視座を示すことができる（たとえば、ＰＨＰ「統治機構改革」研究会 2019など）。

2　政官関係における「内閣機能の強化」と憲法

問題の所在

森友学園、加計学園問題など、第２次安倍政権において噴出した一連の問題は、官邸主導人事によって生じた官僚の「忖度」の結果であるという見立ても少なくない。これは、官僚に対する内閣・官邸の権限強化という意味での「内閣機能の強化」への批判として受け取ることができる。

1で概観した「国民内閣制」論は、国民によって選ばれた首相・内閣が、選挙で国民に提示して支持を得た政治プログラムを実現するために、リーダーシップを発揮して官僚に対する優位を確保しなければならないと考える（高橋 2006: 87-90）。政官関係にとって「重要なのは、『政』が政策選択・決定を行い、『官』が選択・決定された政策の執行にあたるという図式が憲法の想定するところ」だと理解するので（高橋 2020: 354）、官僚に対する内閣・官邸の権限強化という意味での「内閣機能の強化」は、それ自体としては肯定的に評価されることになる。

しかし、上述したように「国民内閣制」論は議院内閣制の運用形態についての議論であって、仮に内閣の官僚人事権の強化が憲法に抵触するとすれば採用し得ない。それでは、この意味での「内閣機能の強化」について、憲法学はいかなる規範的視座を提供することができるだろうか。

官僚の自律性の確保

この点で注目されるのは、内閣機能の強化とりわけ2014年の内閣人事局設置に代表される公務員制度改革が、「政治主導」から「官邸主導」となり、官僚の忖度を産む構造を創り出しているのではないかという問題意識・現状認識から、行政内部での権力分立、具体的には、内閣に対する官僚の自律性確保を主張し、それが破られる場合には違憲になり得ると論じる山本龍彦の議論である（山本 2018）。

山本は、日本国憲法が想定する政官関係について、アメリカの議論も踏まえながら、大要、次のように主張する。①国会を「唯一」の立法機関とする憲法41条、司法権は「すべて」裁判所に属するとする憲法76条とは異なり、行政権が内閣に帰属することを定める憲法65条は、「唯一」「すべて」といった言葉を用いておらず、「行政権は、内閣に属する」とするのみであり、内閣以外が行政権を担うことを排除していないように解される。②むしろ憲法は、行政各部（72条）、会計検査院（90条）のように、内閣に「属しない」行政を担う機関を想定しているかのような定めを有しており、内閣による行政権の独占・一元的支配が積極的に排除されていると解される。③憲法上は、「行政各部」（72条）、「主任の国務大臣」（74条）といった文言から、行政の分業が想定されており、その担い手として「官吏」（73条4号）、「公務員」（15条2項）が想定されている。④この観点からすると、内閣に課された法律の誠実執行義務（73条1号）は、すべての法律を自ら執行するという意味ではなく、法律が誠実に執行されるように配慮することと解されることになる、⑤これらに鑑みると、「内閣には、法律の誠実執行を担保するための内部統制システム――行政府内の抑制・均衡システム――を構築すること、そして、法律の誠実な執行のため、規制領域によっては政治的に中立な自律的専門家集団（官僚団）の意見に耳を傾けることが憲法上要求されていると解することもできる」。⑥そして、「行政府の最高機関に過ぎない内閣が、政治の論理あるいは効率性の論理によって、官僚機構の体現する専門性の論理あるいは継続性の論理を一方的に蹂躙するような場合には、憲法（15条2項、72条、73条1号・4号）の要求する行政府内の権力分立を侵すものとして違憲の評価を受ける場合もありうると考えられる」（山本 2018: 7）。

官僚人事をめぐる憲法論

このように山本は、官僚機構の内閣からの自律性を一定程度憲法上保障し、それが侵された場合には違憲となり得るとしている。行政改革が、いわゆる「官僚内閣制」（飯尾 2007）からの脱却を目指し、タテ割り行政とその理論的根拠となっていた分担管理原則を支えていた憲法解釈——憲法66条3項、74条等を根拠に、各省大臣に行政各部の指揮監督権を認める一方で、内閣にはそれを統轄する権限しかないとする解釈で、それをベースに内閣法6条「内閣総理大臣は、閣議にかけて決定した方針に基いて、行政各部を指揮監督する」を解釈してきた——を否定しようとしたところを出発点としていたことに鑑みると（行政改革会議意見書、国家公務員制度改革基本法5条2項柱書・11条等を参照）、ある種の先祖返りのような主張であるようにも見受けられる。もっとも山本の議論の主眼は、あくまでも官僚機構が体現する専門性の尊重を求めるものであるから、主としてその意思決定の場面を争点化するものであって、官僚人事における内閣・官邸主導についてては——山本の問題意識の出発点となってはいるものの——これを直ちに排除することにはならない、ということには注意が必要である。

山本の議論（特に③から⑥）に対しては、やや文脈が異なる議論の中で毛利透が次のように述べた主張を対置できる。「現実に行政各部が法律を執行してよいのは、いざという時にはいつでも内閣がその執行に対して介入できるという法的保障が存在するからである。内閣が行政権を有しているのであり、官僚組織に憲法上独自の正統性は与えられていない。……また、議院内閣制において行政組織に原則としてヒエラルヒー構造が求められるのは、その組織運営上の理由だけではない。内閣の対国会責任を通じて国会が行政全般についての情報を受け批判的検討を行うためには、大臣が省庁行政をきちんと把握し、その意向を貫徹できることが前提として求められる。……国会の権限を確保するには、いつ何を内閣の連帯責任を追及すべき政治的問題だと考えるのかの判断を国会に委ね、『それは行政各部が処理すべき専門的問題だ』という逃げ道を内閣に許さないようにしておく必要がある」（毛利 2014: 341-342）。

国会による内閣の人事権への関与

したがって、内閣の官僚に対する人事権に一定の制約があり得るとしても、憲法上は、内閣に官僚に対する自由な任免権が認められるのが原則であり、その例外的制約を正当化できる特別の事情がある場合にのみ、内閣の任免権を制約し得ると解すべきであろう（上田 2013）。換言すれば、内閣の官僚人事権を強化するという意味での「内閣機能の強化」を直ちに憲法違反とすることは困難であり、国会に対する内閣および内閣の指揮監督下で行政各部を担う官僚の責任を確保するという意味では、むしろ憲法の趣旨に合致していると考えられる。

憲法73条4号は、内閣の事務のひとつとして、「法律の定める基準に従ひ、官吏に関する事務を掌理すること」を挙げているが、右にみた観点からすれば、法律で定めさえすれば、国会が官吏

＝公務員の人事に対していかようにも口出しできるということにはならない。上田健介が指摘しているように、「法律による具体的な人事権者の決定の内容が、行政部のヒエラルキー構造の意義を損なうものでないか、内閣の政策形成、実現を害するものでないか、厳しく検討する必要」がある（上田 2013: 350-363）。

3　国会の議事運営権への内閣の関与

問題の所在

竹中論文は、一連の改革をコンセンサス型から、イギリスをモデルとしたウェストミンスター型の議院内閣制への移行として整理した上で（待鳥 2012；上田 2017も参照）、イギリスをモデルとした改革であることにも鑑みると、今後の改革が向かう方向は、国会が専有する議事運営権への内閣の関与であると予測した。議事日程をめぐる与野党の駆け引きがもたらす非効率性を是正する必要性は夙に指摘されるとおりであるが、それを解消するための改革である。

この予測される改革について竹中論文は、国会との関係で行政権がさらに強化されるという懸念のみならず、行政権内部の問題にとどまらない国会との関係を改革するものであるため、三権分立に反するという批判が提起されることを予想する。この予想される批判に対する竹中論文の応答は、そもそも議院内閣制＝三権分立と理解する憲法学の捉え方自体が誤っており、この文脈で三権分立を持ち出すことは場違いであるとして、批判の前提を問い直すべきだというものであった[3]。それではこの竹中論文の議論を憲法学はどのように評価することができるだろうか。

憲法学における権力分立と議院内閣制

憲法学では、「立憲的意味の憲法」の趣旨が端的に示されているものとして、必ずと言っていいほど、1791年のフランス人権宣言16条「権利の保障が確保されず、権力の分立が規定されないすべての社会は、憲法をもつものでない」を引き合いに出す（例として、芦部 2019: 4-5）。こうして立憲的意味の憲法を採用しているか否かの基準として「権力分立」を掲げるため、日本は立憲主義を採用していないというラディカルな立場を採用する覚悟がない限り、議院内閣制は権力分立ではないという説明の途をあらかじめ自ら封じているのである（吉田・横大道 2019b）。

(3) なお、三権分立と権力分立についてであるが、小嶋和司が指摘するように、各国にみられる「『権力分立』の変型といわれるものですら、立法、執行、司法『三権』の分立を公約数的にもっていることを注意すべきで、いまや『三権分立』は『権力分立』の重要な要件、いな、等義語にすらなっているといえよう」（小嶋 1988: 182-183）、「実定憲法が常に立法、執行、司法の『三権』のみしか設定するものではなく、時によっては四権、五権の分立がありうること、しかし、そのような四権、五権の分立の中に必ず、立法、執行、司法の『三権』が含まれる……。この故に、実定憲法の『権力分立』は『三権』分立と等視され」るとしている（小嶋 1988: 226-227）。

それでは憲法学は、いかにして議会と内閣との「融合」を特徴とする議院内閣制と権力分立を調和的に説明するのだろうか。

ひとつの方法は、権力分立を「権力集中＝専制を否定するという、ゆるい意味」で捉え、そのサブ・カテゴリとして、大統領制という「厳格な」権力分立、議院内閣制という「緩やかな」権力分立といったように説明することである（樋口 2007: 313-314）。いわば権力分立を、固定的な意味内容を備えた「準則」として捉えずに、厳格度の幅を許容する「原理」として権力分立を捉えることによって、議院内閣制を権力分立と調和させるのである（吉田・横大道 2019a）。

このような説明をするのは日本の憲法学だけに限られない。あるフランスの憲法学者は、「フランスやヨーロッパのほとんどの憲法学の概説書は、アメリカ合衆国の大統領制は厳格な、あるいは厳密な権力分立であり、ヨーロッパ（そして日本）の議院内閣制は緩やかな権力分立に依拠していると明記している」と指摘する（ブドン 2015: 1866）。

理念・原則としての権力分立

このようにして憲法学は、実定憲法への制度化にあたって、理念・原則として権力分立を純粋なかたちで反映しないことを容認する（小嶋 1988: 213など）。竹中論文は、権力分立をもっとも忠実に実現しているのはアメリカの大統領制であるとしていたが、そのアメリカの憲法においてすら、必ずしも、竹中が定義する意味での権力分立を貫徹していない部分もある。たとえば、副大統領は上院議長が務めることとされ（1節3条4項）、連邦最高裁の裁判官や一定の官吏について、その任命に上院の助言と承認を求めている（2節2条2項）。

権力分立について徹底的な検討を加えた憲法学者の小嶋和司は、次のように述べている。「ある政治制度が『権力分立』に該当するかしないかの判断は、どのようにしてなされるべきであろうか。まず、この判断のために『権力分立』の実現形態の外縁を探究し、この外縁内にある制度をすべて『権力分立』とすることはできない。その外縁はあまりにも広大かつ茫漠としたものとなり、そこには複合原理たる権力分立の重要なモメントを欠くものも含まれうるからである。『権力分立』に当るかどうかの判断は、実定的諸憲法における適用の諸形態に不可欠的に存する公約数的制度を抽出、これを権力分立の要件として決する以外にない」（小嶋 1988: 226）。この立場から小嶋は、「立憲主義原理としての権力分立」を構成する原理として次の四つを挙げている（小嶋 1988: 226-227）。

①国家作用を立法、執行、司法に分け、これら各権能の決定にあずかる機関を異にすること

②民選議院をもうけ、これに、立法についての決定的関与権がみとめられる

③司法機関には特別の独立的地位がみとめられる

④各機関の権限行使は、それぞれ独立におこなわれる

竹中論文の定義と比べてみよう。竹中論文はモンテスキューやマディソンの議論をもとに「同一人物が二つ以上の機関で兼職しないこと」を権力分立の定義の必須要件として挙げたが、ここにそれは含まれておらず、「同一人が（国会と内閣の）両機関の職を兼ねることは必ずしも否定されないし、その他の相互交渉関係も認められる」とされている（小嶋 1988: 229）。それは、「実定憲法における『権力分立』は、モンテスキュー説と逐一おなじではなく、かなり柔軟で、また、かなり多様な実現形態をもつものである」ことが容認されるからである（小嶋 1988: 226）。

このように権力分立を捉えるからこそ、小嶋は、憲法解釈の場面において「『権力分立』のみを決め手とする解釈論は、避けなければならない」ことを強調するとともに、「『権力分立』関係の解釈問題は、なるべく憲法の他の上記との関連を基準として決せらるべきである」ことを強調しているのである（小嶋 1988: 245-247）。

議院の議事運営への内閣の関与について

この観点から、〈議院の議事運営への内閣の関与〉について考察してみたい。

竹中論文が紹介したとおり、現在、内閣は議院の議事運営に対してほとんど完全に関与できない仕組みとなっているが、立法過程において「ここまで徹底して内閣の関与を排除した審議手続は、議院内閣制下の議会としてはきわめて異例である」（大山 2007: 123）。すなわち、このようなしくみは、議院内閣制を採用する諸国に共通してみられる特徴ではなく（上田 2012: 554-568）、議院内閣制からの必然的要請に基づいているわけではない。その背後には権力分立の厳格な理解があり、「権力分立の建前によって、内閣と議院の関係は多くが与野党会派間の問題に転換されて間接的なものとなっている」とされる（白井 2013: 82）。こうして内閣は、与党（幹事長や国会対策委員長など）を通じてのみ、間接的に議事運営に関与できるにすぎない状況に置かれているのである。(4)

仮にこの仕組みが憲法上の要請に基づくものであるとすれば、憲法改正以外の方法による改革は違憲と評価されざるを得ないことになる。たとえば政治学者の川人貞史は、日本の議院内閣制は、「権力分立制が前提とされているために、議院内閣制が権力の融合となるイギリスとは異なり、権力分立制と組み合わされた国会中心主義と議院内閣制になっている」と述べ、議事運営について、そこから演繹的に「政党間協調の慣行と内閣による議事運営への介入を排除する制度」がもたらされたとしているが（川人 2018: 10-11 : 2015: 37-50）、この説明は、日本国憲法の採用する「権力分立と組み合わされた議院内閣制」の下では、〈議院の議事運営への内閣の関与〉は排除されなければならないとしているように見受けられる。

しかし先に述べたように、権力分立を解釈の決め手とするのではなく、具体的な条文に照らしながら、〈議院の議事運営への内閣の関与〉について考える必要がある。この点についての憲法学

（4）竹中論文も指摘しているとおり、これが内閣提出法案の事前審査という慣行が成立した要因のひとつとなっている。党内での事前審査に対する批判は少なくないが、言うまでもなく、その改革のためにはこうした要因から考えていかねばならない。

からの考察は少ない中、例外的に上田健介の研究がある（以下、特に上田 2012: 574-577）。

まず、国会は「国権の最高機関」（憲法41条）であり、そこから「国会単独立法の原則」が導き出される。これは、「国会による立法は、国会以外の機関の参与を必要としないで成立する」（芦部 2019: 307）という原則であるが、他の機関の立法過程への関与を一切禁止する原則ではない。事実、内閣の法律提案権について、それが憲法72条に言う「議案」に含まれること、国会は法律案を自由に修正・否決できること、さらに「議院内閣制の下では国会と内閣の協働が要請」されていることを挙げて、これを合憲とするのが通説である。これと同様の理屈により、〈議院の議事運営への内閣の関与〉を認めることが可能である。

次に、議院の議事運営に関する自律権との関係が問題となる。「運営に関する自律権は、議院内での議案審議・議事進行や議場秩序のあり方などを自主的に決定することのできる権能」であり、「議院自律権の中核を形づくるもの」とされる（大石 2014: 178；芦部 2019: 327）。この議院自律権が、〈議院の議事運営への内閣の関与〉との関係で問題となるわけであるが、上田が指摘しているように、議院自らが議院規則によってそれを認めるのであれば、議事運営のすべてを内閣に委ね、議院の議事運営権を没却させるものでない限り、〈議院の議事運営への内閣の関与〉の一切が違憲と評されることはなかろう。

さらに、議会制度の専門家である大山礼子が、国会審議の空洞化の一因として、「日本の国会は何らの制約も受けることなく、自由に内閣提出法案を修正し、あるいは否決しうる強力な権限を有しているのだが、そのことが逆に国会の場での自由な審議を妨げてきたと考えられよう」と指摘し、「内閣に内閣法案の国会審議をある程度コントロールする権限を与えることは、内閣のリーダーシップを確保しつつ、国会の審議を実質化する方策として検討に値しよう」と述べていることが注目される（大山 2007: 124）。これは、〈議院の議事運営への内閣の関与〉は、国会に対する「内閣機能の強化」という側面のみならず、国会の審議の実質化という意味で「国会機能の強化」という側面も有するものであるという指摘であり、一方的に国会に対して内閣が優位するという意味での「内閣機能の強化」とは異なることが示されているからである。

〈議院の議事運営への内閣の関与〉に対して、「権力分立（三権分立）に反する」という批判が予想されるというのは竹中論文の見立てどおりであるが、〈そもそも日本の議院内閣制は権力分立ではない〉という理由によってこの批判に反論した竹中論文とは異なり、本稿では以上にみた解釈に基づいて、当該改革は権力分立に反すると直ちには言うことはできない、と応答することになろう。

［附記］本稿の校正時に、高橋雅人「執政への『民意の反映』」論究ジュリスト33号（2020年）47頁以下に接した。

参考文献

芦部信喜（高橋和之補訂）2019『憲法〔第7版〕』岩波書店．
新井　誠 2017「政府の統制―与党（多数党）と野党（少数党）」法学セミナー755号．
飯尾　潤 2007『日本の統治構造―官僚内閣制から議院内閣制へ』中公新書．
上田健介 2012「議院の議事運営に対する内閣の関与について」大石眞先生還暦記念『憲法改革の理念と展開　上巻』信山社．
――― 2013『首相権限と憲法』成文堂．
――― 2015「首相・内閣に対する統制」憲法問題26号．
――― 2016「議院内閣制」大石眞（監修）『なぜ日本型統治システムは疲弊したのか』ミネルヴァ書房．
――― 2017「選挙・内閣・アカウンタビリティ」法学セミナー755号．
大石　眞 2008『憲法秩序への展望』有斐閣．
――― 2014『憲法講義Ⅰ〔第3版〕』有斐閣．
大山礼子 2007「国会改革の目的―内閣主導と国会の審議権」土井真一（責任編集）『岩波講座憲法4　変容する統治システム』岩波書店．
岡田信弘 2005「統治構造論の再検討」公法研究67号．
木下和朗 2019「日本における首相統治の制度基盤とその統制」憲法研究5号．
川人貞史 2015『議院内閣制』東京大学出版会．
――― 2018「国会運営の比較政治的特徴」法律時報90巻5号．
小嶋和司 1988『小嶋和司憲法論集二　憲法と政治機構』木鐸社．
佐藤幸治 2002『日本国憲法と「法の支配」』有斐閣．
白井　誠 2013『国会法』信山社．
高橋和之 1994『国民内閣制の理念と運用』有斐閣．
――― 2006『現代立憲主義の制度構想』有斐閣．
――― 2015「日本国憲法は『合意形成型』と適合的か」高見勝利先生古稀記念『憲法の基底と憲法論』信山

社.
――――2020『立憲主義と日本国憲法〔第5版〕』有斐閣.
高見勝利 2008『現代日本の議会政と憲法』岩波書店.
竹中治堅 2006『首相支配―日本政治の変貌』中公新書.
辻村みよ子 2018『憲法〔第6版〕』日本評論社.
原田一明 2010「議会の調査・監督機能―国会による『政府』統制の意義と限界」公法研究72号.
PHP「統治機構改革」研究会 2019「統治機構改革1・5&2・0―次の時代に向けた加速と挑戦―」PHP総研.
樋口陽一 2007『憲法〔第3版〕』創文社.
ブドン、ジュリアン 2015「権力分立の理論」北大法学論集65巻6号.
待鳥聡史 2012『首相政治の制度分析―現代日本政治の権力基盤形成』千倉書房.
毛利　透 2014『統治構造の憲法論』岩波書店.
本　秀紀 2012『政治的公共圏の憲法理論』日本評論社.
山口二郎 2007『内閣制度』東京大学出版会.
山本龍彦 2018「政官関係と司法についての覚書―公務員制の憲法的再定位」判例時報2372号.
吉田俊弘・横大道聡 2019a「どのような統治制度にするのか（上）」法学教室468号.
――――2019b「どのような統治制度にするのか（下）」法学教室469号.

第5章

司　法

概観

1　制度

選挙制度改革を皮切りに1990年代以降に断続的に行われた一連の憲法体制改革において、司法制度改革は「最後のかなめ」(司法制度改革審議会ウェブサイト「司法制度改革審議会意見書」)として位置づけられた。裁判所も、国会や内閣と同じように統治構造の一翼を構成しているはずなのに、人権保障の側面だけで理解されることが多く、国民主権との関連が明確でなかった。

「司法に対する国民の理解の増進とその信頼の向上に資すること」(裁判員法1条)を目的に、一部の刑事裁判において、裁判官3名と、国民から無作為で抽出された裁判員6名が一緒になって有罪・無罪の認定だけでなく、量刑まで評決する裁判員制度が2009年5月に導入された。2018年末の時点で、1万1000件以上の裁判員裁判が実施され、約8万9000人の国民が裁判員や補充裁判員として刑事裁判に参加した(最高裁判所事務総局ウェブサイト「裁判員制度10年の総括報告書」)。大日本帝国憲法下で陪審制度が運用された時期(1928～1943年)があるが、21世紀になって司法も国民主権の観点から、特に政治部門との関係をデザインし直すのは、グローバルな潮流である。

最高裁判所(以下「最高裁」)をどのように構成するかは憲法、裁判所法や最高裁規則によって規定されている。長官は、内閣の指名に基づいて天皇が任命し(憲法6条2項)、その他の判事は内閣が任命する(同79条1項)。下級審の場合も全員、内閣が任命するが、「最高裁判所の指名した者の名簿によつて」

（同80条1項）と限定されている。それがそのまま認められる限り、内閣や国会など政治部門は裁判所内部の人事には直接は関与しないということである。同時に、最高裁は判事の人事を司る事務総局を通じて下級審を統制することができる。

一方、最高裁については内閣以外の国家機関による関与は想定されておらず、国会による同意も不要である。事後的に国民審査があるだけで、法令上は、内閣だけで最高裁を任意に構成することができる。

最高裁判事の定数や任期、任用資格は憲法では定められておらず、裁判所法に委ねられている。定数は長官を含めて15人（5条3項）で、定年は70歳である（50条）。任用資格は「識見の高い、法律の素養のある年齢40年以上の者」で、10人以上は法曹か法律学の（准）教授でなければならないとされる（41条1項）。判事の身分は保障され、国民審査や弾劾裁判に拠らなければ罷免されないため、法令上は、若く任命されればそれだけ長く務めることができるし、定年規定を国会の過半数で変更すれば、終身制に近づく。

2　安倍内閣と最高裁・内閣法制局

２０１２年12月に成立した安倍晋三内閣の下でも、最高裁人事に関する法令は何も改正されていない。２０２０年4月現在、15人の最高裁判事は全員、安倍内閣によって指名・任命された人物である。安倍内閣はこれまでに2人の長官を指名したが、最高裁判事の中から指名するという慣例を守っている。第18代長官の寺田逸郎は法務省での勤務が長いし、第19代長官の大谷直人も最高裁事務総長を歴任するなど「司法官僚」である点も変わりがない。その他の判事についても、最高裁長官から意見を聞いた上で安倍内閣が任命し、「裁判官6、弁護士4、学識者5（大学教授1、検察官2、行政官2）」という「15人の出身分野」の慣例も基本的に維持している（首相官邸ウェブサイト「最高裁裁判官の任命について」）。

日本で法令違憲判決が10件と少ないのは、そもそも法制化の前に内閣法制局によって法案が事前に審査されているからだと言われることがあるが、その名のとおり、法制局は内閣の一部局、リーガル・アドバイザーにすぎない。法制局はキャリア官僚を独自に採用せず、法務省、財務省、総務省、経済産業省からの出向者を充て、第一部長から次長を経て長官へと内部昇任させるのが慣例だったが（阪田 2014：牧原 2018）、安倍内閣は2013年8月に外務省の小松一郎・駐仏大使を同長官に任命した。悲願の憲法9条改正が実現しなくても、集団的自衛権の行使を一部でも認めさせるためには、法律を整備するとともに既存の政府解釈との整合性をとっておく必要があった。その後、政府解釈の変更（2014年7月）と前後して小松が辞任すると、次長から長官に昇任する慣例に戻った。この間、内閣法制局設置法は改正されていない。

3　憲法改正と制度改革案

憲法を改正しないと変えることができない司法制度としては憲法裁判所（以下「憲法裁」）の設置が挙げられる。日本では下級審も含めて一般の裁判所が違憲審査を担っているが（憲法81条）、「法律上の争訟」（裁判所法3条1項）に限られている。こうした中、日本維新の会は教育無償化や地域主権とあわせて、抽象的違憲審査も担う憲法裁の設置に関する憲法改正原案を提示している。立憲民主党の山尾志桜里議員（2020年3月に同党を離党）も「立憲的改憲」を掲げ、憲法改正を通じて、個別的自衛権を明記するとともに、憲法裁の設置によって違憲審査を活性化することによって、立憲主義を強化できると主張している（山尾 2018）。

（浅羽　祐樹）

参考文献

阪田雅裕（川口創・聞き手）2014『「法の番人」内閣法制局の矜持』大月書店.

牧原出（編）2018『法の番人として生きる―大森政輔元内閣法制局長官回顧録』岩波書店.

山尾志桜里 2018『立憲的改憲―憲法をリベラルに考える7つの対論』ちくま新書.

Ⅰ 分析と論点

司法を政治学する

浅羽 祐樹

「統治のデザイン」において、司法は〝据わりが悪い〟と映るかもしれない。日本の憲法学、たとえば講義や教科書では、「統治機構」と「人権」の2部構成になることが多い。その中で司法は、国会や内閣と並ぶ統治機構のひとつというよりは、それら政治部門の多数派による侵害から少数派や個人の人権を保障する「最後の砦」として位置づけられている。選挙制度改革以降、有権者が国会（議員）だけでなく政党・政策、さらには内閣（総理大臣）も事実上直接選ぶようになったが、司法は非選出機関のままで、多数決としての民主主義とは別の原理に基づいて現に運営されているし、厳にそうすべきであるという規範意識が強い。しかし、それも、そもそも日本国憲法の制定時に、主権者たる「日本国民」（前文）が、司法（第6章）を国会（第4章）や内閣（第5章）との関係においてそのように構成し、その後70年間以上、そうした「この国のかたち」を改めずに、不断に「選び直してきた」「承認し続けてきた」からである。「多数派の専制」から司法を切り分けるという「当初の／根源的な」選択・決断こそ、「統治のデザイン」そのものである。

一方、政治学においても、制度の帰結やその生成・持続・変化のダイナミズムに関する比較研究の対象になるのは選挙制度、執政制度、政党制度、議会制度などが主で、司法制度は長らく等閑視されてきた。米国などとは異なり、日本では政治学が法学部の中で教えられる場合が多いという大学の組織編成を考慮すると、この間隙自体がパズルである。

本稿では、司法、その中でも最高裁判所（以下「最高裁」）は――組織全体としても、個々の判事も――内閣（総理大臣）や国会（議員）、政党や有権者／国民などとの相互作用の中で、行動を選択する戦略的プレイヤーと捉える。具体的には、人事、法廷判決（特に法律の違憲審査）や各判事の個別意見、さらには政党間の政権交代との関連について分析する。そうすることで、司法も――いや司法こそ――政治学的に分析すべき対象であり、内閣や国会と同じように分析できるということを示す。

1　最高裁の人事

日本国憲法の公布・施行によって1947年8月4日に最高裁が発足して以来、2020年4月現在で178人の判事（そのうち15人がのちに長官を歴任または在職中）が任命されたが、その名前をひとりでも言える日本国民はまずいないだろう。この間、長官は19人（判事から昇任・任命された15人と当初より長官に任命された4人）を数え、内閣総理大臣（31人）や衆議院議長（34人）より平均在任期間が長いが、内閣による最高裁人事が党派的な争点や国民的な関心事になったことはほとんどない。

2013年8月に最高裁判事に任命された山本庸幸もそのひとりである。山本は同年7月に退任した竹内行夫の後任として、内閣法制局長官から最高裁判事に転出した。同じ行政官の出身（竹内は外務事務次官歴任）で、国家公務員の俸給表上は明らかに「栄転」だが、事実上「左遷」として受けとめられた。当時、集団的自衛権の行使を容認する法整備を推進していた安倍晋三首相にとって、政府の有権解釈と法案の事前審査を担う法制局は、自らが確実に統制すべき／できる内閣の一部局にすぎなかった。そこで、安倍内閣は民主党政権期の2011年12月に法制局長官に任命された山本を「上がりのポスト」「15人のうちのひとり」に「祭り上げた」代わりに、腹心の外務官僚（国際法に関する政府の有権解釈を担当する外務省国際法局長を歴任）を同長官に据えた。

この内閣法制局長官の「異例の人事」（日本経済新聞2013年8月2日）は国民的な関心を呼んだ一方で、直後に断行された山本の最高裁人事はほとんど注目されなかった。この対比は一見奇妙だが、最高裁判事の人事には、国民や与野党だけでなく、内閣にとっても死活的な利害（interests）がかかっていない分、関心（interests）が少ないということを象徴的に物語っている。事実、この間、最高裁判事の人事について問われたのは、「選考過程、選考理由」（首相官邸・後掲ウェブサイト）の「透明性・客観性の確保」（司法制度改革審議会・後掲ウェブサイト）であって、個別の判事の適格性や内閣の政治的意図ではなかった。

それに、最高裁判事の人事は内閣が単独で行うことができるため、国会や政党による関与はそもそも想定されていない。むしろ、憲法訴訟を含む最終審である最高裁に対する制度的な牽制というのが、内閣による関与の本来の趣旨である。

内閣が任命する上で国会における同意が必要なポストは約40機関・250人以上に及ぶが、いずれも法律に拠る規定で、会計検査院検査官、人事院人事官、原子力規制委員会委員（長）、衆議院議員選挙区画定審議会委員、日本放送協会（NHK）経営委員会委員、日本銀行総裁・副総裁・政策委員会審議委員、カジノ管理委員会委員（長）などが含まれている。同意人事に関して衆議院の優越はなく、衆参ねじれ国会になると、政府案がしばしば否決された。

最高裁判事の場合、議決要件が2分の1だと党派的対立の焦点になるのは避けがたいが、たとえば憲法改正の発議と同じように3分の2を要件にすると、超党派の正統性を付与することにつながるかもしれない。議院内閣制における司法人事で国会同意を求めるのは権力分立の観点から行き過ぎだとすると、聴聞会を開催し、識見を訊くだけにとどめることもできる。現在、最高裁判事の任命にあたって、内閣は最高裁長官から意見聴収を行い、「出身分野」ごとの比率も維持しているが、いずれも法規上の根拠はなく、慣例にすぎない。

任命後も、最高裁判決や各判事に関する情報がほとんど国民に知らされていないため、衆院選にあわせて実施される最高裁判事に対する国民審査が形骸化するのは、当然の帰結である。毎回、公報が各戸に配布され、略歴や「裁判官としての心構え」とともに、「最高裁判所において関与した主要な裁判」が記されていて、個別意見の一端が窺い知れるように一応なってはいるが、専門的すぎてまず理解されない。一票の格差是正に取り組む団体は、違憲判決に消極的な判事を名指しし、バツ印を記入し罷免するように促しているが、これまでに罷免された判事はひとりもいない（西川 2012：升永 2020）。そもそも、たとえ罷免されたところで、後任を決めるのは時の内閣であり、その意のままである。

もちろん、司法人事のありようは国ごとに異なり、議院内閣制か大統領制か、連邦制か単一国家か、別に憲法裁判所（以下「憲法裁」）が設置されているかなどによって規定される。三権分立を徹底する米国では、「ザ・ナイン」（トゥービン 2013）こと、9名の連邦最高裁判事の人事は常に国民的な関心事であるし、党派的な争点になる。

合衆国憲法では、連邦裁判所の判事は全員、地裁・控訴裁・最高裁を問わず、大統領が指名し、議会上院で過半数の賛成を経て任命されることになっている。8年ぶりの政権交代を実現したトランプ大統領は、空席が生じていた連邦最高裁判事の人事に2017年1月の就任後直ちに着手し、保守派のゴーサッチを指名、上院の承認を経て、4月に任命した。上院での表決は党派ラインに沿ったもので、共和党議員は全員賛成、かたや民主党からの「造反」は3票にすぎなかった。この人事は、共和党のレーガン大統領が1986年に任命して以来、30年近く在職した保守派のスカリア判事が前年に死亡したことにともなう。

それでも最高裁内の党派バランスは4（保守）対4（リベラル）対1（中道）のままで保たれたが、キャスティング・ボートを握っていた中道のケネディ判事が2018年7月に引退し、保守派のカバノーが10月に任命されると一気に保守優勢に傾いた。それだけ、判事一人ひとりの性向が重要で、その人事は党派的な争点になるし、連邦最高裁は大統領や議会、政党や各州とともに「国のかたち」を不断につくっていく主要なアクターであると、米国では広く国民に理解されている。

連邦最高裁には現在、80歳を超える判事が2人（ギンズバーグとブライヤー）在任しているが、いずれもクリントン大統領が任命したリベラル派である（阿川 2016）。これらの後任人事もトランプ大統領が行うことになれば、連邦最高裁の党派バランスが今後長い間保守派に傾いたままになるが、その行方はトランプ大統領の再選如何、3分の1ずつ改選されるため下院ほどは変わりにくい上院の党派構成、そして各判事の「退出（引退／死亡）」戦略次第である。

2 最高裁判事の個別意見

日本の最高裁が１９４７年に創設されて以来70年あまりで女性の判事はわずか６人しかいない。労働省婦人少年局長を歴任した高橋久子が最初に最高裁判事に任命されたのは、男女雇用機会均等法が制定されてから９年後の１９９４年のことで、一時（２０１３年２月～２０１７年１月、２０１８年１月～２０１９年２月）、小法廷に１人ずつ、３人が同時に在任したこともあるが、２０２０年４月現在、宮崎裕子判事ただひとりである。その出身分野は行政官３、弁護士２、大学教授（裁判官歴任）１で、検察官はいない。

裁判官出身判事は高裁長官からの任命で、最高裁事務総局の主要ポストを歴任している。最高裁長官は歴代19人のうち15人が判事出身で、特に直近の３代は、２００９年から始まった裁判員制度の導入に関与した人物である。検察官の場合も高検検事長からの任命で、法務省の主要ポストを歴任している。

年齢要件は法令上「年齢40年以上」となっているが、１９６４年に57歳で任命された田中二郎以降、全員が60歳以上である。２０００年以降に任命され、すでに退任している判事39人の平均在任期間は５年８カ月である。かつては51歳で任命され18年以上在任した判事（入江俊郎）もいたが、最高裁判事は「上がり」のポストで、下級審での判例などを通じて内閣は各判事の性向を把握した上で任命することができる。

裁判は合議制で、多数決で法廷意見が決まるが、最高裁のみ各判事の個別意見が公開される。法廷意見と結論は同じだが理由が異なる「意見」や、結論が異なる「反対意見」など多様な意見が司法内部にも存在することが明らかになると、当事者が結果を受け入れやすく、広く一般国民の司法に対する信頼にもつながるという見方もある（大林・見平 2016）。さらに、最高裁判事一人ひとりに対する国民審査の判断材料として活用することもできないわけではない。もし個別意見の分布に判事の出身分野や性別など何らかのカテゴリーごとに有意な差があるとすると、内閣は任命にあたってプロフィールを当然考慮するだろうし、その結果が現状なのかもしれない。

そこで、最高裁判決すべてについて網羅的に検討することはできないが、社会的に反響を呼んだり、政治的に敏感な公職選挙法（以下「公選法」）が焦点になったりした違憲審査に関する個別意見の分布を検討してみよう。最高裁は２０１５年12月に、女性に限って再婚禁止期間を６カ月と定めた民法の規定について、１００日を超える部分は違憲であるとした（最高裁平成27年12月16日大法廷判決（民集69巻８号２４２７頁））。これに対して、鬼丸かおる判事は期間を設けること自体が違憲であるという意見を著したし、山浦善樹判事は国家賠償も認めるべきだとする反対意見を著した。鬼丸・山浦の両判事はいずれも弁護士出身である。

また、同じ日に最高裁は、夫婦同姓を定めた民法の規定について合憲としたが、５人の判事は違憲とする個別意見を著した（最高裁平成27年12月16日大法廷判決（民集69巻８号２５８６頁））。当時、最高裁には鬼丸のほかにも、大学教授出身（裁判官歴任）の岡部喜代子と行政官出身の櫻井龍子という女性判事がいたが、３人とも違憲という判断だったため、「女性判事は違う」「判事に女性をもっと任命すると、最高裁を変えられる」という声が出た。もっとも、前述の山浦や木内道祥という弁護士出身の男性判事も同じ違憲という個別意見だったため、「弁護士出身は違う」ということだったのかもしれない。

選挙制度という基幹的政治制度を定める公選法は政治家、政党、内閣それぞれにとって死活的利害がかかった法令である。最高裁が法令そのものを違憲としたのは10件しかないが、３件が公選法に関するもので、そのうち2件は１９７２年・１９８３年の衆院選における一票の格差に関連する。過大代表された農村部の選挙に強く、現職議員が多いため、それだけでも調整コストが大きい自民党が自ら是正するインセンティブがない中で、安倍政権期に衆院選でアダムズ方式や参院選で合区を導入する法改正に応じざるを得なかったのは、最高裁が「警告」を強めてきたからである（佐々木 2013）。

最高裁は２００９年・２０１２年・２０１４年に実施された3回の衆院選と、２０１０年・２０１３年に実施された2回の参院選について相次いで「違憲状態」とした。一票の格差は法の下の平等に反するが、「憲法の予定する司法権と立法権の関係」に鑑みて、その是正に向けて取り組む立法裁量が国会にまだ残っているというのである。ただ、「違憲だが事情判決の法理などで有効」、さらには「違憲かつ無効」という個別意見も毎回付された。そのほとんどは弁護士出身判事によるものである。その中で、2012年衆院選に関して、裁判官出身の大谷剛彦判事が「違憲だが有効」という個別意見を著したのは特記すべきことである。

2017年衆院選と2016年参院選について最高裁は国会による是正努力を認めて「合憲」としたが、それぞれ「違憲状態」「違憲だが有効」「違憲かつ無効」という個別意見が付された。これには弁護士出身判事のほかに、行政官出身判事によるものもみられる。なかでも、集団的自衛権の行使容認に向けた法整備を進める上で安倍内閣が内閣法制局長官から転じさせた山本庸幸判事は、「投票価値の平等は唯一かつ絶対的基準」として、最大最小比率（いわゆる一票の格差）でなく「投票価値の偏差」（最高裁昭和51年4月14日大法廷判決〔民集30巻3号223頁。強調は引用者〕）を基準に、それが2割を超えると「違憲かつ無効」とした。議員定数の不均等配分（malapportionment）の問題は本来、選挙区全体に関するもので、最高裁自身、1976年に公選法を初めて違憲にした際にそのように判示していた。

なお、山本は最高裁判事就任に際して、憲法解釈を変更して集団的自衛権を容認するのは難しく、実現するには憲法改正が適切であるという異例の発言をしたことがある。ただ、その後、政府の憲法解釈を変更して2015年9月に成立した平和安全法制が最高裁で違憲審査される前に、山本判事は退任した。日本では付随的違憲審査制が採られているため、憲法訴訟の当事者性が常に問われる。

3 政権交代と司法

判事一人ひとりの性向が最高裁の違憲審査に影響を及ぼす以上、政党間で政権交代が起きれば、任命権者は自らと性向の近い人物を判事に据えようとするのは当然である。だからこそ、トランプは大統領選挙の公約として連邦最高裁判事の候補者リストを提示することで保守派の有権者から支持を得たし、終身制の判事が自ら退くという好機に、その中からカバノーを指名し、上院で多数派だった共和党議員も党派ラインに沿って同意した。最高裁の党派バランスを保守優勢に変えただけでなく、就任時に53歳と若いカバノーは、最長8年間の大統領の任期よりもはるかに長く最高裁にとどまり、今後民主党に政権が交代しても、妊娠中絶や同性愛などアメリカ社会を二分する問題に関して党派的な立場を示すのは間違いない。

トランプ大統領が任命したもうひとりのゴーサッチ判事も就任時49歳と若いが、オバマ（民主）、G.W.ブッシュ（共和）、クリントン（民主）がいずれも2人ずつ任命した際も、共和党大統領は保守派、民主党大統領はリベラル派をそれぞれ選好／選考した。しかも、クリントンが任命した

（1）2019年参院選については、高裁判決が出揃い、「違憲状態」2件、「合憲」14件である。最高裁判決は2020年中に示されることが確実である。

ギンズバーグ判事（60歳）以外は就任時に50代で、2020年4月現在、全員、現職である。さらに、G.H.W.ブッシュ（共和）大統領が1991年に任命した保守派のトーマス判事（就任時43歳）も現職で、終身制の連邦最高裁判事は任命権者である大統領の党派性を政権交代後にまで長くとどめるため、就任時の年齢、つまり「若さ」が重要である。

戦後日本は自民党の単独政権が長く続いたが、政権交代の結果、非自民8会派の細川護熙内閣・羽田孜内閣（1993年8月～1994年6月）や民主党政権（2009年9月～2012年12月）が成立したことがある。それだけでなく、自民党が政権にあるときも、村山富市内閣（1994年6月～1996年1月）は社会党首班の連立政権だし、1999年10月以降、公明党との連立が続いている。果たして、非自民への政権交代や連立政権の常態化によって、最高裁判事の任命パターンは自民単独政権期と比べて変わったのか。ラムザイヤーらは細川・羽田内閣と村山内閣について分析したことがあるが、民主党政権や自公連立についても同じように分析する（Ramseyer & Rasmusen 2006）。

細川内閣で4人（羽田内閣は短命だったため0人）、村山内閣で5人、民主党の鳩山由紀夫内閣で5人、菅直人内閣で2人、野田佳彦内閣で3人の最高裁判事が任命されている。ラムザイヤーらの仮説は、これらの内閣が自民党単独政権期との違いを明確にし、政権交代後にも影響を及ぼそうとしたのならば、年齢が若く、裁判官よりも弁護士や大学教授を任命したはずだというものである。

任命時の平均年齢は、64歳（細川）、62・2歳（村山）、64歳（鳩山）、62・5歳（菅）、64歳（野田）（民主党政権期をまとめると63・7歳）で、自民党単独政権期と特に差がみられない。また、弁護士や大学教授出身の比率は、0・25（細川）、0・4（村山）、0・2（鳩山）、0（菅）、0・67（野田）（民主党政権期をまとめると0・3）で多いようにもみえるが、これはどの「枠」出身判事の後任人事だったのかに拠っているだけで、15人の判事における裁判官6・弁護士4・大学教授1・検察官2・行政官2の構成比率はそのまま維持された。

これらの内閣による最高裁人事で特記すべきなのは、細川内閣が任命した高橋久子判事と村山内閣が任命した藤井正雄判事である。行政官出身の高橋は女性初の最高裁判事である。細川首相は「三権のうち、立法府には土井〔たか子〕衆院議長、行政府には三人の女性閣僚がおり、あとは司法だけだった。重要ポストに女性を起用する姿勢を連立政権として定着させたい」と強調した（読売新聞1994年1月14日）。

藤井判事は大阪高裁長官からの任命だが、判事補時代に青年法律家協会（以下「青法協」）に加入していたことがある。青法協は裁判官、弁護士、修習生などが結成し、日米安保、ベトナム戦争、日韓国交正常化に対する反対運動を展開するなど「政治的色彩を帯びた団体」（岸盛一・最高裁事務総長〔のちに最高裁判事〕の談話、1970年4月）として最高裁や自民党政権に警戒されていた。憲法上、下級審の裁判官の任期は10年で、「再任されることができる」（80条1項）と規定されているが、判事補だった宮本康昭は1971年に初めて再任を拒否された（岩瀬 2020：黒木 2016）。宮本だけでなく、同時に任官を拒否された7名の修習生のうち6名も、青法協に加入していた。また、任官拒否や再任拒否ほどではなくても、青法協への加入は裁判官の昇任時期を遅らせるという研究（Ramseyer & Rasmusen 2001）もあるし、影響はないという研究（Fukumoto & Masuyama 2015）もある。下級審の判事も内閣が任命するが、その人事は事実上、最高裁事務総局が司っている。最高裁は、行政訴訟や憲法訴訟で国に不利な判断を示した裁判官を地方の支部などに「干す」ことで、内閣や保守政党（自民党）の意向を「忖度」すると同時に、下級審を統制してきたと言える（ロー 2013）。

最高裁判事人事における年齢や出身分野ごとの構成比率は自公連立政権でも何も変わらない。公明党は毎回閣僚に議員を1人送り込んでいるが、他の人事でその意向が明確に反映されているわけではない（中北 2019）。

議席数では圧倒的な差があるにもかかわらず、集団的自衛権の行使を容認する平和安全法制や憲法改正など、自民党、特に安倍首相が精力的に推進する政策において、公明党はブレーキをかけることに成功しているという（Liff & Maeda 2019）。その支持母体である創価学会がよくまとまっていて選挙において確実に票としてカウントできるためであるが、その「平和・文化・教育」という選好が他の方法で示されても何も不思議ではない。奇しくも、公明党の執行部には弁護士資格を有する人物が多い。

社会党も、自民党の政権復帰に与した際に、村山富市を首相に据えるのではなく、憲法学者でもあった元委員長の土井たか子（当時、65歳）を最高裁判事に送り込んでいたら、「この国のかたち」は大きく変わっていたかもしれない。とはいえ、当時、衆議院の選挙制度改革が合意されるのがやっとであり、司法は言うまでもなく、参議院や地方議会の選挙制度との整合性など、基幹的政治制度の全体をアンサンブルとしてデザインすることが重要であるとはまるで認識されていなかった。

4　最高裁の違憲審査

日本国「憲法は、国の最高法規であつて、その条規に反する法律、命令、詔勅及び国務に関するその他の行為の全部又は一部は、その効力を有しない」（98条1項）と自ら謳《うた》うことで、史上初めて米国で判例を通じて確立した違憲審査権を司法に明確に付与している。フランスのように法律の施行前に違憲審査を行ったり、ドイツのように別に設置された憲法裁が専管したり、韓国のように個人が直接憲法訴願を提起したりする場合もあるが（曽我部・田近 2016）、日本では一般の裁判所が具体的な紛争を解決する上で憲法にまで立ち返らざるを得ない場合に限って違憲審査が行われる。下級審も違憲判決を著すことができるが、最高裁まで争われるのが常で、その動向が決定的に重要である。

１９４７年の創設以来70年あまりで最高裁が法令の規定そのものを違憲としたのは10件しかな

く、日本は世界的にも司法消極主義の典型例であると言われる。最初の法令違憲判決は1973年で、尊属殺人の罪刑を一般殺人より重くする刑法の規定に関して、法の下の平等（憲法14条1項）に反するため違憲であると判断した。その後、検察は同罪での起訴を見送り、事実上死文化したが、規定自体が改正されたのはその後22年も経った1995年のことで、それも刑法全面改正の一環として初めて可能になった。最高裁は法令を違憲にすることはできても、そのまま「履行（implement）」することはできず、法改正はあくまでも立法権を有する国会に委ねられている。

2件目の法令違憲判決は1975年で、薬局の新設において既存の店舗との距離を制限した薬事法の規定に関して、最高裁が職業選択の自由（憲法22条1項）に反するとして違憲と判断すると、国会は直ちに法改正に応じた。3件目（1976年）・4件目（1985年）はいずれも衆院選の区割りを定めた公選法の規定に関するもので、最高裁は違憲にしつつも、無効にすると法改正を行う国会そのものが成り立たなくなってしまうため、選挙そのものは有効とした。その後も、最高裁は一票の格差に関する違憲審査において、「憲法の予定する司法権と立法権の関係」に鑑みて、法の下の平等に反していても、その是正に向けて取り組む立法裁量が国会にまだ残っている場合には「違憲」にせず、「違憲状態」という判断にとどめている。

こうした司法のありようは日本の最高裁にだけ特有なわけではない。たとえば、ドイツ連邦憲法裁も違憲審査にあたって、議会や政府、さらに国民がその後どのように反応するかをあらかじめ織り込んだ上で行動を選択しているという（Vanberg 2004）。ある法令を違憲にしたときに議会がそれを尊重し法改正に応じるという展望があれば、憲法裁は違憲にしやすい一方で、議会が応じなかったり国民が反発したりしそうな場合には、そもそも違憲にしにくい。司法も、立法や違憲審査をめぐる〝ゲーム〟において、議会や政府、国民などと同じように、相互作用の中で自らの行動を選択している戦略的プレイヤーであるとみなす見方は、「司法政治論（judicial politics）」では当然のことである（網谷 2018：建林・曽我・待鳥 2008: 237-268：日本政治学会 2018：見平 2012）。「国民情緒法（中位有権者の選好）」に反応するのは韓国の司法だけでは決してない。

違憲審査における各国の司法の姿勢は、議会や政府からの独立性、法令上付与された権限や任期だけでなく、政党間の政権交代の有無によっても左右される。特定の政党が長年議会や政府を占める状況だと、裁判所（や個々の判事）は政治部門からの報復を恐れ、違憲審査に謙抑的になる。一方、政権交代がいつでも起きる状況だと、その時点での多数派の意向だけを汲むと将来の多数派に睨まれるというリスクが高まるため、違憲審査には是々非々で臨む。こうした相違は、特に新興民主主義体制の定着において司法が果たす役割を左右する（知花・今泉 2019：外山 2020）。

たとえば1987年に民主化し、憲法改正とともに創設された韓国憲法裁は違憲審査に積極的である。それ以降30年間で、韓国憲法裁は法律の違憲審査では956件のうち282件（29・5％、年平均9・4件）を違憲・無効にしている。違憲を確認しつつも直ちには無効にせず、法改正の期限や方向性を国会に示す「憲法不合致」にしたのも77件（8・1％、年平均2・6％）ある。また、憲法訴願は3万3878件（月平均94・1件）も提起され、その6割以上を却下しつつも、355

件（1・0％、年平均11・8件）を違憲・無効、169件（0・5％、年平均5・6件）を憲法不合致にしている。両方をあわせると、韓国憲法裁は1カ月に2・5件ほどなんらかのかたちで違憲を確認することで、存在感を示している（韓国憲法裁判所・後掲ウェブサイト）。

その中には、大統領の政権公約であり、議会で与野党が同意した政策（首都移転）や、戸主制や同姓同本不婚など儒教文化に由来する制度も含まれている。さらに、直近の議会選挙で13議席を獲得した政党について、その目的や活動が「民主的基本秩序」（韓国憲法8条4項）に違反しているとして解散させたり、2人の大統領の弾劾を審判し、1人を罷免したりするなど、憲法裁は「憲政秩序の守護者」であると自任している。「我ら大韓国民」（同前文）も、大統領、議会、大法院（韓国最高裁）、政党、軍などのアクターの中で、憲法裁をもっとも信頼している。

それだけ多様な利害＝関心（interests）がかかった問題が司法に持ち込まれるようになると、討議や妥協を通じて解決すべき議会が本来の機能を果たせなくなり、国民の政治不信も高まる。特に朴槿恵大統領に対する弾劾訴追・審判・罷免の過程は憲法の規定に則って進んだものの、「ろうそく集会」という国民の直接行動が原動力になったため、憲法秩序や代議制民主主義のあり方と「我ら大韓国民」の関係が争点になった（康 2019）。

こうした「政治の司法化（judicialization of politics）」は「司法の政治化（politicization of the judiciary）」と表裏一体である。司法が「国のかたち」や家族のあり方を「最終決定」するようになると、誰を裁判官にするか、特に最高裁（／憲法裁）人事をめぐって党派的対立が強まり、「文化戦争」の様相を見せるようになるのは、むしろ当然のことである。

5 司法制度改革と「この国のかたち」

憲法は「特別裁判所」（76条2項）の設置を禁じているため、最高裁など一般の裁判所とは別に、違憲審査を専管する憲法裁を設置するためには、憲法を改正する必要がある。日本維新の会は2016年に具体的な憲法改正案を示し、現行の付随的違憲審査だけでなく、フランス憲法院のように公布に先だって法令の抽象的違憲審査も担う憲法裁を設置することを提案している。衆議院、参議院、最高裁が「識見が高く、かつ、法律の素養のある者」から4人ずつ任命し、その長は憲法裁判事が互選するとしている。任期は6年で、再任はないという案である。憲法裁は「国会・内閣に類する政治的色彩を有する機関である」ため、「第6章　司法」の前に、「第4章　国会」「第5章　内閣」に続いて「第5章の2」として位置づけるのが適当であるという（日本維新の会・後掲ウェブサイト）。また、違憲とされた法令は、「当該判決によって定められた日に、効力を失う」とされており、必ずしも直ちに無効にはせず、法改正を行うまで一定の猶予を国会に与える余地を残している。

これは韓国憲法裁の「憲法不合致」という決定の方式に似ている。「違憲」だと、その法令は直ちに無効になるが、「憲法不合致」だと、法改正の方向性と期限は定められるものの、国会には立法裁量が認められる。韓国憲法裁は1995年12月に、翌1996年4月に実施される総選挙の区割りに関して、「4倍以上」の一票の格差は「違憲・無効」であるとしたことがあるが、国会や政党から猛反発を招いただけでなく、国民からも批判された。それ以降も憲法裁は一票の格差問題に関して、「3倍以上」から「2倍以上」へと違憲基準を段階的に高めてきたが、2回（1996年・2000年総選挙後の2001年と、2004年・2008年・2012年総選挙後の2014年）とも「憲法不合致」にとどめ、公選法の改正は国会に委ねた。韓国憲法裁の決定には、「合憲」と「違憲・無効」以外に、「憲法不合致」だけでなく、「限定合憲」や「限定違憲」もあるが、これらはいずれも法令上は明示的な根拠がなく、憲法裁判を通じて確立されてきた慣例である（國分2016）。「憲法の予定する司法権と立法権の関係」に照らしあわせて、韓国憲法裁も「憲法適合的解釈」（土井 2018）を実践し、政治部門との間合いを常に「索敵」（南野 2016）していると言える。

裁判所は合議制で運営され、単純「過半数」（裁判所法77条1項）で法廷意見が決まるが、最高裁が法令を違憲にするときは、15人の判事のうち「9人以上の裁判官が出席」（最高裁判所裁判事務処理規則7条）し「8人以上の裁判官の意見が一致」（同12条）しなければならないとなっている。この評決要件を変更するには法律の改正で足り、その議決要件は国会の「出席議員の過半数」（憲法56条2項）となっている。(2) 当然、違憲審査の評決要件を厳しくすると違憲判決は出にくくなる。たとえば韓国憲法裁では、法律の違憲決定、弾劾の決定、政党解散の決定、憲法訴願の認容決定などは、9人の判事のうち、3分の2にあたる「6人以上の賛成」（韓国憲法113条1項）が必要とされている。国会の議決要件と司法による違憲審査の評決要件の両方を憲法で定めている韓国のような例もあれば、前者を憲法、後者を法律や最高裁規則で定めている日本のような例もある。その相違にも、憲法典／憲法体制のありよう、それぞれの「国のかたち」がよく表れている。

内閣は最高裁判事の任命にあたって、最高裁長官から意見を聴取し、出身分野ごとの「枠」を尊重してきた。こうした慣例は1970年代の自民党単独政権期に確立したが、その後、非自民への政権交代が2回あり、連立政権が常態化しても変わらず、半世紀が経った現在、事実上の不文律になっている。安倍内閣はこの慣例から一部逸脱したと批判された。確かに、最高裁判事に任命された山口厚・元東大教授は日本弁護士連合会が最高裁に伝えた推薦リストには入っていなかった。ただ、弁護士資格を有するため、少なくとも形式的には「枠」は維持されたとも言える。そもそも、法令上、内閣は最高裁判事を単独で、任意に任命することができる中で、確立された慣例と成文規定のどちらが制度として頑強なのかは、法律家共同体の中ではともかく、国民全体の中で必ずしも合意があるわけではない。

1990年代以降に断続的に行われた憲法体制改革において、司法制度改革は「最後のかなめ」として位置づけられたが、ただ単に、衆院選の選挙制度改革、省庁再編、平成の市町村合併、地方分権改革などに時間的に「遅れた」からではない。一連の政治・行政改革によって、権力のウェ

(2) 国会が最高裁規則を改正できるかどうかについては争いがある。

ストミンスター化、多数決型民主主義（レイプハルト 2014）への移行が進んだ分、少数者にとって人権保障の「最後の砦」としての裁判所の役割、特に「多数者の専制」に対する違憲審査権が切実であるという規範的な側面がある。もとより、ガバナンス構造全体の中で、「行政の不透明な事前規制を廃して事後監視・救済型社会への転換」（司法制度改革審議会・後掲ウェブサイト。強調は引用者）を図るのが制度改革の趣旨だった。

　そもそも、制度は特定の効果や均衡をもたらすため、それぞれの立場から制度改革が試みられる。そこで重要なのは、単独の制度ではなく、制度の組みあわせや起きた順序（combination and/or sequence of institutional reforms）が大きな差をもたらすということだが（ピアソン 2010）、その全容は当初よりデザインできるものではないため、意図せざる帰結が生じることが少なくない。その意味でも、「この国のかたち」の再構築において司法制度改革が「最後」だったことは重要である。

　裁判員制度が導入されることで、司法と国民の関係も大きく変わった（Kage 2017）。最高裁判事に関する国民審査や選挙による判事選出など、「司法の国民的基盤」（棚瀬 2009）を確保するには様々な方法があるが、裁判所も国民が憲法を通じて創出し、権限を付与する機関である以上、司法についても、「この国のかたち」をめぐる実証分析や比較研究、さらには制度デザインのアンサンブルの中に明確に位置づける必要がある。そうすることでようやく、現行の制度や「この国」の一般性や特異性を明らかにすることができる。改めるにせよ、護るにせよ、鵺《ぬえ》のままだと誰の手にも負えない。まずは「かたち」を識《し》るために、司法に対する政治学的分析、すなわち司法政治論がいまこそ切実なのである。

参考文献

阿川尚之 2016『憲法改正とは何か―アメリカ改憲史から考える』新潮選書．

網谷龍介 2018「『政治と司法』から『司法の政治』へ―ヨーロッパ司法政治研究の動向と展望」法律時報１１３1号．

岩瀬達哉 2020『裁判官も人である―良心と組織の狭間で』講談社．

大林啓吾・見平典（編）2016『最高裁の少数意見』成文堂．

黒木　亮 2016『法服の王国―小説 裁判官（上・下）』岩波現代文庫．

國分典子 2016「韓国における「広義」の憲法改正と憲法裁判所の機能」駒村圭吾・待鳥聡史（編）『「憲法改正」の比較政治学』弘文堂．

佐々木雅寿 2013『対話的違憲審査の理論』三省堂．

曽我部真裕・田近肇（編）2016『憲法裁判所の比較研究―フランス・イタリア・スペイン・ベルギーの憲法裁判』信山社．

建林正彦・曽我謙悟・待鳥聡史 2008『比較政治制度論』有斐閣．

棚瀬孝雄 2009『司法の国民的基盤―日米の司法政治と司法理論』日本評論社．

知花いづみ・今泉慎也 2019『現代フィリピンの法と政治―再民主化後30年の軌跡』アジア経済研究所．

土井真一（編）2018『憲法適合的解釈の比較研究』有斐閣．

トゥービン、ジェフリー（増子久美・鈴木淑美訳）2013『ザ・ナイン―アメリカ連邦最高裁の素顔』河出書房新社．

外山文子 2020『タイ民主化と憲法改革―立憲主義は民主主義を救ったか』京都大学学術出版会．

中北浩爾 2019『自公政権とは何か―「連立」にみる強さの正体』ちくま新書．

西川伸一 2012『最高裁裁判官国民審査の実証的研究―「もうひとつの参政権」の復権をめざして』五月書房．

日本政治学会（編）2018『政治と司法（年報政治学　２０１８－Ⅰ）』木鐸社.
ピアソン、ポール（粕谷祐子監訳）2010『ポリティクス・イン・タイム―歴史・制度・社会分析』勁草書房.
升永英俊 2020『統治論に基づく人口比例選挙訴訟』日本評論社.
南野　森 2016「一票の格差―司法と政治の索敵」法学教室４２７号.
見平　典 2012『違憲審査制をめぐるポリティクス―現代アメリカ連邦最高裁判所の積極化の背景』成文堂.
レイプハルト、アレンド（粕谷祐子監訳・菊池啓一訳）2014『民主主義対民主主義―多数決型とコンセンサス型の36カ国比較研究〔原著第2版〕』勁草書房.
ロー、デイヴィッド・S.（西川伸一訳）2013『日本の最高裁を解剖する―アメリカの研究者からみた日本の司法』現代人文社.
Fukumoto, Kentaro and Mikitaka Masuyama. 2015. "Measuring Judicial Independence Reconsidered: Survival Analysis, Matching, and Average Treatment Effects." *Japanese Journal of Political Science* 16(1).
Kage, Reiko. 2017. *Who Judges? Designing Jury Systems in Japan, East Asia, and Europe*. Cambridge University Press.
Liff, Adam P. and Ko Maeda. 2019. "Electoral Incentives, Policy Compromise, and Coalition Durability: Japan's LDP-Komeito Government in a Mixed Electoral System." *Japanese Journal of Political Science* 20(1).
Ramseyer, J. Mark and Eric B. Rasmusen 2001. "Why Are Japanese Judges So Conservative in Politically Charged Cases?" *American Political Science Review* 95(2).
——— 2006. "The Case for Managed Judges: Learning from Japan after the Political Upheaval of 1993." *University of Pennsylvania Law Review* 154(6).
Vanberg, Georg. 2004. *The Politics of Constitutional Review in Germany*. Cambridge University Press.
康元澤 2019『韓国政治論〔第2版〕【韓国語文献】』博英社.

参考URL

韓国憲法裁判所「憲法裁判統計」<http://www.ccourt.go.kr/cckhome/kor/info/selectEventGeneralStats.do>.

最高裁判所事務総局「裁判員制度10年の総括報告書」(令和元年5月) <http://www.saibanin.courts.go.jp/vcms_lf/r1_hyousi_honbun.pdf>.

司法制度改革審議会「司法制度改革審議会意見書—21世紀の日本を支える司法制度—」(平成13年6月12日) <https://www.kantei.go.jp/jp/sihouseido/report/ikensyo/index.html>.

首相官邸・司法制度改革推進本部「最高裁裁判官の任命について」<https://www.kantei.go.jp/jp/singi/sihou/kentoukai/seido/dai12/12siryou5.pdf>.

日本維新の会「憲法改正原案」(平成28年3月24日) <https://o-ishin.jp/news/2017/images/90da581ba24723f77027257436ab13c1cec1a1ed.pdf>.

Ⅱ 応答と展望

最高裁判所の二重機能の問題性

櫻井智章

政治学による司法の分析においては、他の政治アクターとの関係に焦点が当てられる。本章Ⅰの浅羽論文でもそうした観点から、政権政党との関係に着目しつつ、インプットとしての人事／アウトプットとしての違憲審査などの問題が扱われている。

しかし、裁判所の仕事の大部分は、「政治」とは縁遠い民事・刑事事件の解決である（このこと自体、自力救済を禁止する代わりに法的救済を提供するという点において重要な法治国家的意義を有する点は看過されてはならない）。最高裁判所にしても、違憲審査機関としての役割よりも民刑事事件の最上級審としての役割に重点を置いて活動している。この点こそが、（たとえばドイツ政治において憲法裁判所が頻繁に取り上げられるのに対して最上級審裁判所が取り上げられることはほとんどないように）政治学の問題関心との齟齬を生じさせる原因であるとともに、最高裁が違憲審査機関としての役割を十分に果たしているとは言いがたい現状の原因だと考えられる。本稿では、そうした現状の制度的背景と問題点について順を追ってみていくこととする。

1 最高裁判所の地位・役割

ある機関が果たすべき機能（役割・任務）が定まれば、それにふさわしい組織・権限・手続きの方向性も自ずから定まってくる。統治のデザインに際しては、その機関にどのような役割を期待するのか、という視点が何よりも重要となる。日本の最高裁判所の問題は、その位置づけが中途半端なことにこそある（この点で状況は参議院に類似する）。

最高裁判所には、①終審裁判所（最上級審裁判所）としての役割と、②違憲審査機関（憲法の番人）としての役割がある[1]（さらに、かつての司法省に代わり司法行政も任務としている）。この「二重の

（1）日本国憲法の当初の草案では77条で、1項「最高裁判所は、終審裁判所である」、2項「最高裁判所は、一切の法律、命令、規則又は処分が憲法に適合するかしないかを決定する権限を有する」とわかりやすく定めていた。現81条への変更は「単なる字句の修正でありまして、其の内容に於ては変更はない」と説明されていた（芦田均委員長、第90回帝国議会衆議院帝国憲法改正案委員会、第21回・昭和21年8月21日）。

役割（二重機能）」のうちのどちらに着目するかによって最高裁判所の像は異なってくる。

政治的に注目されるのは②違憲審査機関の側面である。それは、戦前の裁判所との質的相違という歴史的経緯だけでなく、大きな政治的影響力をもち得るという点でも十分な理由がある。その上で、日本の最高裁は諸外国の違憲審査機関と比較して違憲判決の数があまりにも少ないため、「司法消極主義」「違憲審査制の機能不全」と批判されてきた。２００１年6月の「司法制度改革審議会意見書」（以下「『意見書』」）においても、違憲審査権などの行使を通じて「国民の権利・自由を確保し、憲法を頂点とする法体系を維持する」という期待に裁判所が十分に応えてこなかったことが指摘されていた。

しかし、最高裁自身は軸足を①最上級審としての役割に置いてきた。「最高裁判所は、違憲審査制を通じて行う憲法保障機能よりも、むしろ最終の法律審として法令解釈の統一機能により大きな比重を置いて活動している」（芦部 1994: 154）という見解は広く説かれている。その結果として、多くの上告事件に追われる「多忙さ」は、最高裁裁判官経験者の多くが指摘しているところであり（伊藤 1993：滝井 2009：藤田 2012など）、これが消極主義の原因だとする見解も従来から説かれてきた。『意見書』でも、違憲審査制が十分に機能してこなかった背景として、最高裁が「極めて多くの上告事件」を抱え、「憲法問題に取り組む姿勢を取りにくい」という事情が指摘されていた。

ヨーロッパ大陸諸国では、最上級審とは別の組織として違憲審査機関が設けられていることが多い。たとえば、憲法裁判所制度を採用する代表国であるドイツでは、憲法裁判所は憲法問題しか扱わず、通常の事件は別の組織である最高裁判所（裁判権が専門分化しており、全部で五つある）を頂点とする各裁判所が処理している。民刑事事件の最高裁判所である連邦通常裁判所（ＢＧＨ）には１５２人の裁判官、行政事件の最高裁判所である連邦行政裁判所には56人の裁判官がいるなど、計約３５０人の最高裁判所裁判官がいる（各裁判所の公式ウェブサイトによる。２０２０年3月時点）。ドイツでは憲法裁判所が高い評価を受けているが、それも最高裁判所による通常の事件処理があってのことである。ドイツで３００人を超える裁判官で処理していることを、日本ではわずか15人で処理しなければならない。しかもドイツの場合は裁判権が専門分化しているので自分の専門領域の問題だけを扱えば足りるのに対して、日本の最高裁はあらゆる法的問題（民刑事事件、行政事件、租税事件、労働事件など）に対応しなければならない。その上でさらに日本の最高裁は、ドイツでは憲法裁判所という別組織が担う違憲審査機関としての役割も果たさなければならないのである。一見しただけで過剰負担なのは明白である。これは最高裁が創られる時から懸念されていたことであった。かつての民刑事事件の最上級審である大審院には約50人の裁判官がいた。最高裁判所は、民刑事の最上級審としての役割に加え、行政裁判も扱うようになり、さらに違憲審査権まで付与された（加えて司法行政も担うようになった）。にもかかわらず、内閣と同格にするため人数は15人とした。現状のままで最上級審としての役割を果たさせつつ、「違憲審査の方もしっかりやれ」（さらには「司法行政も『事務総局丸投げ』ではなく『裁判官会議』でちゃんとやれ」）というのは「制度的に無理」（泉 2013: 119）だと言わざるを得ない。

2 「違憲審査の活性化」の方策

違憲審査機関としての役割を十分に果たせるようにするためには、違憲審査に動員できるリソースを増やすことが必要である（見平 2012）。そして、憲法問題にしっかりと取り組めるようにするためには、何より過剰負担の原因である最上級審としての役割の方をどうにかしなければならない。処方箋としては、（1）最上級審の仕事を減らす方策、（2）最上級審と違憲審査機関を切り離す方策、と大きく二つが主張されてきた。

最上級審の仕事を減らす方策

1996年の民事訴訟法改正によって上告制限が導入された。最高裁が憲法問題など重要問題に集中して取り組めるようにするための試みであった。しかし、一定の改善はみられたものの、「多忙さ」を解消したと言うにはなお程遠い状況である（滝井 2009: 39-48；藤田 2012: 217など）。方向性としては、さらに上告を制限し、究極的には上告の可否を最高裁の裁量に完全に委ねるという考え方があり得る（大沢 2011: 179-）。米国の連邦最高裁判所は、これによって重要な問題だけを取り上げ、十分な時間をかけて判断を下すことができている。しかし、米国でこうしたことが可能なのは、州最高裁判所をはじめ州の裁判所が通常の法的紛争を解決しているからである。通常の事件を適正に解決することも重要な要請であり、その「最後の砦」としての最高裁の役割は否定できない。この点では、むしろ上告審の機能強化こそが必要であり、実際に求められ続けてきた（泉 2013: 104-）。とすれば、両機能を切り離すしかない。

最上級審と違憲審査機関を切り離す方策

切り離す場合には、最高裁にどちらの役割を委ねるかが問題となる。①最高裁には最上級審としての役割を担わせ、違憲審査は新たに導入する《憲法裁判所》に委ねるという考え方があり得る（伊藤 1993 など）[2]。もっとも、この改革には憲法改正が必要である。そのため、現行憲法の枠内で②違憲審査機関の任務を最高裁に委ねつつ、上告審を担当する裁判所を別途設ける案（中二階案、特別高裁案など）が有力に説かれてきた（最高裁判所の内部に憲法部を設ける考え方もある。各種の案については参照、笹田 2008: 第1章）。このうち憲法改正によって憲法裁判所を導入するとなると、その組織や権限などについて改めて憲法で明記することとなるが、現行憲法の枠内で対応する場

（2）ドイツ型の憲法裁判所は抽象的審査であり、抽象的審査は「司法の政治化」「政治の司法化」を招くと批判されることがあるが、憲法裁判所と言っても国によって多様である（ドイツの憲法裁判所も抽象的審査しか行わないわけではない）。ここでの主眼は通常事件の最上級審と違憲審査機関を組織的に分けるということであって、違憲審査機関にどのような権限を付与すべきかは別途考えるべき問題である（抽象的審査を認めるとしても誰に提訴権を認めるかによって様相はかなり異なってくる。バイエルン憲法裁判所のように民衆訴訟による抽象的審査を認める例もある）。

合には、特に人事面で現在の最高裁が抱えている問題も引き継ぐこととなってしまう点に注意が必要である。

3　最高裁人事のあり方

現行憲法上、最高裁判所裁判官の任命権は内閣にある（6条2項、79条1項）。厳密に言えば長官の任命権は天皇にあるが、「内閣の指名に基づいて」任命するのであり、実質的に決定するのが内閣であることに変わりはない。司法権の独立があるため、最高裁が政権与党の意に反する判決を下したとしても、裁判官を罷免することはできない。しかし、内閣が任命権を握っているため、党派的人事によって最高裁内部の多数派構成を変革することは難しくない。特に1960年代後半から70年代前半にかけての最高裁人事は、そうした実例として捉えられた。公務員の争議行為(3)について、労働組合に対して当初厳しい姿勢を示していた最高裁が、1966年（全逓東京中郵事件：最高裁昭和41年10月26日大法廷判決〔刑集20巻8号901頁〕）を境に融和的な態度を示すようになり、1969年（都教組事件：最高裁昭和44年4月2日大法廷判決〔刑集23巻5号305頁〕）にはついに最高裁レヴェルで無罪判決が出されるまでに至る。しかし、こうした状況も束の間で、1973年（全農林警職法事件：最高裁昭和48年4月25日大法廷判決〔刑集27巻4号547頁〕）には8対7という僅差で判例変更が行われ、再び厳しい姿勢を示すように転じた。これは最高裁内部で多数派・少数派の意見分布が逆転したからである。そしてそれは、ニューディール期米国の「憲法革命」が裁判官の態度変更によってもたらされたのとは対照的に、自己の見解を改めた裁判官はひとりもおらず、もっぱら裁判官の交代が原因であり、定年退職する裁判官の後任人事として政権側の見解に近い保守派の裁判官が自民党内閣によって任命されたことが原因だと目された（青木・山本1980など）。[4] 後述のように、日本の最高裁は裁判官の在任期間が短いため速いペースで後任人事が行われる（実際、都教組事件無罪判決から全農林警職法事件逆転判決まで4年の間に9人の裁判官が交代している）ので、コート・パッキング・プランのような無理をするまでもなく、最高裁内部の多数派構成を変えることができるのが現状である。

もちろん考え方としては、米国にみられるように、党派的人事（A党政権はA党員・支持者を任命し、B党政権はB党員・支持者を任命する）でもかまわないという見解もあり得る。政権政党としては、政治部門で多数派を失った後でも裁判所での影響力を確保するために比較的若い裁判官を送

（3）自民党と社会党が対立した55年体制の下では、社会党の最大の支持母体が総評（日本労働組合総評議会）であり、その総評の中心が公務員の労働組合だったという背景があり、これは保革イデオロギー対立の最前線の問題であった。

（4）実際には、交代した9人の裁判官のうち全農林警職法事件判決で少数意見側に加わった裁判官は3人おり、保守派ばかりが任命されたわけではない（むしろ2：1の比率は55年体制下での政党勢力比を反映しているとすら言える）。この事案について党派的人事と批判することには異論があり得るが、にもかかわらず党派的人事とみなされてきたのは、制度上「やろうと思えばできる」からである。この事案の意義は、むしろ制度（そして制度を形成するルール）に問題があることを示した点にこそある。

り込むことが合理的であるがゆえに、日本の最高裁の問題点のひとつである裁判官の在任期間の短さという問題を解決することにもつながり得る。しかし、この考え方は、ある程度定期的に政権交代が起こり得ることが前提となる。政権交代が起きない状況では、単に政権政党の意向に最高裁が支配されるだけという結果になりかねない。大統領制の米国とは異なり、議会（衆議院）と内閣が対立する状況が基本的には想定できない日本では、政権政党に対する有効な歯止めがほとんど存在しないという状況にすらなり得る。

そこで、内閣による党派的人事に制約をかけるための様々な提案がなされてきた。なかでも「裁判官任命諮問委員会」の提案に基づいて内閣が任命するという考え方は、最初の最高裁人事の際に実際に用いられた手法でもあり、主張されることが多い。[5] しかし、委員会の人事案に拘束力をもたせることは、内閣に任命権があるという憲法上の決定を法律によって変更することになるため許されないと解されており（宮沢 1978: 638）、問題を抜本的に解決するものではない（委員会の提案に反する人事でも適法である）。

現在のところ、内閣が有する人事権に対する制約としては《慣行》があるのみである。そのような慣行として、後任人事に際して最高裁長官の意見を聴くことや、いわゆる「枠」の存在（たとえば、弁護士出身裁判官の後任は弁護士から選出すること）などが指摘されてきた。しかし、ここには（1）慣行による制約それ自体の問題と、（2）慣行の内容の妥当性の問題という二つの問題がある。

慣行による制約それ自体の問題

慣行による制約は、明治憲法下で立憲主義的な慣行の確立とそのような慣行に基づく運用によって、憲法上の天皇大権を制約する見解が説かれたこともあるように、明文上の権限を抑制する手法としては古くからみられる考え方である。もっとも、2013年に従来の人事慣行に反して内閣法制局長官が適法に任命された例にみられるように、その実効性には疑問があり得る（かつてイェリネックは、イギリス国王の法律裁可権について、不行使慣行にもかかわらず消滅することはないと論じていた〔Jellinek 1906: 40〕）。それだけでなく、明文の規定とは異なり慣行の場合には、その存在（そもそも慣行が成立しているのか）や内容（どのような慣行か）が明確ではないことが多く、それらをめぐって異論が生じる可能性が常にある（現に最高裁人事でも慣行違反か否かがしばしば問題とされる）。つまり、慣行による制約は、そもそも不確実で不安定なものに過ぎないのである。

（5）司法制度改革に際しても『意見書』で「昭和22年当時、裁判所法の規定に基づき設けられていた裁判官任命諮問委員会の制度も参考となる」と指摘され、実際に検討された。その際に消極的な見解（奥野正寛、佐々木茂美）が問題視したのは、まさに最高裁が「二重の機能」を担っているという点であった（第13回法曹制度検討会議事録〔平成14年11月28日〕）。最上級審と違憲審査機関とでは適任者が異なり得る。最高裁の任務が定まらなければ適任者など選びようがない。

慣行の内容の妥当性の問題

慣行による制約が有効な手段だとしても、その内容の妥当性は別途検討する必要がある（慣行は慣行だというだけの理由では尊重に値しない。不合理な慣行は改められるべきである）。この点で、「枠」慣行には問題がある。『意見書』でも出身分野別の人数比率の「固定化」は見直されるべき問題点とされていた。

第一に、出身枠によって意見が分かれることがある。個人のパーソナリティが大きいとはいえ、「それぞれが長く漬かってきたおふろの温度差はある」（園部 2001: 318）とも言われる。そしてその場合、裁判官・検察官・行政官出身と学者・弁護士出身で分かれることが多い（憲法問題では前者が合憲、後者が違憲というのが通例である）。一票の格差問題にもその傾向がみられるが、裁判官の政治活動に関する寺西判事補事件（最高裁平成10年12月1日大法廷決定〔民集52巻9号1761頁〕）を典型例として挙げることができる。そのように典型的に意見が分かれた場合、「官」出身が10人であるのに対して、学者・弁護士出身は5人であるから、枠慣行に基づく人事が行われる限り、前者の方がダブルスコアで数的優位に立つということになってしまう。

第二に、枠に基づく後任人事慣行の下で、各分野で出世した者のゴールが最高裁裁判官というような運用となっている。実際「上がりポストで来ている人があまりに多い」（田原 2013: 31）と言われている。その結果、最高裁の裁判官に任命されるのは60代になってからという状況になっており、個々の裁判官の任期が非常に短くなっている。(6) 初期には50代で任命され10年以上在籍した最高裁裁判官も存在したが、いまや10年ごとに国民審査を受けるという憲法79条2項のルールは適用対象が存在しない。出身母体や性別などの多様性が重要であることはしばしば指摘されるが、最高裁においてもっとも欠如しているのは年齢構成の多様性である(家族法の領域など年代によって考え方に相違がみられる問題もあるのだから、60代の者だけが占拠している現状の妥当性は問われるべきである)。しかも、このような運用は——内閣側からすれば、最高裁が仮に意に反する判決を下したとしても数年後には最高裁内部の多数派構成を変えることができるという点で——内閣との関係で最高裁を脆弱な立場に置くものであることということは認識しておく必要がある(見平 2016: 86)。

こうした慣行はいずれにせよ改められる必要があるが、最高裁に違憲審査機関としての機能を中心的に担わせる改革を行うのであれば、最上級審としての任務に重点を置いた現在の人事慣行は当然に変更を迫られるものと思われる(滝井 2009: 54-55)。しかしその場合には、人事権に対する(問題を孕みながらも現実的には機能してきた唯一の)制約もなくなってしまう。最高裁が違憲審査

(6) この点、最高裁裁判官就任後に見解を変えるリスクに備えるための政権与党の戦略だという説明がなされることもあるが、年功序列の問題であって「的外れ」(藤田 2012: 16) である (むしろ裁判官が労働法分野で判例を形成する際に念頭に置いてきたのが、裁判所の人事慣行ではないかという興味深い指摘がある〔フット 2006: 246〕)。特に弁護士出身裁判官の任期が短い点につき、リベラル派リスクへの対応だとする見解を宮川光治は「憶測にすぎない」と退け、弁護士会側の事情であることを説明する(宮川 2013)。

権を積極的に行使するようになり、政権の意向に反する判決を多く下した結果、内閣と最高裁が正面衝突する事態になった場合、憲法79条1項（および6条2項）の規定は最高裁判所にとって大きな足枷となり得る。党派的人事が問題とされた1970年代は55年体制の真只中であり、自民党政権に批判的な人々は憲法改正にも反対していたという経緯があり、憲法79条1項の改正が説かれることはなかった（同時期に宮本判事補の再任拒否事件も起きたが、その原因である憲法80条1項を改正すべきだという見解もみられなかった）。しかし、本来的に憲法のルールに問題があるのだから、憲法改正なしに問題の抜本的解決はあり得ない。憲法裁判所の導入ではなく最高裁判所に違憲審査機関としての任務を委ねる場合でも、違憲審査権の実効的な行使を確保するためには憲法改正は不可避であると考えられる。

違憲審査機関構成員の人事においては《民主的正統性》と《専門性》が重要な要請となる。現行の選任方法は、民主的正統性が希薄である上、専門性を確保する制度的担保もない点において、そもそも問題があると言わざるを得ない。[7]

4　民主的正統性と専門性

民主的正統性の希薄さは違憲審査権の運用にも反映され、国民によって選挙された民主的機関ではない裁判所が民主的な政治部門の決定に干渉することには抑制的であるべきだと繰り返し説かれてきた（横田 1968 など）。実際、最高裁による違憲判決は少ない。そのため、政治部門に対する「過度の敬譲」「追従」と批判されることが多かった。しかし、憲法問題と直接関係のない分野では、法律の明文規定に反するような解釈や法律の趣旨を大幅に書き換えるような大胆な解釈がなされてきた。「多くの論者が世界で最も干渉的な司法部であるというアメリカの裁判所との比較においてさえ、日本の裁判所の介入が大胆であることは明らかなのである」（アッパム 2007: 330）と言われるように、分野によっては日本の裁判所は、かなり積極主義であるという見解が特に外国の研究者から指摘されている（フット 2006: 221-）。明文の規定に反する解釈としては利息制限法に関する一連の判例が有名であるが、借地法の正当事由の解釈や、解雇権濫用の法理による解雇規制などは、土地政策・労働政策にとっても大きな影響のある判例であった。[8] これらの分野では、

（7）民主的正統性を補完し得る制度として国民審査（憲法79条2項・3項）があるが、周知のようにまったく機能していない。最上級審としての任務（通常の事件処理）が中心である限り、誰が裁判をしても同じ判決になるのが理想とされるため、最高裁人事に注目が集まらないのも当然である。これを実質化して活かそうとする提言もしばしば説かれるが、国民審査は、いくら実質化の方策を試みたところで、選任後すぐに衆議院選挙があった場合には最高裁裁判官としての実績が何もない状態で国民審査が行われることが避けられないという制度的欠陥をそもそも抱えている。

（8）たとえば、借地法では「土地所有者が自ら土地を使用することを必要とする場合其の他正当の事由」がある場合には借地契約の更新を拒絶できることとされていた（4条1項ただし書き）。最高裁は、「土地所有者が自ら使用することを必要とする場合は、そのこと自体が正当の事由に該当する」というのが条文の「文理解釈」だと認めつつも、「土地所有者が自ら土地を使用することを必要とする場合においても、土地の使用を継続することにつき借地権者側がもつ必要性をも参酌した上、土地所有者の更新拒絶

民主的立法者の政策判断を尊重しているとは到底言いがたいような判例が展開されてきたのである。

表向きの理由（建前）として説かれる「民主的立法者への敬譲」という理由では説明がつかないとしたら、憲法問題に関する消極主義は何に由来するのか。この点、裁判所の憲法判断に際して重要なのは、民主的代表機関の判断を覆すことの「反民主性」よりも、「反専門技術性」への懸念ではないか、という指摘（大石（和）2003: 71）が正鵠を射ているように思われる。最高裁の内側を見た藤田宙靖も、憲法・行政法事件でキャリア裁判官に積極的な判断に対する抑制が働くのは、それらの分野における「自身の知識・経験の少なさに鑑みての『自制』ではないか」と指摘している（藤田 2012: 241）。下級審における積極的な判例形成において大きな役割を果たしたのが専門部であったこと（フット 2006: 282）にも示されるように、積極的な判断を行うためには専門知識（とそれに裏づけられた自信）が必要である。しかし、実務法曹の多くは憲法問題を扱う機会がほとんどないため、その憲法知識は学生の頃に勉強した時以来ほとんど更新されていないことが多い。最高裁裁判官（およびそれを支える調査官）の人選にしても、最上級審の任務が中心の現状では何より民刑事事件を処理できることに重点が置かれ、憲法問題についての知見が重視されることはない（違憲審査機関として憲法問題についての専門性を確保することは、制度的に担保されていないだけでなく実際上も重視されていないのが現状である）。日常的に携わってきた民刑事事件は得意分野（ホーム・ゲーム）だという意識・自信こそが、その分野での積極的な活動を支えており、他方で、扱い慣れていない憲法問題はアウェイ・ゲームだという意識が「立法や行政に対する過剰な自己抑制」を生じさせているのではないか。つまり、民主的正統性ではなく専門性の希薄さこそが問題ではないのか。(9)

消極主義の原因として内閣法制局の存在が挙げられるのも、この観点から説明し得る。実際に制定される法律の多くは閣法（内閣提出法律案）であり、閣法は内閣法制局の審査を受けることとなっており（内閣法制局設置法3条1号）、その際には「憲法を頂点とする現行法体系」との整合性

の主張の正当性を判定しなければならない」とした（最高裁昭和37年6月6日大法廷判決〔民集16巻7号1265頁〕）。この判例も、利息制限法旧1条2項を空文化した判例と同様に、違憲審査権については民主的立法者の政策判断を尊重すべきと説いていた横田喜三郎長官時代のものである）。このように自己使用の必要性も「正当事由」解釈の一考慮要素とされた上、その「正当事由」も厳格に解釈されていった。その結果、更新拒絶はなかなか認められず、認められる場合でも「立退料」を支払わされる事態が常態化した。そのため地主は借地の供給を控えるようになり、借地料の高額化だけでなく（高額の固定資産税を避けるため）都会の一等地を農地にするなどの事態を招き、効率的な土地利用とは言いがたい状況となった。なお、これらの判例は、地主層や財界など自民党の支持基盤の利益に反するものでもあったことも――政権政党の利益に反するので違憲判断を避けているという見解が流布しているだけに――指摘されるべきである。

(9)　最高裁判所裁判官の任命資格を職業裁判官に限定しない裁判所法41条は、職業裁判官だけでは不足しがちな多様な知識・経験を導入することを狙いとしており、うまくいけば知識・経験不足に由来する自制を阻止することが期待できる（専門家参審の考え方であり、諸外国では最上級審よりも違憲審査機関で多く採用されている）。しかし、最上級審としての役割が中心の現状では、一方で専門的知識・経験を活かしきれないため「人物不経済（人材の無駄遣い）」（野村 1966: 216）という批判、他方で専門外の多くの問題は調査官に頼らざるを得ないため「調査官裁判」という批判を招くこととなっている。

に「特に留意して」審査が行われる（山本 2011: 92）。こうした「かなり充実した事前の違憲審査システムが機能しているために、事後的な違憲審査権限を効果的に用いる場面が少ない」（大石（眞）2010: 254）という説明もなされてきた。しかし、フランスやドイツなど事前審査制が存在するにもかかわらず、憲法院・憲法裁判所による違憲判決が多い国もあり、事前審査制の存在が違憲判決の少なさと直結するわけではないことも指摘されてきた（佐藤 2005）。最高裁が「多忙さ」ゆえに内閣法制局の判断を尊重・信頼してきたという面ももちろんあり得るが、憲法適合性審査を日常的に経験し、国会での論戦にも耐えてきた内閣法制局、しかも違憲判決を受けたら〝切腹〟をしなければならないと考える（高辻正己）ほどの覚悟（フット 2006: 197）、憲法違反を「最大の恥辱」と捉える（味村治）ほどの「矜持」（読売新聞１９９７年7月29日）をもつ内閣法制局の判断を覆すだけの自信を最高裁が持ちあわせていないことこそが真の原因ではないか。

5　違憲審査機関としての自覚

以上のことは、民刑事事件を専門とする職業裁判官には憲法問題を処理する能力がないということでは決してない。バイエルン憲法裁判所は、ヨーロッパ大陸の憲法裁判所としては珍しく、職業裁判官（その多くは民刑事事件を担当する通常裁判所の裁判官）だけで法令の違憲審査を行っているが、多くの違憲判決を下している（櫻井 2015）。[10] 憲法裁判所であれば日常的に憲法問題を扱うため専門的知識・経験が蓄積されていくという点も重要ではある。しかし、それ以上に重要なのは「違憲審査機関としての自覚」ではないか。違憲審査機関に特化した憲法裁判所であれば当然に備わるはずの「違憲審査機関としての自覚」が、最高裁には——まさにその二重機能のゆえに——不足している。何より最高裁自身、違憲審査機関としての役割よりも最上級審としての役割の方を重視している。このことは、最上級審としては、最高裁では法律上争えないはずの事件であるにもかかわらず、「最終審裁判所としての責務」を根拠として高裁の決定を職権で取り消した（最高裁昭和58年9月5日第三小法廷決定〔刑集37巻7号901頁〕）[11]のに対して、違憲審査機関としては、現行の訴訟法が憲法81条の要請を受けて憲法判断は最終的には最高裁が下すようにしているにも[12]

(10) ドイツ・バイエルン州は、日本以上に政権交代がなくキリスト教社会同盟（CSU）の長期政権が続いている。しかも、憲法裁判所の裁判官は州議会が単純多数決で選出する。つまり、政権交代がない状況下で政権政党の意向が反映されやすい選任方法が採用されているという点で日本の状況と類似している。それにもかかわらず、バイエルン憲法裁判所は多くの違憲判決を下している。日本では政権交代の不在と政権の意向を反映しやすい裁判官選任方法が消極主義の原因だと説かれることが多いが、これではバイエルンの状況を説明できない（櫻井 2015: 48-51）。

(11) 少年法35条によれば、最高裁への再抗告事由は憲法違反・憲法解釈の誤り・判例違反のみであり、法律解釈の誤りでは再抗告できない。にもかかわらず、「最終審裁判所としての責務」を根拠として、少年法32条の解釈（通常の法律解釈）を誤った高裁の決定を職権で取り消した。

(12) 最高裁自身、初期の頃には、違憲審査について最高裁が常に最終審として関与することは憲法上「不動の原理」であると述べていた（最高裁昭和23年7月7日大法廷判決〔刑集2巻8号801頁［808頁］〕。刑集記載の「7月8日」は誤り）。

かかわらず、下級審の違憲判断に対して上告できないという事態を放置している状況に典型的に示されている。[13]

そもそも現在の最高裁の仕組みが、裁判官の「憲法感覚を鈍磨させ」(伊藤 1993: 123)、違憲審査機関としての自覚を喪失させるものとなっている(滝井 2009: 44-45;園部 2001: 184;泉 2013: 176 など)。すなわち、膨大な上告事件に追われ、面倒な大法廷回付を避けようとする一般的傾向が顕著にみられる中で、憲法問題であれば大法廷で審理・裁判しなければならない(裁判所法10条1号)。「上告事件の審理に追われ、大法廷での審議をちゅうちょするという面がなかったとは言えなかった」とは元長官による国会の場での公の発言である(山口繁・第156回国会衆議院憲法調査会統治機構のあり方に関する調査小委員会議録3号〔平成15年5月15日〕)。そのため、重要な憲法問題を含むはずの事案でも憲法に触れずに事件を処理する例や、[14] 最高裁判所裁判事務処理規則9条5項(および裁判所法10条1号括弧書き)を明文の規定に反してまでフル活用して、[15] 関連性の薄い大法廷判例を列挙し、それらの「趣旨に徴して明らかである」という何がどう「明らか」なのかまったく不明な理由によって合憲判断を下す例が多数みられる。こうした運用では、小法廷では違憲判断は下せない(裁判所法10条2号)ので違憲判断が出にくいのも当然であるが、それ以上に、そもそも憲法判例の質の向上を望み得ない点に深刻な問題がある(民主的立法者との軋轢を避けるためであれば有力な選択肢となるはずの「適用違憲」という手法が現在でもなお採用されないのも、単に大法廷回付を避けたいというだけの理由なのではないか)。憲法条項ではなく「手続的正義」などという、さらに抽象度の高い理念を持ち出して裁判をする事態（最高裁昭和56年9月24日第一小法廷判決〔民集35巻6号1088頁〕、最高裁平成23年4月13日第二小法廷決定〔民集65巻3号1290頁〕など）は、憲法問題とすることを避けようとしているとしか考えられない。[16]案の定、調査官には「どうやったら小法廷で処理できるとか、憲法判断をしないですませられるかという」「悪知恵」が書かれた「手引」が存在するという（木谷 2013: 244）。あまりにも違憲審査権の行使主体としての自覚を欠くものであり、違憲審査機関としては絶望的な重症だと言わざるを得ない。

(13) たとえば国家賠償訴訟において、下級審が憲法違反と判断しながらも、故意・過失がない、または権利侵害がない等の理由で原告側の請求を認めない判決を下すと、国側は違憲判断を受けたにもかかわらず勝訴しているので上訴することができない。仙台高裁平成3年1月10日判決（判時1370号3頁・岩手靖国訴訟）、名古屋高裁平成20年4月17日判決（判時2056号74頁・自衛隊イラク派兵差止訴訟）など。

(14) 憲法の「過少な配分」と言われる（奥平 1995: 155-）。このような事態は、憲法裁判所は憲法問題しか扱えないがゆえに、あらゆる問題が「憲法化」されるドイツの運用状況と極めて対照的である。

(15) 条文上は、「その法律、命令、規則又は処分」を合憲と判断した大法廷判例と同じ意見の場合にのみ小法廷で済ますことができるだけであり、別の法律・命令・規則・処分の合憲性は大法廷で扱わなければならないはずである。

(16) 不利益を受ける当事者に自己の権利を擁護する機会を与えることは適正手続の要請であり、一般的には憲法31条、裁判においては憲法32条の問題であると考えられる。本文に記した諸判例は、そうした権利を擁護する機会を与えることなく下された下級審の裁判を、憲法違反ではなく「手続的正義」に反するという理由で破棄した。これは、裁判官は一般条項を嫌がるので一般的・抽象的な憲法規定を好まないという理由（伊藤 1993: 127）では説明できない。

6 制度改革の必要性

司法制度改革では全体としての司法の強化が目指された。それが重要かつ必要な改革であったことは疑いがない。しかし最高裁に関しては、『意見書』では人事についても違憲審査についても問題点が指摘されていたにもかかわらず、何も改革されなかった。統治構造改革がウェストミンスター型をモデルとし、実際に内閣機能の強化が図られたのであるから、カウンター・バランスとして違憲審査機能の強化は不可欠のはずである。

最高裁に関する問題の多くは、最高裁の役割自体が中途半端な点、違憲審査の観点からみると最上級審としての役割に偏している点にあると考えられる。かねてから「比較制度論的にみる限り分担されることのほうがかえって多い二重機能——憲法保障機能と法律審機能——をわが国でも分離するのでない限り、双方の課題の充足がともに中途半端におわるおそれがきわめて大きい」(三ケ月 1972: 366) と指摘されてきた。15人という裁判官の数自体、大法廷での合議には多すぎ、上告事件を処理するには少なすぎるという例に代表されるように、実際に多くの点で中途半端である。専門性と自覚を備えた違憲審査機関を創り出すには、違憲審査機能に特化するのが最善であると考えられる。

「裁判の良し悪しは、システム(制度)によって決まるか、人(具体的な裁判官)によって決まるかと問われれば、私は、システムの方がはるかに重要な意味を持っていると言いたい」（泉 2013: 103）。もちろん、制度を変えても「人」を得なければ上手くはいかない。しかし、現行制度のままでは、いくら「人」を得ても事態が根本的に改善する見込みはない。個々の裁判官の労力には頭が下がるが、現在の最高裁は制度としては失敗作だと評さざるを得ない。

参考文献

青木宗也・山本博（編）1980『司法の反動化と労働基本権』日本評論社.
芦部信喜 1994『人権と憲法訴訟』有斐閣.
アッパム、フランク（岸野薫訳）2007「日米における政治と司法の機能―中国の法発展との関わりにおいて」土井真一（編）『岩波講座憲法4　変容する統治システム』岩波書店.
泉　徳治 2013『私の最高裁判所論―憲法の求める司法の役割』日本評論社.
伊藤正己 1993『裁判官と学者の間』有斐閣.
大石和彦 2003「司法審査における反専門技術性という困難―法形成過程の民主性補強的司法審査方法論の可能性と課題」法学（東北大学）67巻5号.
大石　眞 2010「違憲審査機能の分散と統合」初宿正典先生還暦記念『各国憲法の差異と接点』成文堂.
大沢秀介 2011『司法による憲法価値の実現』有斐閣.
奥平康弘 1995『憲法裁判の可能性』岩波書店.
木谷　明 2013『「無罪」を見抜く―裁判官・木谷明の生き方』岩波書店.
櫻井智章 2015「バイエルン憲法裁判所について（二）―職業裁判官・民衆訴訟・占領米軍」甲南法学55巻3号.
笹田栄司 2008『司法の変容と憲法』有斐閣.
佐藤岩夫 2005「違憲審査制と内閣法制局」社会科学研究56巻5・6号
園部逸夫 2001『最高裁判所十年―私の見たこと考えたこと』有斐閣.
滝井繁男 2009『最高裁判所は変わったか――裁判官の自己検証』岩波書店.

田原睦夫 2013「最高裁生活を振り返って」金融法務事情1978号.
野村正男 1966『法窓風雲録―あの人この人訪問記　下巻』朝日新聞社.
藤田宙靖 2012『最高裁回想録―学者判事の七年半』有斐閣.
フット，ダニエル（溜箭将之訳）2006『裁判と社会―司法の「常識」再考』NTT出版.
三ケ月章 1972『民事訴訟法研究　第六巻』有斐閣.
見平　典 2012『違憲審査制をめぐるポリティクス―現代アメリカ連邦最高裁判所の積極化の背景』成文堂.
――― 2016「最高裁判所の現在―違憲審査制と少数意見制の活性化の背景と特徴」法律時報88巻12号.
宮川光治 2013「時代の中の最高裁判所」自由と正義64巻6号.
宮沢俊義（芦部信喜補訂）1978『全訂日本国憲法』日本評論社.
山本庸幸 2011「内閣法制局の審査」大森政輔・鎌田薫（編）『立法学講義〔補遺〕』商事法務.
横田喜三郎 1968『違憲審査』有斐閣.
Jellinek, Georg. 1906. *Verfassungsänderung und Verfassungswandlung*. Verlag von O. Häring.

第6章 財政

概　観

1　制度改革

1990年代以降、財政に関しては様々な制度改革が行われてきた。第一に、首相官邸主導による予算編成を可能にする制度が模索された。その最初の試みが、1997年に橋本龍太郎内閣が設置した、首相・蔵相経験者や関係閣僚、与党の政策責任者などから構成される財政構造改革会議である。同会議は、財政健全化目標の達成時期を2003年度と定め、1998年度から2000年度までの3年間を集中改革期間とし、その期間における政策分野別の歳出削減目標をまとめた。この内容は1997年11月に「財政構造改革の推進に関する特別措置法」として法制化されたものの、景気の急速な悪化を受けて、1998年5月には災害の発生や景気悪化の際には法律の適用を停止する弾力条項が追加される。さらに同年12月には、「財政構造改革の推進に関する特別措置法の停止に関する法律」が成立し、財政構造改革は頓挫する。

しかしながら橋本行革の一環として、2001年1月から内閣府に経済財政諮問会議が設置される。同年4月に就任した小泉純一郎首相は、経済財政諮問会議で予算編成の基本方針を審議して、国債発行30兆円枠や、2010年代初頭にプライマリー・バランス（PB。歳入と国債費を除いた歳出の収支。その時点で必要とされる政策的経費を賄えているかをみる指標）を黒字化するという目標を決めた。さらに「骨太の方針2006」では、政府・与党関係者から構成される財政・経済一体改革会議での議論をもとに、政策分野ごとの歳出削減目標が明示された。だが、世界金融危機による急激な景気悪化により、この目標は放棄されることになる。

２００９年に発足した民主党政権は、内閣官房に国家戦略局（実際は法律が制定されずに国家戦略室）を設置し、官邸主導で予算編成を行おうとした。また、内閣府に行政刷新会議を設置して「事業仕分け」を行ったり、国が実施している５０００以上の事業すべてについて、その目的や概要、資金の流れや使途を記したレビューシートを公開し、各府省が自らの事業を点検する「行政事業レビュー」を行ったりした。さらに、２０２０年度までにＰＢを黒字化する目標を記した「中期財政フレーム」も策定する。

２０１２年の第2次安倍晋三内閣発足後、国家戦略室や行政刷新会議は廃止され、経済財政諮問会議が再開されることになった。なお安倍内閣では、ＰＢの黒字化目標は２０２５年度に先送りされている。

第二に、特別会計の改革が行われた。２００５年12月24日に閣議決定された「行政改革の重要方針」には、①特別会計の統廃合（個別の特別会計の見直し、事務・事業の合理化・効率化、特別会計の設置要件の厳格化、5年ごとに設置の要否の見直し）、②財政健全化への貢献（資産・負債、剰余金・積立金等のスリム化）、③国の財政状況の透明化（一覧性・総覧性のある資料の充実、企業会計の考え方に基づく資産・負債などの会計情報の開示）という方針が盛り込まれた。その後、２００６年から２０１０年までの5年間で29・８兆円が一般会計や国債整理基金特別会計に繰り入れられた。特別会計の統廃合も進められ、２００６年度に31あった特別会計は、２０１８年度には13に削減されている（財務省 2018a）。

第三に、財政投融資についても、２００１年度に抜本的な改革がなされた。それまでは旧大蔵省理財局資金運用部が、郵便貯金や年金積立金を、政府系金融機関や特殊法人などの「財投機関」で運用していたのだが、郵便貯金・年金積立金の資金運用部への預託義務は廃止され、全額自主運用（原則市場運用）されることになった。また、財政機関は財投機関債を発行して市場で資金調達を行い、それで調達できない資金については、財投債の発行により一括して調達することになった（財務省 2018b）。

第四に、政府の財政運営に大きく関係している日本銀行が、1998年の日本銀行法改正により、政府からの独立性を飛躍的に高めた。ところが2013年1月に日本銀行は、安倍首相からの圧力を受けて、それまで抵抗してきた2％のインフレ数値目標の導入を決める。さらに3月に安倍首相は、日本銀行の総裁、副総裁に「リフレ派」と目された人物を任命して、大規模な金融緩和（いわゆる「異次元緩和」）を実現する。

2 改革構想

財政をめぐる改革構想については、以下のものが挙げられる。第一に、自民党の「日本国憲法改正草案」では、財政健全化条項を設けることや、暫定予算の制度を定めること、決算を会計検査院の検査報告とともに国会に提出するだけではなく、両議院で承認を受けることとし、内閣は検査報告の内容を予算案に反映させて、その結果を国会に報告することなど、国会の決算審査機能を強化することが提唱されている。

第二に、中期財政フレーム（中期財政計画）を策定する上で必要となる、複数年にわたる経済成長率の予測や、主要財政指標（支出・収入・収支・債務残高など）の推計を行ったり、財政ルール・目標の遵守状況を監視・検証して会計上の操作を抑止したりするために、政府から独立した「独立財政機関」（独立将来推計機関）の設置が必要との主張もなされている（田中 2011: 308-315, 322-329）。

（上川　龍之進）

参考文献

財 務 省 2018a「特別会計ガイドブック（平成30年版）」<https://www.mof.go.jp/budget/topics/special_account/fy2018/index.html>.

――― 2018b「財政投融資リポート2018」<https://www.mof.go.jp/filp/publication/filp_report/zaito2018/index.html>.

田中秀明 2011『財政規律と予算制度改革―なぜ日本は財政再建に失敗しているか』日本評論社.

財政政策と制度改革

上川龍之進

Ⅰ　分析と論点

　日本国憲法83条は、「国の財政を処理する権限は、国会の議決に基いて、これを行使しなければならない」と定める。この条文は、明治憲法では議会による財政統制が厳しく制限されていたことから、国民代表機関である国会の関与・統制の徹底を図ろうとした結果と解されている。この憲法の基本的な考え方を、財政立憲主義、財政民主主義、財政国会中心主義と呼ぶ（佐藤 2011: 525-526）。

　しかしながら公共選択論では、民主主義が財政赤字を引き起こすと主張されてきた。再選を目的とする政治家は、現在の財政赤字が将来の増税につながることを有権者が認識できないこと（これを財政錯覚と言う）につけ込み、税収を上回る財政支出を行うというのである。政治家は、景気が悪化すると財政支出を増やす一方、景気が回復しても財政支出を減らそうとはしないし、有権者は財政錯覚により、こうした政治家に対し、次の選挙で投票しないことで罰するようなことはしない。このモデルからすれば、民主主義国では財政赤字は不可避となる。そこで解決策としては、憲法に均衡財政を義務づけるなどして、政府や議会の権力を抑制することが挙げられた（ブキャナン・ワグナー 2014）。

このように財政健全化のためには、憲法や法律あるいは独立機関によって、議会や政府による民主的な政策決定に制約を課すべきとする提言が往々にしてなされる。本稿では、近年行われた財政に関する制度改革の意味を論じるとともに、いくつかの改革提案について、その実効性と現実性を検討する。

1　財政民主主義と財政健全化

財政国会中心主義と予算編成

実は戦後の日本でも、予算編成については国会の権力を抑制する方向で制度化が進められた。このことについて川人貞史の説明をみておこう。１９５０年代前半には議員提出法案による立法が極めて活発に行われるようになる。これに対して、業界や地元へ利益を誘導する利権法案やお土産法案が多いという批判がなされた。また、議員立法には政府があらかじめ予算措置を講じていないため予算との整合性がなく、事後に予算措置を講じる結果、予算そのものが国会で増額修正されることや、他の重要な政策の予算が確保できなくなることが問題視された。そこで国会法の改正が議論されるようになる。ここで大蔵省は、行政部門別の常任委員会の制度を全廃、もしくは大幅に整理統合することや、財政負担をともなう議員提出法案の提出に際しては総議員の3分の1以上の賛成を要することなどを求めた。しかし、そうした意見はほとんど反映されず、1955年の国会法改正では、予算をともなう議員立法については、衆議院で50人以上、参議院で20人以上の賛成を要することとされ、委員会については、内閣に対して意見を述べる機会を設けることとされただけであった。それ以後も議員立法が減ることはなかった。

だが1955年に自民党が結成されて以降、予算案については政府原案決定前に自民党と大蔵省が事前に調整することになったため、国会で予算案が増額修正されることはなくなった。さらに政府は、予算案に変更をもたらす議員立法を抑制するよう、自民党に再三の申し出を行い、自民党首脳部も、予算をともなう議院立法を認めない方針を強めていった。1962年2月23日に赤城宗徳自民党総務会長が大平正芳内閣官房長官に対して、内閣提出法案（閣法）については閣議決定前に自民党総務会に連絡を行うよう求める文書を送り、与党が内閣提出法案の事前審査を行う慣行も始まった。以後、予算をともなう立法は、関係する省と大蔵省、そして自民党政調部会との調整を経た内閣提出法案として行われるように法案決定過程が整備されることで、国会審議段階での修正はなくなり、予算と法律の不一致の問題は解消されることになった（川人 2005: 173-199）。

他方、牧原出は、この時期の予算編成の制度化について、次のように説明する。占領の終結により、日本国憲法によって強大な法的権限を与えられた国会が積極財政を求め始める一方、統合度の低い政党は組織としては弱体であった。ここで大蔵省では、占領期の均衡財政を担った主計局官僚に代わり、戦中・戦後に大臣官房から内閣への出向を繰り返した「官房型官僚」が主導権を握る。主計局官僚は、マクロ経済への視野をもたない素朴な均衡財政主義の観点から、査定の積み上げで予算を策定する。これに対し「官房型官僚」は、積極財政を求める政治家の介入に対して、マクロ経済の観点から均衡財政の必要性を世論に訴え、政治家にも働きかけるという、戦後の民主主義に適応した行動をとることで、１９５４年度から１９６４年度までの均衡財政を実現した。その後、１９６５年の公債発行と、それ以降の「財政硬直化キャンペーン」により、大蔵省の主計局官僚と自民党政調会とが協力して予算を編成するルールが確立したのである（牧原 2003）。

この説明で興味深いのは、財政当局は均衡財政のために国会の影響力を抑え込む必要があったのだが、そのために世論に均衡財政の必要性を訴えたことである。このことは、民主主義の国で健全財政を実現するには、世論がそれを支持することが重要であることを示している。

意思決定の分権化・断片化と財政赤字

ところが1970年代以降、高度成長の終焉による税収の鈍化と、自民党からの財政拡張圧力の増大により、財政赤字が急激に拡大していく。そこで与党の権力を抑制することが模索される。まず1980年代には第二次臨時行政調査会（第二臨調）が設置され、「増税なき財政再建」路線がとられた。大蔵省は第二臨調の威光を背に、すべての経費にシーリングを設定し、歳出削減を進めることになる。その後、本章の**概観**でみたように、橋本内閣で財政構造改革会議が設置され、2001年以降は経済財政諮問会議が常設されるようになったのも、予算配分にメリハリをつけて財政健全化を進めるには、首相官邸に権限を集中させる必要があると考えられたからである。

実際のところ、財政赤字をめぐる政治経済学の研究では、予算を決定する意思決定の仕組みが分権化・断片化するほど財政赤字の規模は大きくなることが主張されている。ルービニらは、内閣の在任期間が短く、多くの政党から構成される「弱い政府」で、財政赤字が増大すると論じる。単一の政党が議会の過半数の議席を占めて政権を構成する単独多数政権に比べて、多数の政党から構成される連立政権では、政党ごとに利益や支持団体が異なるため、予算をめぐって内閣内での紛争が起こりやすく、しかもそれぞれが拒否権をもつからである（Roubini & Sachs 1989）。

この研究に対しては、多くの実証的な反論もなされている。ただ、そうした研究の中には、議会で多数を占める連立政権ではなく、少数与党政権の場合に財政赤字は拡大するという研究（Edin

& Ohlsson 1991）や、執政府の断片化を財政支出部門の大臣の数で、また議会の断片化を連立政権に加わる政党の数で、それぞれ測定し、支出部門の大臣の数が多いほど、また連立政権に加わる政党の数が多いほど、財政赤字は大きくなるのだが、前者の効果の方がより大きいとする研究（Kontopoulos & Perotti 1999）、同等の力をもった政党によって構成される連立政権では、それぞれが拒否権をもつため、一つの政党が支配的な力をもつ連立政権に比べて公的債務が大きくなるとする研究（Huber et al. 2003）など、やはり「弱い政府」が財政赤字を増大させるとする研究がある。

さらに「弱い政府」を生み出す原因として、選挙制度に着目する見解がある。小選挙区制では、二大政党制になりやすく、しかも第一党に議席を過剰に配分するため、単独多数政権ができやすい。これに対して比例代表制では、多党制になりやすく、しかも一党で議会の過半数を占めることが難しいため、イデオロギーが異なる多数の政党が連立政権を構成することになりやすい。それゆえ、比例代表制の国では小選挙区制の国に比べて財政赤字が増大するというのである（Persson & Tabellini 2004）。

これらの議論を踏まえて田中秀明は、財政赤字の規模に影響を与える要因のひとつとして、意思決定システムを挙げ、政府部内・議会における意思決定が集権化していないと財政赤字が大きくなると論じる。具体的には、単独政権が一般的な国の場合には、首相や財務大臣に予算編成の権限が集中しているか、連立政権が一般的な国の場合には、政権内で予算案や中期財政フレームの決定に際して厳格な合意ルールがあるか、議会の予算修正に制限があるか、などといった点が注目されるとしている。さらに田中は、日本では財務大臣や首相、内閣が、予算や税制の意思決定に強い権限を行使できておらず、与党の族議員と支出官庁の官僚が影響力をもっており、これが財政赤字増大の一因だとしている（田中 2011: 41-42, 315-322 ; 2013: 163-174）。

ここで「中期財政フレーム」と「財政ルール」について説明しておく。まず中期財政フレームについてである。予算は民主的にコントロールされなければならないため、議会が毎年、予算を審議し議決する必要がある。しかし、予算が単年度ベースで作成されることで、財政政策が短期的な視点で立案される、経済運営の中長期的な安定を損ねる、資源配分が毎年のアドホックな都合で行われる、といった批判がなされてきた。そこで単年度主義の欠点を補うために、複数年にわたる主要財政指標（支出・収入・収支・債務残高など）の中期的な見積もりや予測を示すのが、中期財政フレームである。これには主要経費別・省庁別の予算や、予算編成の前提となる経済見通しなども含まれる。

次に財政ルールについてである。財政ルールは、財政収支（赤字）の数値目標を決める「財政収支ルール」、債務残高の数値目標を決める「債務残高ルール」、財政支出の数値目標を決めることや、恒久的に財政支出を増やすような政策を導入する場合には、その分の財源の確保を求めるPay-As-You-Go原則といった「支出ルール」、「収入ルール」などに分類される。財政収支ルールの具体例としては、1985年にアメリカで制定された均衡予算・緊急財政赤字削減法（グラム・ラドマン・ホリングス法。1991年度に連邦政府の財政赤字をゼロとすることを規定した）が、財政収支ルールと債務残高ルールの具体例としては、ユーロ参加国に対して、年間の財政赤字はGDPの3％以内、政府債務残高はGDPの60％以内と定めた欧州連合（EU）の安定・成長協定がある。日本では中期財政フレームで、プライマリー・バランスの黒字化を目標とする財政収支ルールを採用しているのだが、その達成時期は何度も延期されている（田中 2011: 38-40, 62-66, 154；2013: 52-54）。

意思決定の集権化

これまでみてきた議論からすると、連立政権が常態化しているとはいえ、首相のリーダーシップの強化を図った1990年代の統治機構改革（衆議院の選挙制度改革と内閣機能を強化する行政改革）は、財政健全化を可能にする改革であったと考えられる。実際に小泉内閣では、族議員や支出官庁の抵抗を抑えて、歳出削減が一定程度進んだ。もっとも、「安倍一強」と称されている第2次以降の安倍晋三内閣は、消費増税を二度も延期し、機動的な財政運営や「国土強靱化」を掲げるなど、経済成長を優先して財政再建には熱心ではないとみられている。首相や与党首脳など執政中枢部が財政健全化に強い関心をもたない場合、いくら集権性が高まっても財政再建が進まないのは当然であろう。

なお諸外国でも、意思決定の集権化による財政再建が図られている。たとえばオーストラリアでは、各省庁から提案されている新規施策を実質的に検討・決定する閣内委員会として、首相、財務大臣、予算大臣ほか数名の有力閣僚（全体で5名程度）から構成される「歳出検討委員会」が置かれ、戦略的な優先順位づけを行っている。同様の閣内委員会は、イギリスやカナダなどでも導入されている（田中 2011: 204）。

一方、連立政権が一般的な国では、首相や財務大臣に権力を集中させることでは、意思決定の集権化にはつながらない。財務大臣よりも、連立政権を構成する政党の党首の方が、強い影響力をもつからである。このため、政権内で厳格な合意システムを導入することが必要となる。ここではスウェーデンの事例をみておこう。スウェーデンでは、予算閣議が3月末に2日間にわたって首相の別荘で行われる。ここで財務省は、翌年度からの3年間の支出シーリングと27の歳出分野の支出上限（ターゲット）を記載したフレーム予算の原案を提出する。はじめの2年分については前年までに決定されており、この原案は、3年先の支出シーリングを新たに付け加えたものである。予算閣議では、各省の追加予算要求が議論の中心となるのだが、予算を増やす場合には、その分、他の歳出分野の予算を減らすか、所管する歳出分野で予算の再配分を行うPay-As-You-Go原則が適用されるため、各省大臣は予算制約を認識せざるを得ない。2日間の議論を経て政府案が決定され、国会で議決される。このフレーム予算をもとにした新年度の政府予算案が、9月20日に国会に提出され、12月末に決定される。歳出分野間での資源の再配分は可能だが、ここでもPay-As-You-Go原則が適用される。これは従来、政府予算案がしばしば増額修正されたことへの反省によるものとされる。

またオランダでは、連立政権樹立の際に、向こう4年間の中期財政フレームが、連立政権合意に盛り込まれる。ニュージーランドでも、連立政権樹立の際に、政権期間中（3年間）の裁量的支出の増分に上限を設定する支出キャップと、その枠内での優先的な資源配分の方針が、政権合意として決定される（田中 2011: 259-261, 319）。

このように単独政権の国では閣内委員会（閣僚委員会）の設置により、連立政権の国では中期財政フレームの厳格な合意により、意思決定の集権化に努めている。日本でも、こうした努力は参考とされるべきであろう。

2　財政健全化条項と財政責任法

財政健全化条項とその実効性

次に、財政健全化のために、憲法に財政健全化条項を加えるという提案について検討しておこう。ジェームズ・M・ブキャナンらは、憲法で均衡財政を義務づけることで、財政拡張の民主主義的圧力を抑制することを提案した。実際に1980年代の米国では、全米減税委員会、全米納税者同盟などの全国組織により、憲法に均衡予算を明記すべきとする運動が行われ（日本経済新聞1982年4月2日夕刊）、1990年代になってもG・H・W・ブッシュ大統領が均衡財政を義務づける憲法修正案の必要性を主張し（日本経済新聞1992年6月5日夕刊）、ビル・クリントン政権下でも、財政赤字削減を最重要課題とする共和党を中心とした超党派の議員たちによって、財政均衡化を義務づける憲法修正条項が下院で可決された（上院では否決される）（日本経済新聞1995年1月27日夕刊、同1995年3月3日夕刊）。

他方、ヨーロッパでは、スイスとドイツで、かねてより均衡財政条項が憲法や基本法で明文化されていた。さらに政府債務危機が深刻化した2011年には、ドイツとフランスがEU各国に対して、憲法で債務の上限を規定するよう提案し、2013年1月に発効したEUの新財政協定では、財政赤字を原則ゼロにする均衡財政の規定を憲法や基本法に定めることが決められた。これを受けて均衡財政条項を憲法に盛り込む国が増えている（日本経済新聞2011年12月6日朝刊、同2011年12月9日夕刊、同2012年1月29日朝刊、同2012年1月31日朝刊、同2012年1月31日夕刊、同2012年5月24日朝刊）。

EUでは、加盟国に財政規律を促す制度も整備されている。欧州委員会が各国の翌年予算案を審査し、財政目標の達成に不十分と判断した場合、是正・再提出を要請することができる。また、財政赤字がGDP比3％を超えるか、政府債務残高がGDP比60％を超えているにもかかわらず、財政赤字の縮小に向けて十分に取り組まない国には、迅速に罰金を科すことになっている。

ところが2013年以降、緊縮財政による景気悪化を受けて、緊縮財政と経済成長のバランスをとる必要性が認識されるようになった。そこで景気が悪化する国や「主要な構造改革」（潜在成長率や財政の持続性にプラスの影響を与える改革）を実施しようとする国に対しては、財政赤字の削減ペースを一時的に緩和することを認める例外規定が利用されるようになり、緊縮財政ペースは緩められたのである（松本 2015）。

EUのように財政健全化を求める「外圧」がある場合でさえ、財政規律条項は十分に機能してはいない。そうした「外圧」のない日本で、財政健全化条項が機能するとは考えにくい。

実は日本でも、財政に関する基本法である財政法に、均衡財政条項が盛り込まれている。財政法4条では、「国の歳出は、公債又は借入金以外の歳入を以て、その財源としなければならない。但し、公共事業費、出資金及び貸付金の財源については、国会の議決を経た金額の範囲内で、公債を発行し又は借入金をなすことができる」として、赤字公債の発行禁止と建設公債の原則を定めている。ところが現実には、特例公債法により赤字公債は毎年発行されている。また、財政健全化と分野別の歳出削減目標を法定化した財政構造改革法も1年で停止されており、財政健全化を法制化したからといって、それが実現されるわけではない。特に財政収支ルールや債務残高ルールについては、名目的な財政収支は景気循環により変動するため、景気変動に対応して安定的に財政運営を行うためのメカニズム（弾力条項など）がなければ、景気が後退し税収が減ると直ちに機能しなくなるという問題がある。このことは財政構造改革法の顛末からしても明らかである（田中 2011, 62-66, 344）。

財政責任法

田中秀明は、実質的に機能していない現行の財政法を抜本的に改正し、財政規律を確立するための財政責任法を制定するよう主張している。田中は、中期財政フレームで事前に財政ルールを設定し、その遵守状況を事前および事後に検証することで、政府が財政ルールに違反していないかどうかを監視することができ、財政再建が可能になるとする。ところが日本では、①そもそも中期財政フレームが予算編成の出発点として位置づけられておらず、将来の支出を拘束していない、②経済成長率の予測が楽観的で財政収支の予測も楽観的となっている、③現行の施策制度に基づく将来推計（一般に「ベースライン」と呼ぶ）が示されず、政策変更の効果を分析することができない、④予測と実績を比較しての検証や独立的な評価が行われていない、といった問題がある。そこで政府に対して、財政ルール・目標を定めることと、その達成状況を定期的に検証することを義務づける財政責任法の制定が必要だというのである（財政ルール自体は法で定めない）。これにより、中期財政フレームに基づいて予算が編成されるとともに、予算や会計制度の透明性が高まり、一般会計と特別会計の間での資金操作や会計年度間での資金操作が抑止されると論じている。

財政責任法を最初に導入したのはニュージーランドである。ニュージーランドでは、1993年の国民投票により、1996年から一院制の議会の選挙制度について、従来の小選挙区制を廃止し、小選挙区比例代表併用制を導入することが決まった。これにより従来の二大政党制に代わり、連立政権が恒常化することが予測されたことから、連立政権下で財政規律が働く仕組みが必要と考えられた。そこで1994年には、財政ルール・目標を設定し、定期的にその達成状況に関する報告書を作成することを政府に義務づける財政責任法が制定された。その後、同様の法律がイギリスやオーストラリアなどでも導入されている（田中 2011: 99-109, 311-315 : 2013: 80-82, 124, 155-163, 187-189, 192-193）。

財政健全化条項および財政責任法の現実性

財政健全化条項を盛り込む憲法改正や財政責任法の制定が実現し、そうした規定が骨抜きにされることなく長期間にわたって維持されるには、財政健全化が国会議員や国民の多数から長期間にわたって支持される必要がある。しかし現在のところ、日本政府および財政に対する信認があり、投資家が日本国債を購入し続けるため、政府債務危機がすぐに起こる可能性は小さい。このため、財政再建政策への支持が一時的に盛り上がりをみせることはあっても、長期間にわたって支持を集めることは難しい。

では、なぜ日本の財政への信認が続くのかと言うと、日本では、家計部門と企業部門が大幅な貯蓄超過で、その資金が金融機関に預けられており、為替リスクや株価変動のリスクを嫌う金融機関は、そうした資金を日本国債の購入にあてているからである。このため、2018年12月末時点での日本国債の海外保有比率は6・4％程度、国庫短期証券を含めても12・1％と低く、国債が投げ売りされる可能性は小さい。また日本は租税負担率が低いため、さらなる増税の余地があり、増税により財政を健全化することが可能とみられているからでもある（伊藤 2015: 8-13）。さらに異次元緩和により、日本銀行が2018年12月末時点で日本国債の43・0％を保有しており、長期金利もゼロ％近辺に抑えられている。それゆえ、痛みをともなう財政健全化の必要性は認識されにくい。スウェーデンやニュージーランドといった小国とは違い、政府債務危機や通貨危機の可能性が低いがゆえに、かえって財政健全化が超党派的な支持を得ることは難しいのである（もっとも、過剰な国内貯蓄にもかかわらず健全財政が国民的合意を得ているドイツのような国もある）。

「ねじれ国会」と予算関連法案

財政法に関連して、特例公債法や税制改正法などの予算関連法案について言及しておきたい。参議院で野党が過半数の議席を占める「ねじれ国会」（分裂議会）で、衆議院で与党が3分の2以上の議席をもたない場合、予算案は衆議院の優越により、衆議院で可決された予算が成立することになるのだが、予算関連法案は通常の法律であるため、野党が反対すれば成立せず、予算の執行に支障を来すことになる。2010年参議院選挙以降の民主党政権は、こうした状況に陥り、税制関連法案は野党の要求を丸のみせざるを得なくなり、さらに特例公債法案を人質にとられたことで、菅直人首相は、その成立と引き換えに辞任に追い込まれ、野田佳彦首相も、その成立と引き換えに衆議院の解散を余儀なくされた。また2012年度には、特例公債法の成立が遅れたため、自治体への地方交付税の配分が延期されるなどの実質的な弊害も生じた。

2012年11月に成立した特例公債法は、1年限りではなく2012年度から2015年度まで、2016年3月に成立した特例公債法は、2016年度から2020年度まで、特例公債の発行を認めた。このことについては財政健全化の観点からは批判があるものの、衆議院の多数派が内閣を構成し、立法府と行政府が融合して安定した政権運営を行うという議院内閣制の特徴を重視する観点からは、一定の改善と評価し得る。しかし、特例公債法制定の時期に「ねじれ国会」に陥れば、こうした問題が再び生じるのであり、予算関連法案の扱いをどうすべきか検討する必要があるだろう。

3 独立財政機関の設置

独立財政機関とは何か

続いて独立財政機関の設置について検討する。独立財政機関は、国ごとに果たす役割は異なっているのだが、一般的には、財政計画や予算の策定に使用するマクロ経済の推計、財政健全化目標の達成状況の評価、個々の政策の財政への影響についての具体的な分析評価、財政の持続可能性など将来の事象についての分析評価を行い、財政政策について規範的な報告・提言・勧告を行う役割を担っている。これに対し伝統的な会計検査院の主たる役割は、予算執行の結果である決算の正確性や妥当性など、過去の事象についての分析評価や検証を行うことにある。もっとも会計検査院も、予算の執行について事後的に分析評価や検証を行っていく過程での決算数値をもとにして、財政の持続可能性の検証など将来の事象についての分析評価を行うこともある。

独立財政機関には、古くから存在しているものとして、1945年に設立されたオランダの経済政策分析局や、1974年にアメリカ連邦議会の付属機関として設立された議会予算局などがある。2000年代以降、特に政府債務危機が深刻化して以降、OECD加盟国で設立が相次いでおり（宮本 2017：田中 2013: 126-128）、2019年11月に参議院に独立財政機関を設置するよう提言した経済同友会によると、OECD加盟36カ国のうち29カ国に独立財政機関が設けられている。

田中秀明は、独立財政機関を設置する効用として、中期財政フレームを機能させ、予算・財政に関する透明性を高めることを挙げている。中期財政フレームの策定に際して政治家は、選挙目当てに財政支出を増やしたり減税を行ったりしようとして行政府に圧力をかけ、高い経済成長率と、それにともなう税収増を予測させる可能性がある。それゆえ、政府から独立した独立財政機関が、経済成長率の前提や財政見通しの推計を行うとともに、財政ルール・目標の遵守状況を監視・検証することで、政府が財政ルールに違反していないかどうかを監視し、会計上の操作を抑止することが望ましいというのである（田中 2011: 308-315, 322-329）。

独立財政機関は機能するのか

独立財政機関を設置しようとすれば憲法問題となる。このことを確認するために、改正日本銀行法の制定過程での議論をみておこう。同法の基本方針を決定した中央銀行研究会（内閣総理大臣の私的研究会）では、政府が予算認可権と人事権で日本銀行をコントロールしないと、「行政権は、内閣に属する」と定めた憲法65条に違反することになるのか、そもそも日本銀行は行政なのか、といった点をめぐり、激しい議論が交わされた。結果、研究会の報告書には、「人事権等を通じた政府のコントロールが留保されていれば、日本銀行に内閣から独立した行政的色彩を有する機能を付与したとしても、憲法65条等との関係では違憲とはいえない」と明記される。だが、大蔵省の一般監督権や予算認可権も、「人事権等」の「等」に入ると解釈することもでき、これで決着とはならなかった。最終的に大蔵省の付属機関である金融制度調査会の「日銀法改正案に関する小委員会」で、一般監督権については、大蔵大臣の監督権を大きく限定し、日本銀行に対しては、法令・定款違反または、そのおそれがある場合に報告を求めることとされた。予算認可権については、日本銀行が主張した届出制には違憲の可能性があるとされ、大蔵大臣に認可権を与えるものの、大蔵大臣が認可を拒否した場合には日本銀行に理由書を提出し、それを公表する方式をとることとされた（真渕 1997: 270-271, 284, 306-308, 320-323, 327-332；山脇 2002: 92-97, 109-126）。

ところが、政府からの独立性を向上させたはずの日本銀行も、２０１３年には安倍首相からの圧力を受けてインフレ数値目標の導入を決定せざるを得なくなり、さらに安倍首相が「リフレ派」の黒田東彦を総裁に、岩田規久男を副総裁に任命して、黒田総裁が異次元緩和の導入に踏み切る。このように独立性の高い機関であっても、内閣が政策決定に介入することは可能なのである（上川 2014: 237-255）。また憲法90条に基づき制定された会計検査院法で、内閣に対して独立の地位を有すると定められている会計検査院についても、これまで政府にまったく気兼ねすることなく会計検査を行ってきたとみる向きは少ないであろう。

しかも第2次以降の安倍内閣では、日本銀行のほかにも、これまで首相がなかなか手を出せなかった内閣法制局や宮内庁といった独立性の高い機関に対して、首相官邸が人事介入を行い、首相の意向に沿った政策を決めさせている（上川 2018）。このことからして、仮に独立財政機関が設置されたとしても、政府の意向から独立してマクロ経済推計や財政政策の監視・検証を行うことができるとは考えにくい。

4　決算審査機能の強化

参議院改革と決算審査の重視

最後に、参議院改革の一環として決算審査の実効性を高めようとする提案について検討しておこう。1971年に河野謙三参議院議長が設置した参議院問題懇談会は、「参議院運営の改革に関する意見書」を河野議長に提出している。そこでは参議院に対する批判のひとつとして、「現状では、いわば第二衆議院に堕し、その独自性を失なっていること」が挙げられ、参議院の独自性を打ち出す方策のひとつとして「決算審査の重視」が提案されている。「参議院は行政監督の機能の発揮につとめ、特に決算の審査を重視し、審査にあたっては、会計検査院の検査報告にのみ重点を置くことなく、予算の執行が国会で議決された趣旨に沿っているかどうかの実際を深く検討することが望ましい」というのである。以後、参議院改革では、決算の重視が繰り返し掲げられることになり、実際に決算審議を衆議院よりも早期に終えるなどしている（真渕 2016：参議院ウェブサイト）。

もともと参議院は決算審査に熱心で、1965年度決算以降、国会の立場から遺憾の意を込めて政府に警告を発する本会議決議を行ってきた（現行の「警告決議」）。2001年度決算からは、政府に改善措置あるいは調査等を求める委員会決議（「内閣に対する要請」）。2003年度決算からは「措置要求決議」）を行うようになり、2005年度決算からは、是正改善の取り組みを求める決議を受けて政府が講じた措置の報告（「政府が講じた措置」）。1964年度および1965年度決算以降、実施）に対して、フォローアップ審査を実施することで、決算審査の結果を予算へ反映させようとしている（奥井 2012: 71-73）。

さらに2000年1月に設置された参議院の憲法調査会では、小委員会での議論として「参議院は、チェックの院として決算審査を重点的に行うべき点で意見が一致し、決算審査の実効性を高めるために審査結果に拘束力を持たせること、会計検査院を国会ないし参議院の附属機関とすること等、様々な提案がなされた」ことが最終報告書に明記されている（真渕 2016：参議院憲法調査会 2005）。

改革案の評価

審査結果に拘束力をもたせることに関しては、自民党の憲法改正草案でも、決算は両議院で承認を受けることと明記し、内閣は会計検査院の検査報告の内容を予算案に反映させて、その結果について国会に報告することが盛り込まれている。しかし、現状でも「ねじれ国会」で決算が否認されることはあり、それが何らかの効果をもつわけではない。また、検査報告の内容を予算案に反映させることを義務づけたとしても、実質的にはあまり反映させていないにもかかわらず、内閣が反映させたと強弁して与党が予算案を可決することも可能であり、どこまで実効性があるのかは不明である。

会計検査院を国会もしくは参議院の付属機関にすることについては、憲法上の疑義があるとされている（真渕 2016）。参議院の付属機関とすることで、どのような変化が起こるのかは推測しがたいのだが、仮に会計検査院に対する参議院多数派の影響力が強まった場合、与党が多数派であれば、会計検査院は内閣に対して厳しい指摘は行いにくくなるであろうし、野党が多数派であれば、会計検査院は政争の道具として使われる可能性がある。参議院が衆議院と同様に政党化している現状では（現行の制度では政党化せざるを得ない）、会計検査院を参議院の付属機関とすることには慎重であるべきだろう。

5　財政政策と民主主義・立憲主義

財政政策については、その決定にあたり、主権者である国民の代表によって構成される国会での議決を必要とする財政民主主義が標榜されるものの、民主主義的な政策決定では財政規律が損なわれ、財政破綻を招くとする見解が示されてきた。そのため、政権中枢部への予算編成の集権化が図られてきた。だが、それだけでは不十分であり、財政ルールにより民主的な意思決定を拘束することで財政規律を堅持しようとする立憲主義的ないし法律主義的な解決策が提示されるようになった。

しかしながら、財政政策が対象とするマクロ経済の動向は不安定であり、硬直的な法的ルールで政策運営を円滑に行うことは困難である。財政ルールは、景気が悪化すれば機能しなくなり、無理に堅持すると、さらなる景気の悪化をもたらす。しかも財政再建に対する政治リーダーの強い決意や世論の支持がない限り、そうしたルールは容易く破られてしまう。財政健全化については、安易な立憲主義的ないし法律主義的解決は望めず、究極的には世論の良識に期待せざるを得ないのである。

参考文献

伊藤隆敏 2015『日本財政「最後の選択」―健全化と成長の両立は成るか』日本経済新聞出版社.
奥井俊二 2012「決算審査の充実に向けた参議院の取組―この10年間の改革とその成果」立法と調査327号.
上川龍之進 2014『日本銀行と政治―金融政策決定の軌跡』中公新書.
――― 2018「『安倍一強』の制度分析(1)(2・完)」阪大法学67巻5号、67巻6号.
川人貞史 2005『日本の国会制度と政党政治』東京大学出版会.
佐藤幸治 2011『日本国憲法論』成文堂.
参議院憲法調査会 2005「日本国憲法に関する調査報告書」(平成17年4月) 参議院憲法審査会ウェブサイト <http://www.kenpoushinsa.sangiin.go.jp/kenpou/houkokusyo/pdf/honhoukoku.pdf> (2019年5月3日最終アクセス).
田中秀明 2011『財政規律と予算制度改革―なぜ日本は財政再建に失敗しているか』日本評論社.
――― 2013『日本の財政―再建の道筋と予算制度』中公新書.
ブキャナン、ジェームズ・M. リチャード・E. ワグナー(大野一訳)2014『赤字の民主主義―ケインズが遺したもの』日経BP社[Buchanan, James M. and Richards E. Wagner. 1977. *Democracy in Deficit: The Political Legacy of Lord Keynes*. Academic Press].
牧原 出 2003『内閣政治と「大蔵省支配」―政治主導の条件』中央公論新社.
松本 惇 2015「欧州の財政規律は再び緩むのか―『安定成長協定』が抱える課題への対応が必要」みずほ総合研究所『みずほインサイト欧州』(2015年12月24日) みずほ総合研究所ウェブサイト <https://www.mizuho-ri.co.jp/publication/research/pdf/insight/eu151224.pdf> (2019年5月2日最終アクセス).
真渕 勝 1997『大蔵省はなぜ追いつめられたのか―政官関係の変貌』中公新書.
――― 2016「会計検査と参議院」会計検査研究53号.
宮本善仁 2017「財政健全化に向けての独立財政機関の役割―OECD主要国等における会計検査院との比較を

中心に」会計検査研究56号.
山脇岳志 2002『日本銀行の深層』講談社.
Edin, Per-Anders and Henry Ohlsson. 1991. "Political Determinants of Budget Deficits: Coalition Effects versus Minority Effects." *European Economic Review* 35.
Huber, Gerald, Martin Kocher and Matthias Sutter. 2003. "Government Strength, Power Dispersion in Governments and Budget Deficits in OECD-countries. A Voting Power Approach." *Public Choice* 116.
Kontopoulos, Yianos and Roberto Perotti. 1999. "Government Fragmentation and Fiscal Policy Outcomes: Evidence from OECD Countries." in James M. Poterba and Jürgen von Hagen (eds.). *Fiscal Institutions and Fiscal Performance*. The University of Chicago Press.
Persson, Torsten and Guido Tabellini. 2004. "Constitution and Economic Policy." *Journal of Economic Perspectives* 18(1).
Roubini, Nouriel and Jeffrey D. Sachs. 1989. "Political and Economic Determinants of Budget Deficits in the Industrial Democracies." *European Economic Review* 33.

参考ＵＲＬ

参議院「参議院のあらまし　参議院改革の歩み（参議院改革関係年表）」参議院ウェブサイト<http://www.sangiin.go.jp/japanese/aramashi/ayumi/nenpyou.html>（２０１９年５月３日最終アクセス）.
―――「参議院のあらまし　参議院運営の改革に関する意見書」参議院ウェブサイト<http://www.sangiin.go.jp/japanese/aramashi/ayumi/460923.html>（２０１９年５月３日最終アクセス）.

Ⅱ 応答と展望

統治システムとしての財政とその憲法的デザイン

片桐直人

本章Ⅰの上川論文においては、財政民主主義に内在する財政赤字バイアスが指摘され、それを乗り越えるために提案される仕組みが検討された。その多くは、財政民主主義という政治の過程を、法的ルールや独立機関の設置というかたちで、いわば外部から統制することを目指すものであるように思われる。しかし、財政民主主義が憲法上の要請であるとすれば、上川論文が検討した諸提案は、憲法上の要請たる財政民主主義をさらに規律し、憲法的価値に対するメタレベルの規律を模索するという点で、憲法と鋭い緊張関係に立つ。

もっとも、提案される諸提案に対する上川論文の評価は極めてドライである。上川論文によれば、「財政健全化については、安易な立憲主義的ないし法律主義的解決は望めず、究極的には世論の良識に期待せざるを得ない」。本稿筆者も、このような上川論文の指摘には同意せざるを得ない部分がある。しかし、だからといって、「立憲主義的ないし法律主義的解決」がまったく無意味かというとそうではないだろう。

本稿では、憲法と両立するような、しかも、民意を厳密に拘束するのではなく、緩やかに方向づけることが可能な財政統制に関する法的仕組みは何かを探求することを目指そう。

1 財政をめぐる憲法論の限界？

憲法と財政

日本国憲法第7章は「財政」について規定している。日本国憲法では、大別して、特定の国家機関に着目して章が編まれている部分と、広い意味での特定の国家作用ないし権力に着目して章が編まれている部分とがあるが、「財政」はそのどちらにもまたがる独特の性質をもつと理解されてきた。

わが国の憲法学は、伝統的に「財政」を、「国家がその存立を図り、任務を遂行するに必要な財源を調達し、管理し、使用する作用の総称」（佐藤 2011: 525）と認識してきた。注意が必要なのは、ここに言う「作用の総称」とは、立法・行政・司法といったいわゆる三権とは異なる何かであるという点である。たとえば、財政作用のひとつとされる「任務を遂行するに必要な財源を調達する作用」（≒租税の賦課徴収）は、そのうち租税の賦課が国会の制定する法律によってなされ、その徴収が法律に基づいて行政として行われ、それをめぐる紛争が司法作用によって解決される。このように、憲法学における財政の議論は、国家を財政という別の角度から分節して把握し、その内容に応じて、国民・国会・内閣・裁判所・会計検査院といった各国家機関の権限関係を整序し、それに応じて法律・予算・命令・判決といった行為形式を割り当て、憲法学ないし公法学特有の思考枠組みの下で分析し得るようにするということに向けて行われてきたと言える（櫻井 2003: 21）。

リアリティの欠如？

このような思考枠組みの中で、財政をめぐる戦後憲法論は、租税法律主義や宗教団体への公金支出の問題を除いて、予算の法的性質をはじめとする国会が財政を決定する際の行為形式や、国会と内閣（場合によっては裁判所も含む）の権限関係を特に論じてきた。それは、このような議論を通じて、明治憲法に比して財政議会主義を格段に強化した日本国憲法の趣旨を実現するべきだと考えられたからである。

しかし、このような憲法論はこれから指摘するようにその想定からしてリアリティに欠けるところがあり、それが現下の財政赤字の累積をはじめとする財政をめぐる現代的な課題に対して、いかにも役に立たない（櫻井 2014 :233）と言われてしまう原因ともなっているように思われる。

従来の憲法論は、国会と内閣とが対向関係にあるという想定を措いていた。財政国会中心主義の下では、「国の財政処理に関する権限」はすべて究極的には国会に留保されており、財政のありようは国会がすべて決定するというのがタテマエである。しかし、このような憲法レヴェルでの財政国会中心主義の徹底にもかかわらず、明治憲法体制以来の思考が残存し、内閣主導により財政が決定されるような仕組みが維持されているではないか、との批判がなされてきた（夜久 2016）。このような批判は、国会と内閣の対向関係を前提に、国会の権限の内閣による簒奪を告発するものだと言える。

しかし、日本国憲法が採用する議院内閣制は、いわゆる一元型のそれであり、権力融合型を志向しているのであって（第4章Ⅰの竹中論文も参照）、国会と内閣とが鋭い緊張関係に立つのは通常ではない。したがって、特に55年体制の成立以後、憲法学の問題構成自体が急速にリアリティを失わざるを得なかったように思われる。上川論文は民主制がもつ「赤字バイアス」の問題の存在を指摘する。わが国の場合、そのようなバイアスは、主として与党の族議員と支出官庁の官僚の予算ぶんどり（キャンベル 2014）の下で――したがって、国会・内閣関係の外で――生じていた。このような事態に対処するための視点は、財政国会中心主義・財政民主主義を強調するだけでは育ちにくい。

もちろん、従来の議論は、財政国会中心主義を強調するだけではなかった。たとえば、55年体制下では、裁判所を通じた財政統制の可能性が模索された。しかし、このような議論も、財政赤字といった問題に対する有効な視点を提供しにくい。ここでは、1960年代後半以後の護憲運動における重要な構成要素であった（渡辺 1987: 478-482）、朝日訴訟（最高裁昭和42年5月24日大法廷判決〔民集21巻5号1043頁〕）を嚆矢とする生存権裁判を想起しよう。

周知のように、この運動は、1960年代半ばの護憲運動の変容を背景に、日常の国民生活レベルから憲法的異議申立てをすべく起こったものである。しかしながら、そのような憲法的異議申立ては、憲法25条に言う健康で文化的な最低限度の生活の内実は、「その時々における文化の発達の程度、経済的・社会的条件、一般的な国民生活の状況等との相関関係において判断決定されるべき」であるとともに、「国の財政事情を無視することができず、また、多方面にわたる複雑多様な、しかも高度の専門技術的な考察とそれに基づいた政策的判断を必要とする」（最高裁昭和57年7月7日大法廷判決〔民集36巻7号1235頁・堀木訴訟判決〕）のだという最高裁の論理に跳ね返される。

もちろんそれを乗り越えるための工夫は学説上様々に試みられてきた。それは、別の角度からみれば、55年体制が定着する中で予算ぶんどりに参加できない人々の利益を、裁判所の司法判断を通じて実現しようとするものだったと言えるかもしれない。しかし、財政赤字が分散化した意志決定の下で起こるのだとすれば、司法を通じた個別利益の財政への反映は、財政膨張圧力でしかないはずである。したがって、生存権といった個別の憲法論を背景に、「憲法適合的な予算」を司法ルートで実現するという試みは、そのような個別要求を全体としてどのように調整するかという視点がなければ説得力をもたないし、そもそも、憲法適合的な予算が、財政赤字を生まないという保証もなかった。

2 憲法論の構造

財政赤字と憲法

加えて、このような憲法論におけるリアリティや「全体を調整する」という観点の欠如は、日本国憲法が財政赤字についてまったく触れていないという点にも求められるように思われる。

確かに、憲法84条は歳入の大宗たる租税について定めている。また、憲法85条に言う国の債務負担には公債発行が含まれると解されている。しかし、たとえば公債収入と税収との関係について憲法は明文の規定をもたない。むしろ、85条がある以上、公債発行を活用した財政運営が予定されているとさえ言えそうである。

もちろん、法律レベルに目を転じれば、財政法4条1項本文は、「国の歳出は、公債又は借入金以外の歳入を以て、その財源としなければならない」と定めており、租税優先原則を明らかにしている。しかし、よく知られているように、同条但し書きは、建設公債に限ってその発行を認め、しかも、同条但し書きは、特例公債法の制定によって、赤字国債の発行も認められるようになっており、空文化している。その特例公債法においても、「政府は……各年度において同項の規定により発行する公債の発行額の抑制に努めるものとする」とされているだけで、税収との量的な関係は明らかでなく、さらに言えば租税収入を公債収入が超えるような事態さえ否定していない。

議論の分化による政治的意思決定の余地の拡大

もし、日本国憲法から、なんらかのかたちで財政赤字を統制する規範が導けるとしたら、事態はまったく変わるかもしれない。と言うのも、財政赤字は、税収を歳出が上回る状態を意味するところ、財政赤字が規律されれば、財政赤字の解消のために、税収を増やすか、歳出をカットするかによって調整されることになるからである。

しかし、ここでさらに気をつけなければならないのは、歳出を維持するために増税すべきだとか、増税しないために歳出をカットすべきだとかいう議論を憲法論は本質的にとりづらいという点である。

このような議論は、性格上、歳出や歳入、あるいは、財政によって支えられる任務を連動させて議論する必要がある。しかし、先にみたように、憲法論（さらには財政法学も）は、国家の財政を「任務の決定・実行／それに充当すべき支出の決定・実行／支出に見合う収入の徴収の決定・

実行」という異なる複数の局面から構成されるものとして捉え、それぞれの局面ごとに議論を展開してきた。このような「議論の分化構造」と言うべきものが存在する以上、分化した議論を横断するような論理は憲法論内在的には供給されない。

加えて、憲法論は、このような議論の分化構造を積極的に評価していたフシもある。最高裁は、旭川市国民健康保険料事件（最高裁平成18年3月1日大法廷判決〔民集60巻2号587頁〕）において、憲法84条に言う租税を「国又は地方公共団体が、課税権に基づき、その経費に充てるための資金を調達する目的をもって、特別の給付に対する反対給付としてでなく、一定の要件に該当するすべての者に対して課する金銭給付」を言うものとしている。

この点、憲法が国家の収入面に関して租税を中心として規律しており、その意味で「租税国家」だと言われるドイツにおいては、この租税国家に規範的な意味を読み込み、租税の非反対給付性に着目して、租税という収入形式が「福祉国家的再分配と……民主制原理に最も親和的」であり、「現代国家における原則的な財源調達方式であるべき」だとする議論がある（藤谷 2016）。すなわち、このようにすることによって、ドイツでは、租税と支出との結びつきがいったん切断され、租税が、特定の歳出目的に拘束されないことによって、「専ら税負担能力＝経済的能力を基準として一般的な賦課を行うこと」を可能にするとともに、貨幣の使途決定の局面においても、「自由な公益判断に基づく配分を行うことが可能となる」という議論が展開されている。これは、租税の非反対給付性という性格もさることながら、収入たる租税と支出とが切り離されて、別個に議会の議決を受けるという構造化の所産でもあるように思われる。

この議論構図が確保しようとしているのは、特定の収入が特定の支出と結びつけられるような場合には不可能であったような政治的決定である。このような構造の下、たとえば「給付を切り下げることなく、増税を回避する」といった一見矛盾した政治的決定が可能になっているわけだが、このような構図は憲法論にとって都合が良い。このことは、この逆の事態を想定すれば理解されよう。

健全な財政を保つためには、基本的に、「給付の水準を引き下げつつ、増税する」しかない。しかしながら、給付の切り下げにせよ、増税にせよ、個々の国民にとってみれば、現在の水準からの切り下げにほかならない。このような選択は、政府による生活の侵害とみられやすい。そしてそのような侵害に対しては、憲法上の権利を持ち出して防御しようというのはあり得る発想であり、「給付を切り下げることなく、増税を回避する」方が憲法論としては好ましいとさえ言えるのである。

矛盾の調整

しかし、財政が「国庫を経由する資金の流れ」としてつながっている以上、「給付を切り下げることなく、増税を回避する」といった決定は、半ば、歳入と歳出の差額を公債発行で補填すると決定することと同義であり、そのまま（フローの）財政赤字として現れることになる。これを回避するためには、「支出増にもかかわらず、増税を認めない」とか、「税収が不足しているにもかかわらず、歳出削減を認めない」といった全体としてみれば半ば矛盾した決定を可能にするような論理を排除する必要がある。

ここで示されているのは、本来「国庫を経由する資金の流れ」としてつながっているはずの財政を半ば人為的に分化させてきた憲法論も、事が財政である以上、それらの分化した議論構造は、なんらかのかたちで連関せざるを得ないという事情である。

もっとも、だからといって、それを一足飛びに実現するような制度や議論にも——憲法論からみると——問題があると言わざるを得ない。財政赤字のたれ流しが無限にできない（すべきではない）との前提の下、公債発行にキャップを嵌めれば、租税や支出に関する調整が促され、その調整は、さらに財政によって運営される任務にも及び得る。しかしながら、憲法25条は、個々の国民が「健康で文化的な最低限度の生活を送る権利」を保障しているし、何よりも、国家には個々の国民が生きていくのに必要なサービスを供給する義務がある。財政の論理によって、これらの義務が果たせないような事態を憲法が容認しているとは思えない。

要するに、憲法論からみれば、財政赤字の問題とは、〈一方で、政府には究極的には予算制約があるが、同時に、国民には少なくとも部分的には憲法に支えられている多様なニーズがありそれを充たす必要がある〉という矛盾をどのように解くか、ということにほかならない。

3　財政法の機能喪失

財政法のインテグリティ確保機能

このような役割を担うのは、結局のところ、政治過程しかない。現在のわが国が財政赤字に呻吟しているということは、従来の政治過程のどこかに問題がある、ということでもあろう。このような政治過程の規律もまた法の役割である。ここでは財政法（昭和22年法律第34号）をそのような側面から捉えることを試みよう。こうすることによって、財政法が本来予定していた矛盾調整のメカニズムのどこが機能不全に陥っているかが理解できるものと思われる。

財政法は、「国の予算その他財政の基本」を定めているが（1条）、そこでは、国の財政資金のフローを現金主義・総計主義の下で把握するとともに（2条）、会計制度の下におさめ（11条以下）、予算によって統制する（14条以下）ことを基本骨格としている。

財政法には、現金主義や総計主義、会計制度といった憲法の明文で規定されていない事項について規定が置かれているが、本稿の観点から興味深いのは、歳入と歳出の関係（2条・14条）、租税と公債の関係（4条）、公債と通貨・金融の関係（5条）といった事項が規律されている点である。

権限・組織・手続

まず、財政法は、予算の作成、執行、決算のそれぞれの段階で、財務大臣の役割を重視している。これは、財政全体のインテグリティ確保のために、財務大臣へ権限を集中したものと考えることができる。

予算の作成レベルでは、内閣総理大臣および各省大臣が作製した歳入歳出等の見積もりに関する書類は財務大臣に送られる（17条2項）とともに、財務大臣はそれらを検討して必要な調整を行い、概算を作製し、閣議決定を受ける（18条1項）。この閣議決定を受けて、財務大臣は、歳入予算明細書を作成するとともに、両院議長・最高裁長官・会計検査院長ならびに内閣総理大臣および各省各庁の長が作製した予定経費要求書等の送付を受ける（20条）。その上で、財務大臣がこれらに基づいて予算を作成する（21条）。

次に執行に目を転じれば、予算の配賦を行うことそのものは内閣であるが、部局間・項間の移用および目間の流用（33条）、各省各庁の長の作製する支払いの計画（34条）は財務大臣の承認を受けなければならないし、さらに財務大臣は予備費の管理をすることにもなっている（35条）。また、決算レベルでも、財務大臣は、各省各庁の長が作製した歳入歳出の決算報告書等の送付を受けて（37条）、歳入歳出の決算を作成する（38条）ものとされており、財務大臣には一定以上の役割が期待されている。

このような財政法の諸規定と、予算の提出権を内閣に専属させる憲法の規定とをあわせて考えれば、本来、わが国の財政運営は、基本的に、財務大臣が、財政運営に関する事項を分担管理し、総合調整の役割を果たすことを想定していたのだと言える。上川論文が紹介したわが国の予算編成過程の変化は、本稿の立場からみれば、財政のインテグリティを担うことが期待された大蔵（財務）大臣および財務（大蔵）省が、1970年代以後、与党からの財政拡張圧力が増大する中でその役割を果し得なくなった過程であったと評価できよう。

そうだとすれば、予算編成過程に即しつつ、財務大臣の閣内および党内における位置づけを強化する方向で整理する筋もあったように思われる。しかし、実際には、そうではなく、経済財政諮問会議にその役割が移行した。

経済財政諮問会議は、いわゆる骨太の方針を活用しつつ、経済政策と財政政策の調整を図りながら、予算の全体像を概算要求基準設定前に提示することで、予算編成過程をコントロールしようとした。これは、従来は財務省（大蔵省）が担ってきた予算の全体的な（マクロの）コントロールを官邸主導で行うことを目指したものと言える。もっとも、経済財政諮問会議は、予算編成に関する事項のみを扱うわけではない。この点が、もっぱら財政運営の分担管理が予定されている財務大臣との大きな違いである。したがって、首相や与党首脳など執政中枢部が財政健全化に強い関心をもたない場合、いくら集権性が高まっても財政再建が進まないのはある意味で当然である。

実体ルール

前項で検討したような財政法の仕組みは、財政運営のインテグリティを人的に確保しようとするものであると言える。財政法は、これとともに、収入と支出の関係をつなぐ機能を有していたと思われる規定を置いている。

日本国憲法にも財政法にも規定がないが、わが国の予算は、歳入総額と歳出総額が形式的に均衡するように編成される（形式的均衡）。このようにすることによって、予算書上で歳入と歳出の対比を可能にしているわけだが、さらに、財政法4条1項本文は、「国の歳出は、公債又は借入金以外の歳入を以て、その財源としなければならない」と定め、予算の実質的均衡を求めている。他方、同項ただし書きは、「公共事業費、出資金及び貸付金の財源については、国会の議決を経た金額の範囲内で、公債を発行し又は借入金をなすことができる」と定めるとともに、同条3項は、その公共事業費の範囲について、国会の議決を受けることを要求している。

このような財政法4条は、全体として、財政運営ルールの一種であると理解することができる(1)（片桐 2018）。そして、財政法4条は、①理念的には、実質的均衡財政、すなわち歳出を税収で賄うことをベースラインとしつつ、公債発行が正当化される場合に限って発行を認めるという考え方に立脚しつつ、②建設公債の発行を織り込んだ予算を編成した政府に対して、それによる収入が何のために用いられているのかを国会において説明し、議決を受けるという構造を予定している。すなわち、公債収入をあくまでも例外と捉え、例外が正当化されるかという観点から、部分的に財政運営の統制密度が引き上げられている。

しかしながら、現代ではケインジアン型のマクロ経済政策の手段として、公債発行による景気刺激策が活用され得るのであって、その意味では、投資的経費か経常費かという区分よりも、景気動向に即したかたちでの公債発行の歯止めを考える必要がある（神野 2007: 230）。加えて、予算編成において、投資的経費が優遇され、資源配分上、好ましくない結果を引き起こし得ること、投資的経費と経常的経費の区分はかなり流動的であることなど（米沢 2013: 146）の欠点が指摘されてきた。

このような欠点もあって、わが国においても、1965年度の補正予算で赤字国債が発行されたのを嚆矢として、1975年以後、財政法4条の特例として一般会計の赤字を補うためのいわゆる特例公債法が制定され、赤字公債が発行されてきた。

（1）財政運営ルールとは、財政運営を継続的に拘束するルールの総体であり（Eyraud et al. 2018: 6）、このようなルールは、①それがどのような財政指標との関連で設定されるかという観点から、（a）予算均衡ルール（この中には投資的経費に関する支出を除外する、いわゆるゴールデン・ルールや、構造的赤字も許容する構造的予算均衡ルールも含まれる）、（b）債務ルール、（c）歳出ルール、（d）歳入ルールに区別されるほか、②それが与えられる法形式、③そのカバーする財政の範囲、④例外条項や⑤違反時の制裁、⑥ルールが適用される期間といった観点から様々に類型化し得る（Corbacho & Ter-Minassian 2013: 58）。

特例公債法は、財政法4条1項但し書きと異なって、投資的経費に限らず、一般会計に計上されるすべての歳出について、公債収入による充当を認めるという特徴を有する。また、特例公債法は、近年ではそれがカバーする会計年度の拡大がみられるものの、基本的には、臨時法・時限法的な、財政法4条に対する特別法として制定されている。すなわち、特例公債法は、財政法4条を廃止するものではなく、特例公債法が時間の経過により失効すれば、再び財政法4条に立ち返ることになり、財政法4条の効力を遮断するためには、再び特例公債法を制定する必要がある。

特例公債法が制定されることによって、財政法4条がもっていた実質的均衡財政をベースラインとしつつ、公債発行が正当化される場合に限って発行を認めるという考え方は著しく変容を被る。確かに、特例公債法が、時限的・臨時的な特別法として制定されており、一定期間経過後に失効して、新規に特例公債法を制定しなければならなくなる以上、その際に、「財政赤字を許容して良いのか」を国会の法律制定手続で確認する機能はかろうじて残っている。しかし、特例公債法の制定そのものを止める仕組みはない。また、いったん、財政赤字を許容してよいことが確認されれば――すなわち特例公債法が成立すれば――公債収入によって何が賄われるべきかを統制する機能もない。このことは、極言すれば、歳出と税収との差を公債発行で埋めることが一般的に許されることを意味する。要するに、特例公債法は、一般会計における赤字を許容するかという点以外には、公債発行を規律する機能をもたないのである。

4　財政制度のデザイン

財政運営ルールのあり方

以上のような考察を踏まえると、本来、財政法は財務大臣への権限集中と財政運営ルールの二つによって、日本国憲法や憲法論からは調達されないい財政のインテグリティを確保しようとしていた側面があったと言えよう。そして、それが時代を重ね、機能不全に陥り、そのことが財政赤字という現象として認識されていると言えよう。そこで、何よりも重要なのは、財政法が果たしていた機能を取り戻すことである。この観点から、いくつかの論点を検討しよう。

すでにみたように、財政法4条は、投資的経費に限って公債発行を認めるゴールデン・ルールを採用していた。ゴールデン・ルールは、構造的予算ルールなどとともに予算均衡ルールの一種として理解される。これに対し、財政ルールを、「起債が及ぼす財政全体の中長期的な負担能力への影響」（石森 2017: 36）の観点から設定することもできる。要するに、〈どこまで公債を発行することが可能かという観点から逆算して、財政ルールを設定する〉という考え方である。両者は公債発行を規律しつつ、一定の範囲で許容するものであるが、その構造は、それぞれのルールが公債発行にあたってどのような正当化を要求しているかという点で大きく異なる。

前者は、予算の実質的均衡をベースラインとしつつ、社会的生産力の拡大に寄与する投資的経費に充てられる財源に限って、例外的に乖離することを許容する方式であるという点に特徴があり、経費支出が起債を正当化できるかという観点から設定される（石森 2017: 36）。これに対して、後者のルールでは、経費支出との関係は切断され、公債発行は可能か、歳出は適切かが、別々に分化したかたちで検証されることになる。

この点、ドイツのように、実質的均衡予算を憲法上の原則として、そこからの逸脱については、説明責任を加重していくという思考もあり得るが、果たして日本国憲法からそのような思考を導くことができるかという解釈論上の課題に加えて、何よりも、現在のわが国の財政運営が当面、赤字体質から脱却できないこと等に鑑みれば、ソフト・ランディングの方法として、後者が志向されるのはやむを得ないところがあろう。

したがって、わが国の財政ルールとしては、「起債が及ぼす財政全体の中長期的な負担能力への影響」の観点から、ストック・ルールを設定し、そこからさらにブレイク・ダウンして、フロー・ルールを設定するという方式が適しているように思われるところである。

もっとも、そのような財政運営ルールは、具体的な歳出のあり方を拘束しない。繰り返しになるが、この方式によれば、公債発行と歳出の関係は切断されているからである。したがって、このようなルールを設定する場合、具体的な予算編成のあり方を適切に統制できなければ、ルールの遵守が不可能になるだけでなく、「削りやすいところから削る」とか、「取りやすいところから取る」といった事態を招きかねないことに留意が必要であろう。

財政ルールの拘束力と財政決定プロセスの再構築

いずれにせよ、財政ルールに、それに違反した予算が編成された場合に、それを直ちに無効にするといった強い効力を付与することは適当でない。と言うのも、法的に有効な予算がなければ、その会計年度の政府の活動が一切できなくなってしまうからである。

けれども、財政ルールがなんらの機能も果たさないのであれば、そもそもルール設定の意味はない。そこで、予算審議プロセスにおいて、審議対象の予算と財政ルールとの関係を説明する義務を政府に課すということが考えられる。

ところで、どのような財政運営ルールを採用するとしても、経済状況・財政状況の把握・予測は不可欠である。そもそも、ベースラインとしての実質的均衡が遵守され得るかを予算編成時点で考えるためには、適切な税収や支出の予測が必要となる。そして、財政が経済状況と密接に絡む以上、その予測には経済状態の把握を欠くことができない。また、景気循環に対応した財政ルールや債務ルールを設定する場合にはルールの具体的な内容自体が、経済財政政策の効果を含む経済予測や財政の将来予測に強く依存する。

このような評価や予測は何よりもその客観性・正確性が要求されるところであり、本来、専門的な知見に基づいてなされるべきものである。しかし、予測や推計が求められる項目によっては、それらを行う手法が確立されていないこともあって、予測や推計の精度を欠くこともあろう。また、これらの予測や評価には、それまで政権担当者が実施してきた経済政策やこれから実施しようとする政策の効果が反映される側面があり、政権運営の成果や目標と重なりあう部分があることから、政治的に操作したくなる領域でもある（宍戸 2016）。

したがって、堅実な財政運営のためには、予測や推計に過度に依存しない仕組みが必要とされるほか、予測や推計を行う主体も、政治的な圧力から可能な限り遮断された専門家集団から構成されるのが望ましい。その意味で、現在の内閣府や財政制度等審議会による予測等に代えて、独立財政機関を設置してそこに行わせるべきだという提案は傾聴に値する。

もっとも、そのような独立財政機関の行う予測等が不完全なものであることに加えて、民主的正統性が不足していることに鑑みれば、それらの予測等をそのまま財政ルールに反映させるのではなく、なんらかのかたちで、政治的な意志決定を経る必要がある。しかし、そのような政治的意思決定は、独立財政機関の予測等を無視した都合の良いルール設定を許してしまうかもしれない。これを回避するためには、独立財政機関の予測等と異なる予測を前提として財政運営を行う場合には、その理由を説明する義務を政府に課すことが考えられよう。[(2)]

また、独立財政機関の設計にあたっては、その数や、それにふさわしい識見をもつ者を任命するための選任方法、事務局機能の確保といった制度設計上の工夫のほか、予測等の公表のタイミングといった予算循環上の時間的な位置づけを検討する必要があるように思われる。

憲法典か法律か

最後に、しばしば提案される財政健全化条項の憲法典への追加についても触れておこう。ドイツをはじめとして憲法典で財政ルールを規定する例は少なくなく、わが国でも、いわゆる鳩山私案や自民党憲法改正草案といった歴代の改憲案をはじめとして、このような提案がなされてきた。

しかし、財政ルールは、予算編成における利害調整を難しくする側面があり、財政ルール自体を骨抜きにしようとする圧力が高まることが予測される。このことは、財政構造改革特別措置法が停止に追い込まれたことを振り返れば明らかであると言えよう。この観点からは、容易に改正できない憲法典で財政ルールを定めるという考え方にも一理ある。しかし、予算編成における利害調整の困難によって生じる圧力を財政ルールの改正によって減殺できないのであれば、取りやすいところから取り、削りやすいところから削るといった事態が生じる懸念があることにも警戒が必要であろう。その場合、税制改革過程や予算編成過程において各種の利害が適切に代表されるようにするとか、あるいは、司法ルートで救済するとかの方策があわせて考察されるべきことになろう。前者に期待するのであれば、この観点からの選挙・政党・予算編成過程といった統治

(2) 財政運営のためには、財政が長期的に経済等に及ぼす影響の推計のほか、近い将来の経済状態の予測、税収の予測、財政需要の予測といった複数の予測が必要となる。独立財政機関を設置するとしても、これら複数の予測をひとつの機関が担うべきであるかは、検討の余地があるだろう。

のプロセス全般の見直しが、後者に期待するのであれば、司法ルートでの救済を可能にするような憲法論の彫琢が求められることになる。

また、わが国の場合、予算が法律とは異なる法形式とされており、財政ルールが法律によって定められている場合であっても、予算によってその効力を排除できない。特例公債法が特例公債の年度の発行額の議決とは別に定められなくてはならないのは、予算の議決によっては、財政法4条の効力を排除できないからである。ここからも理解されるように、財政ルールが法律によって定められる場合でも、財政運営を拘束することは可能である。

したがって、財政ルールを憲法で定めても、法律で定めても、財政運営を規律し得ることには変わりがなく、むしろ、規律と柔軟性の両立という観点からどちらが望ましいかが問われるべきであろう。そして、わが国において、憲法改正に必要な政治コストが極端に高いことに鑑みれば、憲法典で規律するという方法はとりがたいように思われる。

一方、わが国では、近年、政権運営の目標（のひとつ）として財政ルールが設定されている。2018年6月に閣議決定された「経済財政運営と改革の基本方針2018」では、2025年度の国・地方をあわせたプライマリー・バランス（PB）黒字化というフロー目標と、債務残高GDP比安定的引き下げというストック目標が採用されている。これらのルールとしての「質」は後述することとして、このような基本方針において財政ルールが設定されるということをどのように評価すべきであろうか。

そもそも経済財政運営に関する基本方針は、毎年6月に閣議決定されるのが慣例となりつつある。6月に閣議決定されていることから、この基本方針には、翌年度の予算編成を方向づける機能がもたされることになる。したがって、そこに盛り込まれる財政ルールも、次年度の予算編成が前提とすべき条件として示されているという性質がある。(3)

その結果、財政ルールの制約が厳しいと考えられる場合、予算編成の困難が予想されるため、財政ルール自体を変更するというインセンティブが生じやすい。また、財政ルールが財政の中長期的な展望を踏まえて設定されるべきものであることに鑑みれば、国会での議論を通じて、財政ルールの内容の当否が明らかにされ、広く共有されることが望ましいように思われる。

以上のような点に鑑みれば、①(ア)毎年8月末の概算要求の締切り前に、経済状況等の予測とストック・フローの両面にわたる財政ルールの具体的内容を独立財政機関が内閣に提出するとともに、(イ)同じタイミングで内閣も予算編成が準拠すべき財政ルールを策定して国会に提出し、(ウ)国会の議決を受けることとして、(エ)内閣の策定する財政ルールが独立財政機関のそれと異なる場合には、その説明責任を内閣に課すこと、②(ア)内閣が予算を国会に提出する時期

(3)なお、財務省が国会における予算審議の資料として作成し国会に提出している「予算の説明」には、経済情勢や財政事情に関する政府の見解が示されており、その中で政府としてPB黒字化目標を設定している旨が記載されているが、この「予算の説明」は財政法28条10号に言う書類としてではなく、「事実上提出されている」(小村 2016: 242)にとどまるものであって、両院の予算委員会の議事録等をみる限り、これが予算委員会において十分に検討されているようには思われない。

にあわせて、独立財政機関が予測や財政ルールを較正し、(イ)あわせて内閣も財政ルールを較正するとともに、(ウ)財政ルールと予算とが整合することを求め、(エ)内閣に説明責任を課すといったプロセスを経ることが適切であるように思われる。もっとも、このようなプロセスを導入する場合、国会の会期や衆参両院(特に参議院)の権限の見直しが必要となるものと思われる。

5　むすびにかえて

上川論文が指摘するように、「財政健全化については、安易な立憲主義的ないし法律主義的な解決は望めず、究極的には世論の良識に期待せざるを得ない」。このことは、そもそも「財政の健全性」が一義に決まらない以上、そして、一見不健全な財政の下で、国民各般の受容がかろうじて充たされている以上、当然のことだとも言えるかもしれない。

しかしながら、我々が十分に自覚のないままに、政治的選択を積み上げた結果が財政赤字であり、それがいつまでも維持できないのだとすれば、我々が合理的な決定をなし得るような制度が必要である。そうだとすれば、憲法とは別の次元——すなわち法律——で、基本的な財政ルールのあり方とその定立を含む予算循環(予算編成プロセス)の構造を決めるべきではないだろうか。

参考文献

石森久広 2017「ドイツ基本法上の『起債ブレーキ（Schuldenbremse）』成立過程―連邦財務省案の提示」西南大学法学論集49巻4号.

小村　武 2016『予算と財政法〔五訂版〕』新日本法規.

片桐直人 2018「公債発行と憲法85条―議論の手掛かりを求めて」初宿正典先生古稀祝賀『比較憲法学の現状と展望』成文堂.

キャンベル、ジョン・C.（真渕勝訳）2014『自民党政権の予算編成』勁草書房.

櫻井敬子 2003「予算制度の法的考察」会計検査研究28号.

――― 2014「予算・財政投融資」高木光・宇賀克也（編）『行政法の争点』有斐閣.

佐藤幸治 2011『日本国憲法論』成文堂.

宍戸常寿 2016「予算編成過程と将来予測」法律時報88巻9号.

神野直彦 2007『財政学〔改訂版〕』有斐閣.

藤谷武史 2008「財政赤字と国債管理―財政規律の観点から」ジュリスト1363号.

――― 2016「国家作用と租税による費用負担」法律時報88巻2号.

夜久　仁 2016『憲法と国家予算の理論』第一法規.

米沢潤一 2013『国債膨張の戦後史―1947‐2013　現場からの証言』金融財政事情研究会.

渡辺　治 1987『日本国憲法「改正」史』日本評論社.

Corbacho, Ana and Teresa Ter-Minassian. 2013. "Public Financial Management Requirements for Effective Implementation of Fiscal Rules." in Richard Allen, Richard Hemming and Barry H. Potter (eds.). *The International Handbook of Public Financial Management*. Palgrave Macmillan.

Eyraud, Luc, Xavier Debrun, Andrew Hodge, Victor Lledó, and Catherine Pattillo. 2018. "Second-Generation Fiscal Rules: Balancing Simplicity, Flexibility, and Enforceability." *IMF Staff Discussion Note* SDN/18/04.

第7章

地方自治

概　観

1　初期の改革――中央地方関係の再編

1990年代半ばから現在に至るまで、国による地方分権改革が断続的に行われている。地方分権推進委員会に主導され、地方分権一括法に結実した「第1次地方分権改革」は、国の事務権限を地方自治体に対して移譲しつつ、両者を対等な関係として国から地方への関与について規定した。すなわち、機関委任事務の廃止と、国地方係争処理委員会の設置に代表される関与の法定化である。機関委任事務を廃止することで、従来は国の責任で行うべきとされていた事務が法定受託事務として地方自治体の責任で行われることになり、国はその関心に応じて一定のルールに基づき助言・勧告や是正を求めるかたちで地方自治体の事務に関与することとされた。もしそのような国の関与に対して不満があれば、地方自治体は国地方係争処理委員会へ審査を申し出て、問題の解決が行われる。改革を経て、新たに事務の主体となる地方自治体の能力を向上させるためとして、市町村の合併が要請されることになった。

第1次改革では基本的に財政面での改革は行われてこなかったが、その最終盤から地方自治体の主要な収入である地方税・地方交付税交付金・国庫支出金を対象とする地方財政改革が意識されるようになった。後に「三位一体改革」と呼称されるこの改革は、当初地方分権推進委員会の後継組織である地方分権推進会議で行われたが、特に交付税改革をめぐって委員間の対立が深まり、会議は機能不全に陥った。その後、小泉純一郎首相の主導する経済財政諮問会議の下で、3兆円規模の国庫支出金を地方税へと移す税源移譲、地方交付税交付金の総額削減と算定の簡素化、国庫支出金の一部交付金化などが実施された。これにより、税源が増えて独自の施策を実現できる自治体が出現した一方で、国庫支出金の削減に苦しみ義務的な事務への支出も困難となる自治体が増え、自治体間の格差が問題視されるようになった。

2 継続する改革と新たな課題

小泉政権が終わり、安倍晋三首相の第1次政権が発足した直後、地方分権改革推進法のもと地方分権改革推進委員会が設置され、「第2次地方分権改革」が始められた。この改革では、地方自治体の事務を規定する国の法律で定められている義務づけ・枠づけの見直しと、地方自治体による条例制定権の拡大が中心的な論点となった。第1次改革の成果として、地方自治体は基本的にその責任において事務を執行するとされたが、その際の細かな義務づけ・枠づけが依然として法律で定められている。それらを緩和することで、地方自治体とりわけ基礎自治体が自らの判断で主体的に領域内の問題にあたることができるようになることが期待された。2011年4月に新たな一括法が施行されて以降、義務づけ・枠づけの緩和や都道府県から市区町村への権限移譲を中心として、断続的に法改正が行われている。この第2次改革については、第1次改革や三位一体改革のように集中的に改革を議論する機関を設けることはなく、主に地方分権改革有識者会議において地方からの改革への提案を受け付けるかたちで進められている。

第2次改革が粛々と進められる一方で、この間、地方分権に関係する大きな改革構想も議論されてきた。とりわけ重要な論点となったのは、交通網の発展などによる社会経済的な圏域の拡大で、従来の地方自治体の領域内部のみでの公共的な問題の解決が困難になったことを背景とした、広域行政の議論である。広域行政に対応するために、都道府県よりも広域の自治体を設置するという道州制は、小泉政権期の2004年から2年間設置された第28次地方制度調査会のテーマであった。第1次安倍政権発足直後には、北海道を念頭に大きな権限移譲を進める道州制特区推進法が制定されていた。さらに、道州制を担当する内閣府特命担当大臣が置かれ、道州制を強く主張する渡辺喜美の下で制度設計を議論する道州制ビジョン懇談会も設置された。この懇談会は中間報告を提出したものの、国と地方の役割分担や税財政制度、そして区割りをめぐる議論は合意にほど遠く、2008年のリーマンショックとその後の政権交代が続く中で、道州制への関心が失われていく。

代わりに注目を浴びるようになったのが、やはり広域行政に対応する大都市制度改革である。2008年に大阪府知事に就任した橋下徹は、大阪府と大阪市の事務の重複を問題視し、2010年には両者によって行われてきた広域行政を統合する「大阪都構想」を掲げる大阪維新の会を立ち上げた。この地方政党は大阪で支持を広げ、改革提案を実現するために国政への進出を図った。それに対し、民主党の野田佳彦政権は、大都市地域特別区設置法を制定して宥和を図りつつ、同構想実現への経路を開いた。大阪ではこの法律の枠組みの下で議論が進められ、2015年5月には大阪市を廃止して特別区を創設する住民投票の実施に至ったが、僅差で否決されることになり、実現は見ていない。しかし、2019年の統一地方選挙で再び支持を集めた大阪維新の会が、公明党と協力しながら手続きを進め、2020年秋に再度住民投票が実施されることとなっている。

（砂原　庸介）

Ⅰ 分析と論点

入れ子の基幹的政治制度
――中央地方関係と地方政治

砂原　庸介

地方自治をめぐる憲法レベルの課題は、ほかの分野とやや異なる性格を有している。基本的に憲法は、ある政府を規律づける骨格について規定するものとなるが、地方自治の分野では、地方自治体を内部に包含する国が、重要な政治的アクターである地方自治体とどのような関係を結ぶかについて規定する基幹的政治制度である〈中央地方関係〉とともに、包含される地方自治体が政府としてどのような骨格をもつべきかについて規定すべき〈地方政治〉の部分が含まれる。さらに、国政レベルと地方政治レベルは政党などを媒介として有機的に関連している。それらが具体的に憲法や法律によって規定されていなかったとしても、国・地方の政治に方向づけを与える基幹的政治制度としての機能を有している。

本稿では、このような憲法上の地方自治について、まず中央地方関係の検討を行う。日本は典型的な単一国家のひとつであると考えられるが、国と地方自治体の政府間関係という観点から、連邦国家の制度を参照しつつ、地方自治体の自律性を尊重するかたちで国による地方自治体への規律づけを行う際の論点を明らかにする。その上で、地方政治レベルの政府の基幹的政治制度である選挙制度や執政制度についての規定について議論を進める。連邦国家であれば、地方レベルの基幹的政治制度は地方レベルの政府に委ねることもあり得るだろうが、単一国家ではそのような制度に憲法的な関心が払われることもある。最後に、国政レベルと地方政治レベルをつなぐ制度として国と地方の協議機関や第二院、政党などを取り上げる。これらは憲法における他の条項とも強く関連を有しながら、国と地方をつなぐ基幹的政治制度を構成しているのである。

1　中央地方関係――「地方自治の本旨」という鍵

柔軟な中央地方関係

1990年代以降、憲法改正こそ行われなかったものの、日本において基幹的政治制度のひとつである中央地方関係は、とりわけ権限配分の面で大きく変容した。そのような変容が可能だった背景には、現在の日本国憲法で地方自治について記述されている部分が極めて少ないということがある。具体的には第8章の92条から95条までの4か条にすぎず、同様に統治機構について記述している国会・内閣・司法、それに財政の部分に比べても分量は少ない。そして、このような条文の少なさは、国の権限が強く、地方自治について憲法ではなく法律で規定することができる余地が大きいことを示唆している。法律で変更できるからこそ、憲法の条文を変えることなく大きな変更が可能となったのである。

憲法上の地方自治を考えるにあたって特筆すべきは、「地方公共団体の組織及び運営に関する事項は、地方自治の本旨に基いて、法律でこれを定める」と規定されている92条の「地方自治の本旨」という言葉である。(1) この言葉が示すところについては様々な議論があるが、通説としては、「住民自治」つまり地域住民が主体的に地方自治体をコントロールすることと、「団体自治」つまり地方自治体が国から独立して意思決定できること、という二つの自治を満たすことが「地方自治の本旨」であるとされる。とはいえ、「住民自治」「団体自治」という概念はあくまでも講学上のものであり、法律が「地方自治の本旨」に従っているかどうかを判断する根拠として使うこと

(1) 憲法や地方自治法では、通常「地方公共団体」という表現が使われるが、以下では法律の条文を引用するときを除いて「地方自治体」という表現を使用する。

は難しい。近年の地方分権改革で、国は「地方自治の本旨」を実現するために様々な権限移譲を進めてきたし、反対に財政面での地方分権が三位一体改革を除いて実現しないのは、「地方自治の本旨」という観点から自治体間の格差拡大に反対する、というような議論が一定の説得力をもつ。(2)

憲法上の規定が少ないために、「道州制」の導入や新たな大都市制度の創設のような大きな改革も、憲法を変えずに法律の変更のみで実現することも不可能とは言えない。そもそも現在の憲法には、「都道府県」や「市町村」のような具体的な地方自治体についての規定もなく、それらは地方自治法において定められているにすぎない。この点で、道州や大都市のような新たな広域自治体を創設したとき、現状の二層制の地方自治制度がどのように変更されるかは自明ではない。従来の制度を維持しながら、ほとんど権限をもたない広域自治体を創設することもできるだろう。しかし、「道州制」や新たな大都市制度で念頭に置かれているように、新たな広域自治体が、現在の都道府県・市町村よりも強い権限や自律性をもつものになるとすれば、それは基幹的政治制度の大きな変更をともなうことになると考えられる。

権限配分と財政責任

地方自治体により強い権限や自律性を与えるという観点から議論が必要になるのは、「地方自治の本旨」の内容を、具体的に憲法に書き込むなどの方法によって明らかにして、国と地方自治体の関係を変えるかどうか、ということである。国と地方自治体の権限配分を憲法に明記して、地方自治体の憲法上の責任を明らかにすることはそのひとつの方法だろう。地方自治体がその実施する事務について第一義的な責任をもつことを、憲法によって示すのである。そのような根拠を参照して、国と地方自治体で紛争が生じたときに、地方自治体は自らの行動や主張を正当化することができるようになる。

地方自治体が自律的に事務を行うためには、権限移譲が行われるだけではなく、その権限に対応する税財源が配分された上で、独自の財政責任を負うことが求められる。権限に見合った税財源がなければ、地方自治体はその事務を実施することができないし、財政責任がなければ、放漫な財政運営を行う地方自治体が国に対して財政移転を求める圧力によって、国の財政が悪化する懸念も生まれる。そこで、とりわけ自律性が強いとされる連邦国家の州レベルでは、割り当てられた事務を、地方自治体が自ら集める地方税とそれを原資として発行する地方債によって実施すること、つまり受益と負担が一致することが求められる。このような発想は、財政連邦主義という概念で知られている（Oates 1972）。政府機能が国と地方自治体で適切に切り分けられていることを前提に、地方自治体の住民が受益と負担のバランスを考えて、公共サービスの水準を決める代表を選挙で選び、もし好ましくない代表であれば他の地域に移ることが想定される（Tiebout 1956）。

（2）権限移譲に比べて財源の移譲が進まない理由として、改革の順番に注目する議論もある（Falleti 2010）。

財政連邦主義の観点から中心的な論点となってきたのは、どのような機能を地方自治体に割り当てることが望ましいか、という問題であった。古典的な回答としてオーツは次の四つの基準を挙げている（Oates 1972）。まず、支出に規模の経済が存在するのであれば、より上位の政府によってその機能が担われた方が望ましい。次に、地域間で公共サービスの質・量に対する選好に著しい違いが存在するのであれば、分権化が適切である。公共サービスが、地方自治体の領域を超えて個人や企業に外部効果（スピルオーバー効果）をもつような支出機能は、効率性の観点から望ましくないとされ、より上位の政府がその機能を担うことで、外部効果を内部化することが必要であると考えられる。最後に、他の地方自治体を模倣できる支出機能であれば、より良いサービスの提供を目指した地方自治体間の競争が生まれると考えられるため、分権化が望ましいと考えられる。

日本を含む単一国家では、単純に州のような地方自治体レベルで受益と負担を一致させることが必ずしも求められるわけではない（Molander 2004）。単一国家では、全国民に対して一律で同じ水準の公共サービス、特に再分配について同じ水準のサービスを提供しようとする。サービスの基本的な水準については国が決定し、地方自治体は国の代理人として実際にサービスを提供する役割を担うのである（Rattsø 2002）。国は、自らが定めた一律の水準で公共サービスを提供するために必要な費用を計算した上で、地方自治体への補助金を含めて必要な財源を保障する。さらに、地方自治体が独自に公共サービスを行うための財政力を均衡化するために、一般交付金を用いた財政調整を行う。多くの場合、地方自治体は国からの財政移転を前提に、地域住民からの増税などを加えて実際に供給される公共サービスの水準を決定することができる。しかし連邦国家のように、サービスを行うかどうかという決定権限そのものが移譲されているわけではない。つまり単一国家の地方自治体は、標準的な公共サービスについて決定して必要な財政移転を行う国に対して責任を負う一方で、地方税を支払う地域住民に対しては、その受益と負担を限界的に一致させる責任を負っていると言える。

単一国家の変化と日本の基幹的政治制度の改革

単一国家の典型は特に2000年代以前のイギリスである。イギリスはじめ英連邦の単一国家では、国が認めていない公共サービスを地方自治体が実施することは、権限踰越の法理（Ultra Vires）の下で長く禁止されてきた（Goldsmith 2005）。固定資産税を中心とする地方税は限られていて、それだけでは支出を賄うことができず、地方自治体は国に対して財政的に大きく依存してきた。地方債についても、経常支出のための赤字地方債は許されず、国から認められた建設地方債を資本支出に用いることができるのみで、しかも地方自治体の借入には上限が設けられていた。地方自治体の収入や借入が、厳格に管理されていたのである（Rodden 2006）。

しかし、単一国家の中でも変化は生じている。典型であったイギリス自体、スコットランドやウェールズといった地域への包括的な地方分権を進め、イングランドでも一定の地方分権を進めている。また、フランスやイタリアでは、憲法改正によって日本で言う「道州制」のような制度を導入し、新たな広域自治体に対して強い自律性を与えるようになった。特徴的なのはイタリアであり、2001年の憲法改正によって各層の地方自治体を国と対等な存在として位置づけた上で、国と州の間で立法権を配分し（117条）、国と地方自治体の間で行政権を配分する（118条）ことを定めている。さらに、地方自治体が独自の税財源で事務を実施することとともに、税源に乏しい地方自治体のための財政調整制度の規定も定められた（119条）。フランスやイタリアで重視されているのは、ヨーロッパ地方自治憲章で定められた「補完性の原理」であり、〈政策決定がそれによって影響を受ける市民やコミュニティにより近いレベルで行われるべきである〉という原則である。たとえばイタリアでは、基礎自治体であるコムーネに割り当てられている事務として、社会福祉サービスの供給や地域整備に関する公共事業などがあり、県レベルでは交通政策や自然保護などが割り当てられている(3)。

現在の日本では、地方自治体が実施する事務は、国が関与することで、国と地方が「融合」するかたちで行われている。基本的には単一国家の形式を採用しており、地方自治体は国の法律で定められた事務を、国からの財政移転を用いて行っている。しかし、第1次地方分権改革以降、国からの権限移譲で地方自治体の事務が増えるとともに、義務づけ・枠づけの緩和によって、両者の権限を「分離」するかたちで事務を執行する傾向が強まっている。財政面では、三位一体改革にみられる税源移譲がこのような「分離」を志向する決定であると言える。また、イギリス同様に非常に制限的であった地方債の発行も、2000年代以降緩和される傾向にある。しかし、財政移転に関する制度については、「分離」を志向する改革がたびたび提唱されるものの、地方自治体の強い反対を受けて基本的に従来の制度が維持されている。

義務づけ・枠づけの緩和を行う第2次地方分権改革で、地方の提案が重視されていることに象徴されるように、政府の機能を分類して合理的に事務配分を行うというよりは、「補完性の原理」のような概念に拠りながら地方自治体にとって実行可能で必要性の高い事務が移譲され、それらの事務の移譲によって地方自治体の自律性を高めようとする傾向は続くだろう。問題が生じるのは、自律性を高めようとする地方自治体が、法律を超える独自ルールを条例として定めようとするときである。憲法94条では、「法律の範囲内で条例を制定することができる」と規定されており、法律と条例の間に不整合が発生したときの紛争処理メカニズムを含めて検討されるべきだろう。しかし現時点では、憲法改正のように明示的な基幹的政治制度の変更として、包括的な事務の再配分や政府間の紛争処理制度が検討される可能性は低いと考えられる。

事務の執行を支える財政についても、国の深刻な財政危機の中で、国が全国民に対して一律に提供しようとする公共サービスの一部が財源保障のない事務（Unfunded mandate）になるという問題がある。このような問題が存在しているとき、財源保障を充実させるよりも、地方自治体の事

（3） イタリアについての記述は工藤［2009］を参照した。

務として権限移譲することで国の義務を外し、財源の調達も地方自治体に委ねてしまうという決定がなされやすい。その場合、すでに潤沢な財政資源をもつ地方自治体であれば、独自財源を使ってサービスを実施できるとしても、そうでない多くの地方自治体はサービスを断念せざるを得ない。そうなれば、分権が地方自治体の権限を拡大するよりも縮小することにつながりかねない。

サービスの実施を保障しながら地方自治体の財政責任を拡大するには、税源の乏しい地方自治体への財政調整制度の再整備が不可欠である。しかしそのような改革は、財政調整の原資を提供することになる東京都をはじめとした富裕な地方自治体と、財政移転がさらに縮小することを恐れる税源に乏しい地方自治体の反対のために困難となっている（砂原 2008）。また、地方債の管理システムについても、明示的な責任の所在が示されないままに、臨時財政対策債というかたちで実質的な赤字地方債が増大していることは無視できない（赤井・石川 2019）。本来であれば権限配分とあわせて包括的に検討されるべきだが、財政危機の局面でそのような包括的な改革は極めて難しいだろう。

2　地方政治——明確な規定とその変更可能性

直接民主制の可能性

地方自治については憲法の規定が少なく、国が法律で柔軟に変更できる部分が多いものの、憲法で明確に詳細が規定されている部分もある。その一つ目は憲法93条が定める議会を設置することと、長・議会を選挙で選ぶことである。前者についてしばしば論点となっているのは、憲法で「地方公共団体には、……議事機関として議会を設置する」とされているにもかかわらず、地方自治法（94条）では「町村は、条例で、……議会を置かず、選挙権を有する者の総会を設けることができる」とされる町村総会である。これは、近年、地方議員のなり手不足という観点から高知県大川村で実際に提案されて話題となった。

「議事機関として議会を設置する」とする憲法にもかかわらず、地方自治法で「議会を置かず」とできるかは疑問がある。住民自治の観点からより好ましいとされる直接民主制ができないから間接民主制を採用しているという前提の下に、町村総会の方が議会よりも好ましい議会の形態であるから認められるという議論もあるが（杉原 2008）、両者が連続的で優劣がつくものとして捉えることができるという理解には疑問がある。代表を選ぶ間接民主制は、有権者が判断する直接民主制とは根本的に異なる意思決定過程を備えているし、専門的な能力をもつ代表が一般の有権者と質的に異なる決定を行う可能性も否定できない。

現在の憲法における直接民主制の規定としては、95条で「一の地方公共団体のみに適用される特別法」を制定する際に、その地方自治体で住民投票が必要になるとするものがある。この規定の下に行われた住民投票は19例あり、すべて「都市建設」のために特定の自治体に補助金を与えるもので、賛成多数で可決されている。しかし、この形式の住民投票が最後に行われたのは1952年であり、以後70年近く行われていない。それに対して、米軍基地問題に関する沖縄県や福島第一原発に関する福島県などを念頭に、特定の地方自治体に関する法律なのに住民投票が行われていないことについて批判もある（今井 2017）。

憲法95条の住民投票は、国の立法にかかわるものであったが、1996年の新潟県巻町の住民投票以降、地方自治体自身の意思決定にかかわる住民投票は急速に広がっている。当初は原子力発電所や米軍基地、そして産業廃棄物処理場といういわゆる「迷惑施設」にかかわる問題がとりあげられてきた。2000年代初頭の「平成の大合併」では、多くの地方自治体が住民の意思確認のために住民投票を用いることとなり、400件以上の住民投票が行われ[4]、急速に地方自治体の政策過程の中に取り込まれていった。その後、自治体庁舎建設の是非を典型として、公共施設の建設などの意思決定過程に用いられるようになっている。このような住民投票の多くは条例に基づくもので拘束力のない諮問的なものだが[5]、2015年には大阪市において大都市地域特別区設置法に基づく法的拘束力をもった住民投票が行われ、大きな注目を浴びた事例もある。

近年の住民投票の多くは、進行中の事業に対して地域住民の「拒否権」を行使しようとする機会になっている。原子力発電や米軍基地のように、地方自治体の権限の問題から実際には拒否権を発動できないこともあるが、そのような住民投票の場合、政治家が行おうとする重要な決定を住民が認めるかどうかという論点に集約されるので、住民投票の意義はわかりやすい。認められた決定はそのまま実行に移されるし、拒否されたものはそれまでである。他方で、住民投票が普及するにつれて、意思決定に携わった長や議会が主導する住民投票が増え、その中には複雑な選択肢が設定されることで、後の政治過程を混乱させるものもある。また、住民からの請求のみで行われる住民投票が現れたり、投票参加を阻害する成立条件の設定がされたりするようにもなっている（砂原 2017a）。

基幹的政治制度の変更という観点から問題にすべきは、住民投票を含めた直接民主制を、地方自治体の意思決定過程の中でどのように位置づけるかという点である。住民投票については、すでに第30次地方制度調査会で検討が行われ、大規模な公の施設の建設について法的拘束力をもつ住民投票の制度が検討された。原案は、対象となる施設について長がその目的や事業費・財源を

（4）地方行財政検討会議第一分科会（第7回）資料3－1「住民投票の実施状況等」による<http://www.soumu.go.jp/main_content/000087297.pdf>。
（5）例外は合併特例法による住民投票である。

明らかにした上で、その設置について議会の承認が得られた場合に限って住民投票を行うという「拒否権」を強調したものであった。しかし、対象となる案件についての異論や、むしろ長と議会が対立する案件について住民に決定を委ねるべきではないかという主張がなされ、引き続き検討すべき課題として結論が留保された(6)。

住民投票の位置づけについての明確な合意がない中で、国や地方自治体が自らの意思決定に新たなハードルを課すことになる住民投票をすすんで導入しようとする積極的な理由は少ない。また、導入に消極的な国や地方自治体に住民投票の実施を認めさせるために妥協がなされる結果、多様な形態の住民投票が行われることで、その位置づけが明確になりにくくなるという悪循環も考えられる。そのため、総論として住民投票が重要であるという観念が強まったとしても、具体的な制度設計で合意が実現するのは簡単ではないだろう。

執政制度と選挙制度

憲法93条についてさらに考えるべきは、長と議会のいずれをも選挙で選ぶこと、いわゆる「二元代表制」を定めている点である。地方自治体の事務を実施する執政にかかわる制度は、地方自治体にとって基幹的な政治制度だが、憲法で規定されているのは議会の設置とこの制度のみである。この条項に基づいて、現在の地方自治体では、長を領域全体から相対多数制(First-past-the-post:FPTP)で選出し、議会については都道府県と政令指定都市では領域を複数の選挙区に分けて1人から20人の議員を単記非移譲式投票(Single non-transferable voting：SNTV)で選出し、政令指定都市以外の市町村では5人から50人の議員をSNTVで選出することとなっている。

地方議会は地方自治体における意思決定機関であり、住民を代表して多様な民意を反映するとともに利害調整を行い、意思の集約を図ることが求められている。しかし、近年の地方議会は審議の形骸化による機能不全を指摘され、その改革が議論される。ひとつの方向性として強調されるのが議会による政策形成機能の強化であり、政務調査費の増額やスタッフの拡充などが主張される。もうひとつの方向性が行政監視機能の強化であり、第31次地方制度調査会の答申で示されたように、長から独立して議会での議論が行われたり、議会が関わる案件を増やしたりするといった方策が挙げられている。これらの問題について、議会自身が「議会基本条例」などを制定することによって自己改革を行う試みも少なからず行われている。

近年の研究では、FPTPで選出される長が地方自治体全体の集合的利益を重視するのに対して、SNTVで選出される議員が個別的利益を追求するという特徴が強調されている(曽我・待鳥2007：砂原 2011：Yoshida 2019)。地方議会議員選挙でSNTVが採用されているために、地方レ

(6) 法制化の論点はたとえば末井［2010］。
(7) 最大は岡山市北区選挙区である。
(8) 最小は和歌山県北山村、最大は東京都大田区・世田谷区と千葉県船橋市である。
(9) 機能不全と改革の論点については末井［2009］、辻［2019］がよくまとまっている。

ヴェルで凝集性をもった政党が生まれにくく、個別的な利益に関心をもつ議員は、議会で他の議員と交渉するよりも、長と直接交渉することによって希望する政策の実現を図ろうとする傾向が強まる。[10]また、選挙区定数が大きい地方議会では、当選のための閾値が極めて低く、候補者間の競争も働きにくくなるために、有権者が有効に政党や地方議員の説明責任を追及することが困難になるという問題が生じる。そのような問題に対応し、地方議会において責任ある政党を創出して地方議員の相互の議論を活性化するために、選挙制度の改革が必要であるという議論がなされている。2017年には総務省の地方議会・議員に関する研究会の報告書において、都道府県・政令市では比例制の導入、中小規模の地方自治体には連記制や選挙区割りの導入が提案された。[11]

選挙制度とともに、執政制度についても見直す余地があると考えられる。日本で「二元代表制」と呼ばれる地方自治体の執政制度は、しばしば海外の大統領制に相当すると考えられているが、地方議会の長に対する不信任やそれを受けた長の解散権などを考えると、議院内閣制に近いような性質をもち得ることも指摘される（曽我 2019）。この点を踏まえ、地方議会において政党の機能が充実すれば、憲法の改正を視野に入れつつ国の執政制度とあわせて議院内閣制を採用したり、議会の監督の下で行政運営を行う「シティ・マネージャー」を採用したりする方法も考えられる。反対に、地方議会の政策形成機能を相当程度強化した上で、不信任や解散権を整理するなど大統領制としての性格を強めるような改革もあり得るだろう。ただしその場合にも、地方議会において政策形成の責任を担う政党や議員をより明確にする選挙制度改革が前提になると考えられる。

現時点では、相対的に変化の可能性が大きいのは選挙制度の方だろう。地方議会の機能不全や地方議員の担い手不足といった直接的な問題から、地方議会に対する改革の圧力は小さくない。他方で、現行の自民党政権にとっては、現状の制度で多くの地方議員との関係を維持し、他の政党に対しての優位を保つ誘因は存在する（砂原 2017b）。そのために、自民党政権の下での選挙制度改革は起こりづらいと考えられるが、反対に国政で政権交代が発生すればこの論点に焦点が当たる可能性もある。執政制度については、憲法の規定と直接的に抵触するために、選挙制度よりも変更のハードルが高い。執政制度の改革が先行するというよりは、選挙制度改革とあわせた検討が行われたり、その効果を待って検討が行われたりすることが現実的であると考えられる。

（10）例外的に、地方政党である大阪維新の会が非常に強い凝集性をもっている地方自治体として大阪府・大阪市がある。なかでも大阪府では選挙区の数が相対的に多いために実質的に小選挙区制のようなかたちで地方議会選挙が行われており、これが大阪維新の会の凝集性の向上に影響を与えていると考えられる（砂原 2012）。

（11）地方議会の選挙制度改革をめぐる論点と近年の研究の詳細については砂原［2019］を参照。

3　基幹的政治制度の連関

地方自治体の国政参加

これまで述べてきたように、単一国家の地方自治体は、基本的に国の立法を前提に、国の関与を受けながら事務を実施することが想定されている。そうであるとすれば、国においてどのような立法がなされるかということは地方自治体が重要な関心をもつところである。機関委任事務が存在していた第１次分権改革以前でも、国と地方自治体が協力して事務処理を行うとしても、地方自治体が立法に適切に参加して、その過重な負担、とりわけ財源保障のない事務については意見を表明する機会が与えられるべきであるという主張が行われてきた（成田 1979）。

実現された地方分権改革でも、地方自治体の意見は重要な位置を占めてきたとされる。第１次地方分権改革では、１９９３年の地方自治法改正によって制度化された「意見提出権」を行使して、地方自治体の全国的連合組織である地方六団体が「地方分権の推進に関する意見書」を提出した。全国知事会を中心とした地方六団体の意向は、第１次地方分権改革の推進力となるとともにその限界を画したという（木寺 2012）。さらに、続く三位一体改革では、地方六団体が取りまとめた国から地方への税源移譲という財政的分権について、それにともなう国庫支出金（国庫補助負担金）の廃止という地方自治体にとって死活的なテーマを議論するにあたって、国と地方の「協議の場」が設置された。ただしこの時の「協議の場」は、国が主導するもので、かつ地方代表の交渉相手は分立的な各省庁であり、地方からの提案は十分に反映されていないという指摘もある（木村・宮崎 2006）。

その後、国と地方の協議は、自民党政権において「国・地方の定期意見交換会」（２００７年11月～２００９年５月）というかたちで５回開催されたが（飛田 2012）、これを法制化にまで進めたのは２００９年に政権を獲得した民主党政権である。民主党が政権に就いた後、自民党政権時に設置された地方分権改革推進委員会の勧告や民主党政権が設置した地域主権戦略会議の下での国と地方の代表者によるワーキンググループでの協議を経て２０１１年に法案が成立した。基本的には年４回の開催で、地方自治にかかわるあらゆる事項が協議可能である。当初は社会保障・税一体改革が主なテーマとなっていたが、最近では地方創生のようなテーマや、毎年の予算編成・地方財政対策について議論がなされていることが多い。

このようなかたちでの地方自治体の国政参加は、行政機関としての地方自治体が、ステークホルダーとして国政の意思決定過程に影響力を行使することを重視するものである。しかし近年は、参議院改革の一環として、参議院に地方代表を送り「地方の府」とすべきであるという主張が現れている。全国知事会では、参議院で一票の格差の是正のために導入された合区の問題を契機に「憲法と地方自治研究会」を設置して、参議院が都道府県単位の代表によって構成されるべきであることを主張している。このような主張は、基本的には参議院のために都道府県単位で選挙を行うことを前提として、州ごとの代表を選出するアメリカの上院のような制度を想定していると考えられるが、ドイツの上院である連邦参議院のように、地方自治体の住民の直接選挙ではなく地方自治体の代表によって第二院を構成することも考えられるだろう。

これまでの地方分権改革とあわせて、地方自治体の国政参加は着実に進展し、国と地方の協議の場が法制化されるに至った。しかし、依然として、地方自治体が実質的に影響力を行使できるかどうかについては明らかでなく、検証が必要な段階であると言える。また、全国知事会は提言を出したものの、地方自治体の国政参加が第二院を活用するかたちでの立法過程への参加となるという機運が高まっているとも言えず、仮に都道府県代表が選出されるとしても、それが地方自治体とどのような関係をもつかについてのイメージも確固としたものではない。参議院改革は喫緊の課題のひとつであり、地方自治体との関係は重要な論点とされる可能性は高いが、必ずしも参議院が「地方の府」とされる方向で改革が進むとは限らないだろう。

国と地方をつなぐ政党

最後に検討するのは、国政と地方政治をつなぎ得る政党の存在である。地方の多様な意思を国政に反映させようとするとき、前節で議論したような地方自治体の国政参加はひとつの手段だが、国政において意思決定を行う政党の内部組織を通じて地方の意思を伝達するという方法も考えられる。地方自治体の国政参加が、自治体の代表である長を中心に行われることが想定されているのに対して、政党の内部組織を通じて国政の意思決定に影響を与えようとする経路は、地方の政党組織や所属する地方議員が中心になると考えられるだろう。

これまで、地方政治において政党の存在感は極めて薄いものであった。地方議会選挙はＳＮＴＶで実施されており、定数が大きい市町村議会ではほとんど政党化が進んでおらず、多くの議員が無所属とされている。分割された選挙区単位で選挙が行われ、定数が比較的小さい都道府県や政令指定都市では一定の政党化が進んでいるが、自民党一党優位の時期には、自民党の国会議員ごとに地方議員の系列化が行われ、都道府県レベルでは、議会の議長選挙や知事選挙などで自民党が分裂することが少なくなかった（砂原 2017b）。自民党は都道府県連という地方組織を設置しており、都道府県連の政務調査会から国政レベルの政務調査会へと地方の要望を届けるルートが存在していたとされるが、選挙での集票機能をもつ国会議員系列と比べてその存在感は薄かった（建林 2013）。

１９９０年代の選挙制度改革以降、自民党の国会議員間の競争はほぼ解消され、都道府県連単位での統合が進んでいる地域も少なくない。そのような地域では、地域の利害を代表する都道府県連が、その意思を国政に届けやすくなると考えられる一方で、候補者の擁立や政策をめぐって国政レヴェルの自民党と対立する事例も目立つようになっている（Hijino 2017）。自民党以外の政党でも、選挙制度改革の影響で国政レベルでの候補者が単一の政党に統合される傾向があった。

しかし、地方政治レヴェルをみると、都市地域では依然として複数の政党が競争を続けており、農村地域ではいわゆる保守系無所属を含めた自民党系の候補者が圧倒的に強い状況に変わりはない。自民党以外の政党に支持された候補者が知事選挙や市長選挙に勝利することはあるが、就任した長は地方議会での同意を調達するために自民党と宥和的な姿勢をとり、次第に「相乗り」を選択する傾向にある。その結果、国政レヴェルで自民党と競争する政党でも、求心力のある地方組織を作るのが困難な状況に置かれることになる（砂原 2017b）。

国政レヴェルで自民党に対抗する政党が地方組織を作ることができないのに対して、東京・大阪・名古屋といった大都市部を中心に、知事や市長に率いられた「首長政党」が支持を受け、地方議会で議席を獲得することに成功している。これらの中には、大阪維新の会―日本維新の会のように、地方の意思を反映させることを目的に国政への進出を図り、一定の議席を獲得して政党となったものもある。しかし国政への進出に失敗した首長政党、あるいはそもそも国政に関心をもたないものも少なくない。それらは法律で定められた政党ではない任意の政治団体として存在し、それらに対する政党助成金のような支援や、情報公開などの規制はまったく存在しない状況となっている。

本稿で議論した、中央地方関係と地方政治に関する基幹的政治制度に変更が行われるとすれば、地方自治体での意思決定の担い手としての役割が増す政党は、現在より重要な意味をもつことになると考えられる。組織についての規制や政党助成金などの支援を行うことで、任意の政治団体ではない公式の政党としての組織化を促し、意思決定の質を高めていく必要があるだろう。同時に、政党が中央と地方をつなぐ存在であるという観点から、両者の関係に配慮しつつ、地方政治レヴェルでの政党の自律性を保障するような規定も必要になるかもしれない。この点はいまだほとんど議論が進んでいない点であると思われるが、中央地方関係・地方政治・政党という三つの異なった基幹的政治制度の連結について、相互に調整を行いながら不断の検討が必要になると考えられる。

参考文献

赤井伸郎・石川達哉 2019『地方財政健全化法とガバナンスの経済学――制度本格施行後10年での実証的評価』有斐閣.
今井　照 2017『地方自治講義』ちくま新書.
木寺　元 2012『地方分権改革の政治学――制度・アイディア・官僚制』有斐閣.
木村佳弘・宮﨑雅人 2006「地方分権改革の道程」神野直彦・井手英策（編）『希望の構想――分権・社会保障・財政改革のトータルプラン』岩波書店.
工藤裕子 2009「イタリアの地方制度と分権政策――州の変遷と2001年憲法改正」『比較地方自治研究会調査研究報告書 平成20年度』自治体国際化協会.
末井誠史 2009「地方議会に係る制度改革」レファレンス59巻12号.
―― 2010「住民投票の法制化」レファレンス60巻10号.
杉原泰雄 2008『地方自治の憲法論――「充実した地方自治」を求めて〔補訂版〕』勁草書房.
砂原庸介 2008「中央政府の財政再建と地方分権改革――地方分権改革推進会議の経験から何を学ぶことができるか」公共政策研究7号.
―― 2011『地方政府の民主主義――財政資源の制約と地方政府の政策選択』有斐閣.

——— 2012『大阪―大都市は国家を超えるか』中公新書.
——— 2017a「住民投票の比較分析―「拒否権」を通じた行政統制の可能性」公共選択68号.
——— 2017b『分裂と統合の日本政治―統治機構改革と政党システムの変容』千倉書房.
——— 2019「地方議会の選挙制度をめぐる問題点と改革の論点」Research Bureau論究16号.
曽我謙悟 2019『日本の地方政府―1700自治体の実態と課題』中公新書.
———・待鳥聡史 2007『日本の地方政治―二元代表制政府の政策選択』名古屋大学出版会.
建林正彦 2013『政党組織の政治学』東洋経済新報社.
辻　陽 2019『日本の地方議会―都市のジレンマ、消滅危機の町村』中公新書.
飛田博史 2012「『国と地方の協議の場に関する法律』の制定過程と概要について」自治総研409号.
成田頼明 1979「地方公共団体の国政参加―その理論的根拠と方法・範囲（上）」自治研究55巻9号.
Falleti, Tulia G. 2010. *Decentralization and Subnational Politics in Latin America*, Cambridge University Press.
Goldsmith, Mike. 2005. “A New Intergovernmentalism?” in Bas Denters, and Lawrence E. Rose (eds.). *Comparing Local Governance: Trends and Developments*. Palgrave Macmillan.
Hijino, Ken, 2017, *Local Politics and National Policy: Multi-level Conflicts in Japan and Beyond*, Routledge.
Molander, Per (ed.). 2004. *Fiscal Federalism in Unitary States*. Kluwer Academic Publishers.
Oates, Wallace E. 1972. *Fiscal Federalism*. Harcourt, Brace and Jovanovic.
Rattsø, Jørn. 2002. “Fiscal Controls in Europe: A Summary.” in Bernard Dafflon (ed.). *Local Public Finance in Europe: Balancing the Budget and Controlling Debt*. Edward Elgar.
Rodden, Jonathan. 2006. *Hamilton’s Paradox: The Promise and Peril of Fiscal Federalism*. Cambridge University Press.
Tiebout, Charles M. 1956. “A Pure Theory of Local Expenditures.” *Journal of Political Economy* 64(5).
Yoshida, Toru. 2019. “Populism “made in Japan”: A new species?” *Asian Journal of Comparative Politics* <https://doi.org/10.1177/2057891119844608>.

Ⅱ　応答と展望

憲法学からみた地方自治保障の可能性

芦田　淳

本章Ⓘの砂原論文では、日本国憲法における地方自治に関する条文の少なさと、その結果として、法律で規定することができる余地の大きさが指摘された。その指摘は、地方自治の分野においては、憲法改正を行わずとも、一定規模の改革が可能であることを意味している。しかし、これは、法律ですべてを自由に決めることができると言っているわけではない。そこで、本稿では、日本国憲法の地方自治に関する規定に基づき、砂原論文で述べられたような問題意識を踏まえて制度設計をする際、いかなる要請／可能性があるのかについて検討を行うことを主たる目的とする。

また、同論文では、国家体制と地方自治のあり方との関係にも各所で言及されている。具体的には、単一国家と連邦国家との比較を軸として、中央地方間の権限配分、財源配分（財政調整）の態様や、国と地方の協議機関、第二院の制度設計について検討が加えられている。そこで、国家体制に由来する要請についても、本稿では比較憲法学の観点から述べてみたい。

以上の前提に立ち、本稿の前半は主に中央地方関係について論じ、後半において地方公共団体自体に関する制度を扱う。**1**では、「地方自治の本旨」をはじめとした関係規定の曖昧さについて、従来の課題を確認するとともに対処法を提示する。**2**および**3**は、その対処法をより具体的に、条例制定権（自主立法権）と自主財政権を素材に考察する。**4**では、二層制を原型とした地方公共団体の階層について、**5**では、いわゆる二元代表制の下での地方公共団体の組織について、それぞれの可能性を探る。**6**および**7**は、日本国憲法の地方自治の章で直接には規定されていない制度として、条例による住民投票等の直接民主制のための制度と地方議会の選挙制度について検討を行う。

1 「地方自治の本旨」

従来の解釈と課題

憲法92条の「地方自治の本旨」については、①地方自治が住民の意思に基づいて行われるという民主主義的要素である「住民自治」と、②地方自治が国から独立した団体に委ねられ、団体自らの意思と責任の下でなされるという自由主義的・地方分権的要素である「団体自治」の二つの要素からなる（芦部 2019: 378）と解するのが一般的である。憲法第8章においても、93条が住民自治を、94条が団体自治をそれぞれ具体的に規定しており、92条は総則的な規定と位置づけられる。この二つの要素は、第二次世界大戦後の地方制度の確立にあたって重視された点であり、（実質的な意味で憲法に匹敵する）憲法附属法として日本国憲法と同時に施行された地方自治法も、地方公共団体の民主化と自律性のさらなる強化を目指すものであった。こうした民主制の強化と地方公共団体の権限強化という方向性は、その後の地方制度改革においても断続的に表れている。

そして、学説においては、地方自治が保障される根拠については、当該自治が国に由来し、法律に基づくという「伝来説」、地方公共団体も固有の基本権をもつという「固有権説」、憲法は地方自治の核心部分を承認しているが、その具体化は法律に委ねるという「制度的保障説」等が唱えられてきた。このうち、制度的保障説が長く通説の地位を占めてきたものの、実際に地方自治の核心部分を確定することが困難なために曖昧となり、当該部分は実際において法律の内容により大きく左右されるという難点がある。

憲法規定のあり方

こうした地方自治の核心部分の曖昧さを踏まえ、砂原論文は、憲法に「地方自治の本旨」の内容を具体的に明記することや、国と地方公共団体の権限配分を明記することによって、地方公共団体により強い自律性を与えることは可能かとの問いを投げかけている。前者の問いに関しては、憲法改正はまだ実現に困難が予想され、「『地方自治の本旨』をより豊かに具体化した」内容を（たとえば地方自治基本法のような）法律に書き込むことも、わが国には他の一般法律に優先される「上位立法」の形式がないこと等を踏まえれば、実施にあたっての問題がある（岡田 2004: 367）。さらに、憲法で具体的な内容を定めることは、保障の硬直化や、地方がすでにもつ潜在的な権限を制約するおそれもなしとしない。(1)

また、後者の問いに関して、比較憲法学の観点から連邦国家と比較した場合、単一国家において、地方自治の保障されるべき範囲は、簡素（ひいては抽象的）な規定にとどまっていることも多い。(2)とはいえ、連邦国家ではないものの、憲法で国と州がそれぞれ立法権を有する事項を明示して配分しているイタリアのような事例が存在すること(3)にかんがみれば、国と地方の間の権限配分を明記することも不可能とは言い切れない。ただし、フランスおよびイタリアの公法学において、イタリアの国家体制は、連邦国家、単一国家のいずれでもない第三の国家類型＝地域国家に分類されており、州の権限事項であっても（国家）統一性原理に基づく国の措置を憲法上許容している（芦田 2019: 110）ことに注意が必要である。[4] つまり、非連邦国家において完全な権限分割は容易ではない。ただし、こうした国の権限のあり方は、地方の立法による人権侵害のおそれに対処する意味においては、肯定的に捉えることも可能かもしれない。わが国の学説でも、憲法25条に規定するような福祉国家原理を背景に、（連邦法による介入を認めない州法の専管領域を設定する連邦制より

（1）こうした批判がなされた事例として、自由民主党日本国憲法改正草案（２０１２年）がある。同草案は、新設された92条1項において、地方自治の対象を身近な自治行政に限定していた。

（2）連邦国家において、州と連邦との権限配分や相互関係が憲法自体の中にかなり詳細に（州等が優位するかたちで）規定されることが多い一方、単一国家においては、憲法が地方自治について定める内容は相対的に僅少であることが多い（林 2013: 9）。

（3）現在のイタリア共和国憲法は、国の専属的立法事項、および国の法律の定める基本原則の範囲内で州が立法権を有する競合的立法事項をそれぞれ列挙し、それ以外の残余の事項については、州に立法権が属すると規定している。ただし、後述するような国の措置を、憲法裁判所は憲法の基本原則を根拠として認めている。

（4）言い換えれば、地方の権限事項を列挙する場合、当該事項について保障が容易になる（たとえば、当該事項に対しては、国が統制するにしても、厳格な要件が必要となろう）反面、保障される立法権を明示しているからこそ、明示されていないものが一義的に排除される（つまり、保障の範囲が狭くなる）負の側面もあり得よう。

も、）人権保障、とりわけ社会権保障に必要不可欠な場合には全領域への国の立法介入の可能性を認めた上で、現場の視点から必要不可欠な場合に条例等による抵触と修正を認める柔軟で相互補完的なあり方が望ましいとする見解（大津 2016b: 16）が示されている。

従来の難点への対処等

そこで、憲法改正等を別にすれば、現行規定の下、地方自治の核心部分の曖昧さという難点に対処するための方法については、二つの可能性が考えられる。ひとつは、憲法の基本原理と全体構造に照らして、憲法による地方自治の保障のあり方を検討する方法（多田 2019: 153）である。そこでは、「地方自治の本旨」を国と地方の間における権限配分の指針と捉え、自治を推進する原理と解釈することもあり得よう。もうひとつは、制度的保障説をひとまず容認しつつ、ほかの憲法原理を介して実質的な保障の拡大を図る方法である。具体的には、核心部分としての制度枠の絶対保障に加えて、核心部分以外の権限配分についても比例原則による統制[5]を用いて自治を保障することが考えられる。ただし、こうした統制は、地方公共団体が国を提訴する手段が限られているため、わが国においては適用が難しい面がある（大津 2018: 416）。また、地方自治を規律する国の法律の制定過程に地方が参加することで実質的な改善を図る方法もあり得る。以上の方法のいくつかについては、節を改めて述べる。

このほか、「地方自治の本旨」が、地方公共団体間の格差拡大に反対する議論の根拠となり得るかについては、当該団体による最低限の公共サービスを保障するという意味において、そのような側面はあろう。しかし、むしろ、本来は（国全体でみた場合の「統一性」に対する）地方による新たな試みを推進する側面が強いと言えるのではないか。こうした意味において、新たな試みを含む条例が法律との関係でたとえ無効とされても、それが国の法律が改正される契機となり、実質的に影響を与えていることは重要である。たとえば、一部の銀行について外形標準課税を定めた条例が地方税法違反とされたものの、その後の地方税法改正により、一部の法人に対して当該課税が導入された事例がある（東京都外形標準課税条例事件）。

2　条例制定権

従来の解釈と課題

続いて、より具体的な事項として、条例制定権を取り上げる。まず、そこで検討すべき課題と

（5）比例原則は、適合性、必要性、狭義の比例性という三つの基本原則から成るとされており（上代 2019: 216）、当該基本原則に基づいて、自治権に制限を加える立法の合憲性を審査するものを想定している。

なるのは、法律と条例の関係である。かつて学説においては、国の法令が規律している事項については、法律の明示的委任がない限り、条例を定めることができないという「法律先占論」[6]があった。しかし、次のように、法律がナショナル・ミニマムを定めたものとする見方が出てきた。つまり、地方自治行政の核心部分は「固有の自治事務領域」として第一次的責任と権限が地方公共団体に留保されるべきであり、この領域について国が規制措置を定めた場合、それは全国的な規制を最低基準として規定している（ナショナル・ミニマム）と解される（原田（尚）1975: 62）というものである。

これに対して、最高裁は、徳島市公安条例事件判決（最高裁昭和50年9月10日大法廷判決（刑集29巻8号489頁））において、次のような判断を行った。まず、「条例が国の法令に違反するかどうかは、両者の対象事項と規定文言を対比するのみでなく、それぞれの趣旨、目的、内容及び効果を比較し、両者の間に矛盾抵触があるかどうかによってこれを決しなければならない」とし、①法令中に明文上の規定がなくとも、法令全体からみてある事項の規律を否定する趣旨である場合には、条例の規制は認められない、②対象事項を同じくする規制であっても、その規制の目的が異なる場合には、法令の意図する目的と効果を阻害しなければ、条例による規制は認められる、また③法令と条例の規制が同一目的のものであっても、法令が全国的に一律に同一内容の規制を行う趣旨ではなく、その地方の実情に応じて、別段の規制を施すことを容認する趣旨であると解されるならば、条例によって異なる規制をすることも認められるという判断基準を示した。法律と条例との関係に関して、この判決でまず問題となるのが、国の法令の趣旨・目的に基づいて、条例が違憲であるか否かにつき最終的な判断がなされる点である。

課題解決の方策

現行憲法の枠内において、この問題を克服するためには、どのような戦略が考えられるだろうか。第一に考えられるのは、憲法附属法または憲法の規定を踏まえ、従来の解釈に見直しを加える戦略である。

まず、憲法附属法たる地方自治法に、国と地方公共団体との適切な役割分担原則[7]が1999年

(6) 憲法94条が「地方公共団体は、……法律の範囲内で条例を制定することができる」と規定しているのに対し、地方自治法14条は「法令に違反しない限りにおいて……条例を制定することができる」と規定しており、法律と条例の関係のほか、命令と条例の関係も問題となり得る。一般に、法律の授権により法律を具体化する命令（委任命令・執行命令）については、憲法94条の規定する法律に含まれるとされる。しかし、熟議の実現と社会的問題の効率的解決という統治の基本的要請にかんがみ、少なくとも自治事務に関して、委任命令は、条例による変更を認める「標準的規定」と位置づけられるべきであり、条例による命令に対する上書き権が認められ得るとの見解がある（木下 2015: 188）。

(7) 国は、国が本来果たすべき役割を重点的に担い、住民に身近な行政はできる限り地方公共団体に委ねることを基本として、地方公共団体との間で適切に役割分担することとしている。なお、適切な役割分担原則に関しては、わが国のそれと「近似」したフランスの「適切役割配分」原則について、「役割」という用語等の「曖昧さ」から、裁判規範としては規律密度の低いものにとどまっているとの指摘もある（大津 2019: 219, 223）。

改正により導入されたことを踏まえ、地方に関する問題については、条例の趣旨等を重視した解釈をすべきと考えることはできないだろうか。実際に、当該改正後の下級審判例の中には、（法律ではなく）条例制定の必要性にかかわる立法事実に基づいて、実質的に条例が法律と抵触する部分があったとしてもその抵触が重要な部分に至らない限り、合憲と判断された事例が存在する（名古屋地裁平成17年5月26日判決〔判タ1275号144頁〕）。しかし、ここでも「上位立法」の法形式がないために、法律（地方自治法）がほかの法律に対する解釈の指針となることを説明するためには、憲法の解釈に踏み込まざるを得ない。その際、まず考えられるのは、憲法92条の「地方自治の本旨」に役割分担原則が含まれる（裏返せば、地方自治法の規定は憲法上の原則を確認する規定にすぎない）という説明である。しかし、当該原則が憲法92条に含まれる憲法上の原則であるかは、自明ではない（山本 2013a: 52）。そこで、同条とは別に、憲法の権力分立原理に（より適格な機関が役割を担うという意味での）国と地方の役割分担原則を見出すこと（同上）などが試みられている。

他方、憲法それ自体の解釈から出発する場合、憲法92条の「地方自治の本旨」を、国と地方の立法権が競合する際に、一定の例外（例外的・部分的・暫定的な条例の優位）を許容しつつ国の法律を優先させる原則と解釈するならば、法律の意図にかかわらず、裁判により法律と条例の趣旨等を対等に比較検討することが可能になろう（大津 2016a: 90）。この解釈は、全国生活と地域生活の両面をもつ国民が、国と地域の多元的な代表機関を通じて重層的・重複的に主権を行使することこそ現代の国民主権原理の意味であると理解し、地方自治を国民主権の地域的行使と捉える見方から導き出されるものである。
第二に考えられるのは、（狭義の）制度論的な戦略である。具体的には、国と地方の間で統治権限を調整する機能を法律が有することを前提に、当該法律の制定について、地方の参画を一定程度保障することは有益でないか。国の立法過程への地方の参画の方法については、①国会に対する地方の法案提出権、②法案審議における意見聴取の義務づけ、③住民投票の対象となる範囲の拡大等のほか、④参議院の地域代表的性格の強化も考えることができる（宍戸 2018: 301）。このうち、意見聴取の義務づけに関しては、イタリアの「誠実な協働」原理に着想を得て、一定の同意までを求めるならば、実効性の担保という点で大きな意味をもつであろう。他方、このような参画を制度化する場合、地方の主体（都道府県や市町村、それらを代表するいわゆる地方六団体等）をどのように設定するかが課題となる。[8]
さらに、参議院の地域代表的性格の強化に関しては、砂原論文では触れられていないが、憲法改正を必要とする場合も出てくることが考えられる。たとえば、現行制度の下、各都道府県を選挙区とするだけであれば、必ずしも憲法改正は必要ないが、各都道府県選挙区の定数を同数にす

（8）「誠実な協働」原理は、州の一定の権限を保護するため国の法律に州の適当な参加手段を整えるよう義務づけるもので、具体的な協働は、国と州の合意や、国―州会議における調整によって行われる。学説は、この合意について、国と州の合意を必須とする場合（強度の合意）と、国が州との合意を求め、当該合意が得られなくとも、一定の条件を満たしていれば可とする場合（緩やかな合意）に区分している。

るような場合には、改正が必要となってくるのではないか。逆に言えば、単に都道府県を選挙区にする程度であれば、まさに地域代表的性格の強化であって、地域代表化ではないゆえに、現在の枠組みで認められるとも言える。また、（たとえばドイツの連邦参議院のような）地方政府による命令委任（完全なコントロール）を認める参議院を目指す場合も、憲法改正が必要となろう。[9] 憲法改正を介さずに改革を行う場合、①投票価値の平等の要請にいかに適合させるかという点と、②「全国民の代表」という位置づけと地域代表としての性格との関係をどう整理するかという点が課題となる。

3 自主財政権

次に、具体的な事項として、自主財政権を取り上げる。わが国において、地方に権限を配分すれば、それに対応した財源を配分しなければならない。この背景には、地方公共団体の存立それ自体を保障するとともに、権限行使を現実に可能にし、地方公共団体の活動の自律性が支えられるように地方財政を運用しなければならないという「自治体財政自律主義」の原則がある（上代 2011: 236）。他方で、地方財政法は、地方公共団体がその財政を健全に運営するよう努力義務を置いている。これらに関連して、ある法令が地方公共団体の健全財政を著しく阻害する場合に、地方公共団体が国に対して当該法令を地方自治の本旨を侵すものとして改廃要求を行う義務があるという原告の主張を否定しなかった判決（東京地裁平成19年10月22日判決〔判タ1288号65頁〕）があり、財政面に関する地方自治の本旨の内容を考える上で参考になる。

自治体財政自律主義に立脚した具体的な統制に関しては、ドイツにおける議論を参照し、「地方自治制度が憲法によって規定され、かつ国と地方との関係に何らかの財政調整制度が存在している限りにおいて」妥当する普遍的な憲法原理である「牽連性原理」に基づいて、わが国においても「法律による事務権限の委譲の場合に財源が随伴するという原則と、立法者がその財源に配慮しなければならない義務を負うことを明らかにすること」が考えられる（上代 2019: 271）。そして、その保障のための制度として、国と地方公共団体の「協議と合意」、具体的には、立法の過程における意見具申を通じた関与と、行政による意見聴取への参加を要請することが認められる（上代 2019: 272）。これは、制度的保障の枠内において、自治体財政権を現実的に保障しようという刮目すべき試みである。

他方、地方財源において本来的にもっとも重要なのは、課税収入である。地方公共団体の課税権は憲法に基づいており、法律の規定がなくても条例による課税自体は認められる。そこで、法

（9）地方に国政の重要な政策決定への参加が担保されていることは、連邦制のもっとも中核的な要素である。これに関連して、近年提出された、現行憲法下で「地方の府」を導入しようとする構想（高見 2017: 58）においても、地方政府または地域住民の命令委任は想定されておらず、国と地方の関係の根本的な転換を招来するものでもないことは興味深い。

律による課税条例制定権への過度な規制や、法定外税の新設・変更に関する総務大臣による事前協議および同意（1999年の地方税法改正前は自治大臣の許可）の義務づけを違憲とみる余地もある（渋谷 2013: 763）。ただし、後者に関して、判例は法改正以前の許可制であっても合憲と判断している（京都地裁昭和59年3月30日判決〔行集35巻3号353頁〕）一方、「事前協議および同意」制を効力要件ではなく手続要件と解する、つまり、「協議を尽くし、係争処理委員会の勧告にもかかわらず主務大臣が『同意』しないような場合には、地方公共団体は自らの判断で法定外税を創設できる」（櫻井 2001: 248）と解することが可能ならば、評価も変わってこよう。また、地方公共団体の課税権拡充のため、前節で述べたような方策を用いることも考えられる。

4　地方公共団体の要件・階層

砂原論文は、道州（制）や大都市の創設にあたり、憲法を変えずに法律の変更のみで可能ではないかと問う。しかし、憲法はなんの制約も課していないのであろうか。その問いに際して、まず検討すべきであるのが、地方公共団体を設置する際の要件である。憲法上、地方公共団体は、議会を有し、長・議員等が直接選挙され、財産管理権、事務処理・行政執行権および条例制定権をもつことが求められる。また、特別区区長公選制廃止事件において、最高裁は、「事実上住民が経済的文化的に密接な共同生活を営み、共同体意識を有するという社会的基盤」があり、「沿革的にみても、また、現実の行政においても、相当程度の自主立法権、自主行政権、自主財政権等地方自治の基本的権能を附与された地域団体」であることが必要とした（最高裁昭和38年3月27日大法廷判決（刑集17巻2号121頁））。この判決に対しては、憲法で権能が列挙されているにもかかわらず、法律で定められた一定の権能を実際に有することを地方公共団体の要件として求めており、いわば本末転倒と言えよう。加えて、事実上の社会的基盤という要素は、新たな地方公共団体形成の可能性を閉ざし（大石 2014: 307）、大規模な市町村合併で誕生した地方公共団体においては存在すると限らないことなどから、あまり重くみるべきではないだろう。

次に、憲法が地方公共団体の二層制を要請しているか否かも問題となる。学説には、歴史的背景を踏まえ、現在の市町村と都道府県という固定的な二層制を憲法上の要請とする立場から、憲法上は二層制が明示されておらず、すべてを立法裁量とする立場までの幅がみられる。このうち、二層制を原則としながら、都道府県に代えて行政の広域化に対応した地方公共団体として道州等を設けることは、「地方自治の本旨」に従い、立法裁量に委ねられると考えるのが一般的である。この場合の「地方自治の本旨」の捉え方については、まず、団体自治の側面から、地方公共団体の権限を拡大・強化する必要性が問われようし、住民自治の側面からは、集権化・広域化することに対して十分な民主的統制（領域を分割して意思決定に住民を関与させる仕組みを設ける域内分権等）が求められよう。なお、道州制による広域化にともなう統制手段の見直しを契機として、地方レヴェルにおける司法権の導入は考えられるだろうか。[10] 通常、地方が司法権をもつことは、（前述した「地域国家」でもみられない）非常に連邦制に近似した試みと言え、憲法76条（「すべて司法権は、最高裁判所及び法律の定めるところにより設置する下級裁判所に属する」「特別裁判所は、これを設置することができない。行政機関は、終審として裁判を行ふことができない」）により導入は困難である。ただし、条例にかかわる行政事件のみを処理する自治体裁判所を設け、前審としての役割を与えることは考え得る（渋谷 2017: 758）。むしろ、地域において条例が制定された必要性にかかわる立法事実（**2**参照）を判断するにあたっては、適切な機関と評価できるかもしれない。

また、2018年、総務省の研究会から、人口減少社会の課題に対応すべく、複数の市町村（中心都市とその周辺市町村）で構成される「圏域」が政策全般の遂行単位となるよう法制化を進めることが提案され（「自治体戦略2040構想研究会　第二次報告」）、翌年、第32次地方制度調査会も、生活圏等を同一にする地方公共団体が広域的な行政課題に連携・協力して対応することを求めている（「2040年頃から逆算し顕在化する地方行政の諸課題とその対応方策についての中間報告」）。こうした状況下では、地方公共団体という枠に必ずしもこだわらず、あくまで地方自治の本旨を実現するという機能の面から、どのような階層（団体）を設けるのが望ましいかを検討することも、重要さを増している。

5 地方公共団体の組織

地方公共団体の組織について、憲法93条は、議会と首長が直接選挙されるいわゆる「二元代表制」を導入した。この点に関しては、近時においても、たとえば著名な行政学者から「地方公共団体の組織及び運営に関する事項は、地方自治の本旨に基づき、条例で定める」と改め、地方公共団体ごとに政府形態を選択できるようにする試案が提案されている（辻山 2018: 63）。それでは、憲法は、地方公共団体の組織についてどの程度緩やかに規定しているのか、また、既存の二元代表制からどの程度まで乖離することが認められるのか。

憲法学においても、簡素な憲法規定を踏まえ、議院内閣制的な運用や、いわゆる「シティ・マネージャー」制の導入は、必ずしも憲法改正を経なくても可能との主張がある[11]（渋谷 2017: 745）。

(10) 地方公共団体の司法権が憲法上認められるという代表的な見解（鴫野 1987: 444）は、「地方自治の本旨」の中には自治立法権があり、それを執行するために自治行政権があり、自治立法、自治行政を担保するため自治司法権が存在しなければならないとする。ただし、そこで挙げられている制度設計は、国の法律により設置され、憲法76条に規定する裁判所組織体系に位置づけられ、条例違反の事件を対象とするものであり、実態としては、後述する自治体裁判所に接近し得る。

(11) その背景には、明治憲法下においても組織編成権が地方公共団体の固有事務として捉えられており、地方自治を保障した日本国憲法下でそれより後退することは許されないとして、地方公共団体による地方の実情に応じた組織編成が可能であるとの理解がある（渋谷 2006: 223）。また、これとは別に、近年の

渋谷秀樹によれば、憲法93条は、地方議会を議事機関として規定するほかは、地方公共団体の長が執行機関であると明示する文言も、さらには長が執行機関たる地位を独占する規定も置いていないことから、地方議会が長とともに（合議制の）執行機関となる可能性が認められる。また、（内閣総理大臣も内閣という合議制機関の長であることにかんがみ）地方公共団体の長を合議制機関の長と解することは可能であるから、地方政府の権限を担う合議制の機関として、公選制の長とそれ以外の構成員からなる参事会を設けることも可能とされる。こうした主張に従えば、二元代表制から導かれる原理や、地方自治法上の兼職規定等との関係を実際には考慮すべきであろうが、地方議員を当該合議制機関の構成員にすることもあり得ないわけではない。加えて、長の権限について地方政府を統轄・代表する権限と、地方政府の事務を管理し執行する権限に区分することにより、後者をシティ・マネージャーに委ねることも可能とされる（渋谷 2017: 746）。わが国において、シティ・マネージャー制は、一般に馴染みの薄いものであるが、首長等のなり手不足や専門的知識の導入といった課題（田村 2018: 384）にかんがみれば、検討に値しよう。以上の憲法解釈を踏まえるなら、法律のレヴェルで複数の組織形態を選択肢として掲げ、地方公共団体がその中から決定する方式も考えられる（渋谷 2019: 76）。[12]

このように、地方公共団体の組織に関する規定は、当該団体による多様な組織形態の選択を必ず保障するものではないが、一定の幅をもって緩やかに解することにも開かれており、法律レヴェルの見直しにより柔軟な制度整備を行える可能性がある。

6 直接民主制のための制度

条例による住民投票を地方公共団体の意思決定過程にどのように位置づけるかという砂原論文の問題提起に関しては、その結果が長や議会の権限を法的に拘束する拘束型の住民投票ではなく、諮問型の住民投票であれば問題はない。判例も、長が住民投票の結果を尊重する義務を定めた条例であれ、住民投票の結果に法的拘束力を認めれば、間接民主制による現行法（地方自治法）の制度原理と整合しない結果を招来することにもなりかねないから、長の事務執行にあたって当該結果を参考とするよう要請しているにすぎないとした（那覇地裁平成12年5月9日判決〔判時1746号122頁〕）。ただし、学説には、住民自治の原則により、憲法上、拘束型の住民投票も認められ、法律（地方自治法）を改正すれば導入可能との論がある（赤坂 2005: 230）。

日本国憲法成立過程の研究に基づき、あらためて第8章成立における（チャーターを制定することで自治体の統治形態を定めることを可能とする）アメリカのホーム・ルール制の影響を踏まえた上で、日本国憲法は、多様な自治体統治形態のあり方について開かれているとの解釈も試みられている（原田（一）2007: 96）。

(12) 総務省「地方自治法抜本改正に向けての基本的な考え方」（2010年）によれば、長と議会の役割・権限を考えれば、議員が執行機関に参画し、長の指揮監督下に入ることには問題があり、また、長のみの権限強化や相互牽制機能の低下につながるおそれがある。

住民投票の対象については、国の固有の権限に含まれる事項は原則として除外され、地方や住民に関係の深い事項に限られる。ただし、実際には、原子力発電所の建設や、米軍基地整理縮小の賛否を問う住民投票のように、地方住民の利益や権利と深く関わる一方、国に固有の政策に関するものもみられる。こうした事項に関しては、住民投票が諮問型であり、住民の意思を国の政策に反映させる目的で意思を示すことは、地方自治の本旨（住民自治）からしても本来可能とされる（辻村 2018: 513)。

また、条例により議会の代わりに町村総会を設けることを認める地方自治法の規定については、おおむね合憲とみられている。しかし、議会での討議を介さない民意による決定は代表民主制の本質に反すること、常設議会による執行府統制の廃止は特に執政権者としての長の独裁を招くという観点に立てば、違憲との疑いもある（大津 2018: 421)。

直接民主制のための制度に関しては、積極的に導入すべきという立場も存在するが、間接民主制を採用した現行憲法の基本的立場や、政策を正当化するプレビシット的な運用のおそれにかんがみ、現状のように制約的であるべきではないかと思われる。

7 地方議会の選挙制度

砂原論文では、もっぱらいかなる政党・議員を創出するかという観点から、地方議会の選挙制度の設計が議論された。これに対して、憲法学の観点からまず検討すべきであるのは、投票価値の平等である。地方議会選挙に関して、最高裁は、投票価値の平等を強く求めながらも、地域間の均衡を図る地方議会の裁量を幅広く認めるなど、一票の較差を緩やかに解してきた（横大道 2013: 300）。しかし、衆参両院選挙に関する一票の較差判決の変化等を踏まえ、地方議会選挙においても、より厳格に人口比例原則に従うことが求められよう（宍戸 2015: 414）。現行の都道府県議会選挙制度の下であれば、まず、条例で定められる各選挙区の議員定数と選挙区割りが問題となる。続いて、人口比例原則の例外を認める選挙区（特例選挙区）のような法律（公職選挙法）レヴェルの規定が検討の対象となる。

また、選挙制度のあり方は、たとえば、選挙区割りと議員定数が地方公共団体全体の利害と各選挙区の利害のいずれを重視するかに影響を及ぼす（砂原 2012: 31）など、地方議会における代表の性格も左右し得る。さらに、政党との関係では、（国レヴェルの制度に比して）地方議会の選挙制度が、政党が中心的役割を果たすことを想定していない制度だとして、少なくとも都道府県のレヴェルでは小選挙区制や比例代表制の導入を検討すべきとの指摘がある（毛利 2008: 189）。他方、公職選挙法や地方自治法の定める選挙に関する規定について、全国標準モデルとしての意味しかなく、地域の実情に応じた修正の余地を認めるべきとの解釈（渋谷・高橋 2003: 255）をとれば、地方議会の選挙制度の多様化が可能となる。

以上の議論を踏まえつつ、議院内閣制（的な運用）をとらず、当該地方公共団体全体を代表するものとすれば、たとえば都道府県議会の選挙制度はひとまず比例代表制との親和性が高く、それを基盤としながら、地方議会が当該制度を修正できる余地を増やすという方向がさしあたり望ましいのではないかと考える。

［附記］本稿の意見にわたる部分は、筆者の私見である。

参考文献

赤坂正浩 2005「代表民主制と国民投票・住民投票」赤坂正浩・大沢秀介・井上典之・工藤達朗『ファーストステップ憲法』有斐閣.
芦田 淳 2019「イタリアにおける州および地方団体の自治」大津浩（編）『分権改革下の地方自治法制の国際比較─地方自治法制の新たなパラダイムを求めて』有信堂.
芦部信喜（高橋和之補訂）2019『憲法〔第7版〕』岩波書店.
大石 眞 2014『憲法講義I〔第3版〕』有斐閣.
大津 浩 2014『分権国家の憲法理論─フランス憲法の歴史と理論から見た現代日本の地方自治論』有信堂.
────2016a「分権改革の行方と『地方自治の本旨』解釈」憲法問題27号.
────2016b「『便乗改憲』と地方自治」地方自治職員研修691号.
────2018「第8章　地方自治」辻村みよ子・山元一（編）『概説　憲法コンメンタール』信山社.
────2019「憲法規範としての補完性原理の可能性」公法研究81号.
岡田信弘 2004「『地方自治の本旨』の再定位」高見勝利・岡田信弘・常本照樹（編）『日本国憲法解釈の再検討』有斐閣.
木下昌彦 2015「民主的実験としての地方分権─現代社会における統治機構の新たな展望」佐々木弘通・宍戸常寿（編）『現代社会と憲法学』弘文堂.

櫻井敬子 2001『財政の法学的研究』有斐閣.
鴫野幸雄 1987「憲法学における『地方政府』論の可能性」金沢法学29巻1・2号.
宍戸常寿 2015「地方議会における一票の較差に関する覚書」岡田信弘・笹田栄司・長谷部恭男（編）『憲法の基底と憲法論―思想・制度・運用』信山社.
――― 2018「『憲法改革』としての立法プロセスへの地方の参画」総務省『地方自治法施行七十周年記念自治論文集』総務省.
渋谷秀樹 2006「地方公共団体の組織と憲法」立教法学70号.
――― 2013『憲法〔第2版〕』有斐閣.
――― 2017『憲法〔第3版〕』有斐閣.
――― 2019「日本の地方自治に適した制度改革」都市問題110巻4号.
―――・高橋滋 2003「地方自治―憲法との対話」宇賀克也・大橋洋一・高橋滋（編）『対話で学ぶ行政法』有斐閣.
上代庸平 2011「愛知編『財政優等生』の試練―地方財政の危機に立ち向かうための憲法理論」新井誠・小谷順子・横大道聡（編）『地域に学ぶ憲法演習』日本評論社.
――― 2019『自治体財政の憲法的保障』慶應義塾大学出版会.
砂原庸介 2012「地方議会における選挙制度改革」地方自治職員研修45巻1号.
高見勝利 2017「『全国民の代表』と『地方の府』」法律時報編集部（編）『戦後日本憲法学70年の軌跡』日本評論社.
多田一路 2019「第8章　地方自治」只野雅人・松田浩（編）『現代憲法入門』法律文化社.
田村　秀 2018「シティ・マネージャー制度導入に関する一考察」総務省『地方自治法施行七十周年記念自治論文集』総務省.
辻村みよ子 2018『憲法〔第6版〕』日本評論社.
辻山幸宣 2018「地方自治の現在」日本自治学会事務局（編）『2017年度活動報告集―シンポジウム・研究会』日本自治学会事務局.
野中俊彦・中村睦男・高橋和之・高見勝利 2012『憲法Ⅱ〔第5版〕』有斐閣.
林　知更 2013「憲法における自治と連邦」地方自治788号.

原田一明 2007「日本国憲法が規定する『地方自治の本旨』」兼子仁先生古稀記念『分権時代と自治体法学』勁草書房.
原田尚彦 1975「地方自治の現代的意義と条例の機能」ジュリスト増刊総合特集『現代都市と自治』有斐閣.
毛利 透 2008「選挙制度改革」大石眞・石川健治（編）『憲法の争点』有斐閣.
山本龍彦 2013a「徳島市公安条例事件判決を読む―『コンテクスト』としての分権改革」法学セミナー58巻1号.
――― 2013b「第92条」戸松秀典・今井功（編）『論点体系 判例憲法3』第一法規.
横大道聡 2013「第93条」「第94条」戸松秀典・今井功（編）『論点体系 判例憲法3』第一法規.

おわりに――統治の「理学」と「工学」、その分断を超えて

『統治のデザイン』と銘打つ本書を編むに際して、まず頭をよぎったことは、政治学者の故根岸毅がこだわった、学問における「理学」と「工学」の区別である。[1] 根岸の区別をごく簡略に述べれば、「理学」とは、「これはこうなっているが、なぜそうなるのか?」との問いを自身の興味に応じて探究することであり、それに対して、「工学」とは、「本来これはこうあるべきなのに、なぜそうならないのか?」という「問題解決の意図」をもって探究されるものである。彼によれば理系・文系の区別よりも、学問にとって本質的なのは、この「問題解決の意図」をもって発せられる問いかどうかの区別、すなわち「理学」と「工学」の区別である。が、根岸は、この区分と同時に、自然科学と社会科学の違いに触れ、自然科学においては、知識の問題解決への還元が当たり前のようになされている(「理学」と「工学」の連携がとりやすい)のに対して、社会科学では問題解決と学問的営為が分断される傾向にある(「理学」と「工学」が連動しない)と指摘している。[2]

(1) 根岸毅「政治学とは何か」萩原能久ほか(編)『国家の解剖学――政治学の基礎認識』(日本評論社、1994年)所収。根岸による「理学」と「工学」の区別についての簡単な紹介は、駒村圭吾「根岸政治学に関する若干の考察――私的回顧と憲法学からの管見」法学研究77巻12号(2004年)57頁以下。

(2) 根岸・前掲注(1)41頁。

加えて、根岸は、次のようなことも指摘する。(3)

社会科学の分野の研究者は、みずからの研究に被せる形容詞の「規範的」を、一種独特の優越感をもって使ってきたように思われる。

このような指摘は、社会科学の一分野である憲法学によくあてはまりそうである。一般に法学は「実学」に分類され、社会還元や社会実装をにらんだ学、つまり問題解決のための学とみられている。しかし、理論研究や歴史研究が必ずしも「工学」的営みに直結しないような印象を与える部分も、確かに憲法学にはあるようにも思える。この点、価値中立の標榜が利害対立のうずまく「問題の現場」への接近をためらわせたり、あるいは「批判の学」と「構築の学」という二項図式において自らの軸足を前者に置いたりするようなことと関連しているのかもしれない。ただ、訴訟という「問題の現場」での憲法実現を射程に据える人権論においては、学問と問題解決が直結しているとも言えるだろう。他方、本書の考察対象である統治の分野では、後述するように、「権力分立」「主権」「代表」をめぐる理論研究が（とりわけかつては）絢爛豪華になされてきたものの、その成果が具体的な制度設計、そしてそれを通じた統治課題の解決にしっかりと連結していたかと問われれば必ずしも胸をはって是なりとも言えない。こうした点が、政治家・政治学者などからみれば、統治のデザインにおいて憲法学（者）は「神学的だ」「現実と遊離している」「専門家でもないのに口出しするな」と映るのかもしれない。もちろん、憲法学が憲法学である以上、利害が錯綜する「問題の現場」から超然とした地平に立つ、「規範の学」としてのアイデンティティは死守すべきである。その上で、規範的視点を維持しつつ、統治の原理や概念をいかにして制度形成に反映させ、社会実装を考えるのか、その思考の拡がりを見定めたい、これが憲法側編者の目論見であった。

＊　＊　＊

とは言え、やや混ぜっ返しになるかもしれないが、本書の編集ならびに執筆のための研究会を通じて、統治のデザインについての具体的な制度設計提案を、案外、憲法学の側もこれまで多様に提示してきたことが改めてよくわかった。それを覚書風に整理しておくことで「おわりに」に代えたい。

デザイン＝設計とは、個々の「制度」の設計にとどまらず、制度の複合である「システム」において、システム固有の要請に基づき、個々の制度と制度の間をどのように結びつけるのかを考えることも受け持つ作業である。固有の決まりごとの束を「制度」とみるならば、制度の束を「システム」と呼び、ある種の入れ子構造で捉えるわけである。統治のデザインは、個々の統治制度をそれが属するシステム内での整合を考えて設計しなければならないが、同時に、システムには

（3）根岸毅「規範的な議論の構成と必要性」法学研究70巻2号（1997年）26頁。

競合性・階層性があるため、同一次元にあるシステム相互間の水平的整合性さらに上位システムとの垂直的整合性が問題になる。もちろん、本書の各論稿がこのターミノロジーに従っているわけではないが、ここでは統治の設計という作業の拡がりをイメージしていただければ十分である。憲法は、通常、統治のシステム・制度構築の「設計図」とみられているが、上記のような拡がりで考えれば、上位システムからみると、また、憲法もひとつの「構築物」であり、いくつもの制度を束ねているシステムである。

このような統治のシステムや制度について、具体的な設計提案は個々の論稿を再読いただくこととして、設計にあたって憲法学が考えるべきことに関し、本書から得られる示唆を、以下、書き留めておく。

1．権力分立という「基本設計」の再設計 ——「分立から配分へ」、「権力から機能へ」

近代憲法の要諦を定義した文書として、1789年のいわゆるフランス人権宣言が挙げられ、その16条が「権利の保障が確保されず、権力の分立が定められていない社会は、憲法を持たない」と定めていたことは、まずどの基本書にも書かれている大前提である。権力分立こそは憲法の基本設計中の基本設計であると信じられてきた。日本においては、これに内閣と議会の関係性に関する基本設計が加わり、「議院内閣制と権力分立」という大きな枠で統治の基本構造が語られてきた。ところが、議院内閣制を行政権と立法権の融合とみる立場（第4章Ⅰ・竹中論文）からすれば、この構造枠は、〝分離〟と〝融合〟を同時に求める二律背反に帰してしまう。したがって、ウェストミンスター型の統治構造への変容が語られるなか、行政権の肥大化・拡大を非難するのに「権力分立」を論拠にしたところで生産的な批判にはならない。行政権の肥大化そのものを批判する論法が求められる（竹中論文）。このように、権力分立は設計図として役に立たなくなりつつある。否、役に立たないだけではなく、基本設計としての権威性があるために、統治制度を有効に批判することを妨げており、有害ですらある。

これに対する（少なくとも本書における）憲法学の反応はアンビバレントである。第一に、憲法学は、制度の構築にあたり、権力分立を額面通りに反映させないと割り切っているようにみえる。権力分立を解釈の決め手とするのではなく、具体的な個別条文に照らして制度形成を図る戦略が提案されている（第4章Ⅱ・横大道論文）。すなわち、設計図としての権力分立は近代憲法の誕生においては重宝されたが、現代では後景に退き、個別条文が設計図となった。が、これだけではシステムを失い、個々の制度の乱調を来す恐れがある。第二に、憲法学は、「議院内閣制と権力分立」の「緊張関係」を肯定的に受け止め、〝権力融合〟と言い切ることには躊躇してきた側面がある（第3章Ⅱ・村西論文）。与党と内閣の一体化を前提にしてしまうと、国会という機関の存在意義が無効化してしまう。なので「自己の意思にのみ従う自律的な国民代表としての自覚」（村西論文）を国会議員にもたせたい——とりわけ、「国会の行政統制機能」の実効化との関係でこのような梃を残しておきたい——、と。「議院内閣制と権力分立」の緊張関係をどうにか措定し続けることが、「国会の行政統制機能」の夢を色褪せなくするための憲法学の戦略であったということになる（村西論文）。ついでに付け加えておくと、本書の各所でたびたび登場してくるのが、この「議院内閣制」という設計図のもつ整合性なき多義性と、「国会の行政統制機能」の制度的・手続的整備とその実効化という悲願である。つまり、どうにかしなければと皆思っているが、どうにもなっていないのが現状ということであろう。

では、なぜ、こうなってしまうのか。

権力分立は、「作用法的側面」（国家作用の分類）と「組織法的側面」（その組織的分属）の両面からなる統治の設計図である。この設計図を特に「三権分立」と呼ぶ場合、そこには、特定の作用は特定の組織機関に一対一対応で分属するというイメージがどうしても生まれてくる。しかし、そもそも国家作用を三つに整然と整理できるわけではないし、解散など所属不明の作用もあると憲法学ではたびたび指摘されてきた。近時では、「執政」という概念も改めて脚光を浴びるようになっている。そして、もうひとつ改めて関心が集まっているのが、本書第6章でも扱われている「財政」である。作用や機関の領域を横断する「よこぐし」である財政（権）は「三権とは異なる何か」とされつつも、権力分立的思考回路によって、作用法的な考察（予算の法的性質論）と組織法的考察（国会と内閣の権限関係）に議論が集中してきた（第6章Ⅱ・片桐論文）。そして、財政国会中心主義という明治憲法とは対照的な新原則を念頭にこれらを議論する傾向の中、「赤字バイアス」の危険にあふれている民主過程にこれを掌握させる方向がとられてきたのである（第6章Ⅰ・

上川論文)。こうした従来の財政の憲法論は、今やリアリティに欠け、要するに、役に立たないものになっている(片桐論文)。

統治の作用や組織を単純に裁断せずに、むしろ作用と組織(手続)が複雑に入り組むことを念頭に置き、その絡み合いを整序する「権力配分(distribution of powers)」の原理を構想する必要がある。さらに、他方で、メインの作用とサブの作用が多様に配分され、また、主管と共管が入り組んでいるにもかかわらず、なおそれを「国会」というひとつのシステムとして束ねている設計思想はどのようなものであるかも解明されなければならない。これは「内閣」や「裁判所」というシステムにも言えることである。

もうひとつ触れておきたいのが、「機能分離(separation of functions)」である。国家作用の統治部門間での配分ではなく、「専門性」、「準司法性」、「合議機関性」など機能の側面に照らして、指揮命令の階層的ヒエラルヒーから職権行使上の独立性を認め、部門内・機関内分立を構想する設計原則である。周知の通り、これらは、独立行政委員会の合憲性の問題と関連して日本でも伝統的に議論されてきたものである(「機能分離」はアメリカにおける独立機関をめぐる議論の中で言及される概念である)[4]。近時争点となった、安倍内閣における内閣法制局長官人事の問題や検察庁法改正

(4) 駒村圭吾『権力分立の諸相—アメリカにおける独立機関問題と抑制・均衡の法理』(南窓社、2000年)217頁。

問題なども、これに関連する。また、本書でも、「専門性」の観点から、独立財政機関の設計（上川論文、片桐論文）、反専門技術性というトラウマを抱く裁判官・裁判所の「専門性の希薄さ」（第5章Ⅱ・櫻井論文）、などが指摘されているところである。文官と制服組の分離も機能分離の一種とみることも可能であるが、統帥権独立問題などへの対処の観点からもっと別次元の設計思想を持ち込む必要があろう（第1章Ⅱ・富井論文）。

以上のように、権力分立という設計図は、「分立から配分へ」、「権力から機能へ」という方向も加味して再設計する必要がある。

2. 国民内閣制論

本書第2章、第3章、第4章がそれぞれ意識している設計提案に「国民内閣制」（高橋和之）があるので、ここでそれに触れておきたい。

国民内閣制は、代表概念のイデオロギー的性格を批判するという、日本憲法学説の伝統的流儀に立ち返り、代表概念を魔術化せずに制度の社会実装を意識した議論であったと整理することもできる。他方で、この提案は、国家作用を《立法→行政》という、同じ「法の実現」のグラデーションの中で語ってきた〝あいまいな権力分立〟を、内閣による「アクション」と国会による「コントロール」という様相で再構成しようとする試みでもあった。つまり、代表論だけではなく、権力分立論に対してもその再設計をにらんだ議論であったと言えよう。

しかし、「コントロール」と言っても、単独小選挙区制を通じて事実上の首相選択を行う選挙制度の下で、議会少数派である野党がどれだけ有意義な批判（とそれを通じてのコントロール）ができるかが直ちに問われることになろう（横大道論文）。つまり、「政府与党」という表現が象徴しているように、政府と議会多数派は一体であるという実態が当然視されている中で、一体どのように「コントロール」の実効性を確保できるのだろうか。ここでも、「国会による行政統制機能」をどのように設計するかが問われることになる（議会制との関係で、村西論文参照。また、自衛隊の出動に対する国会の事前・事後の承認との関係で、富井論文参照）。

3. インプットの過剰、アウトプットの過少

基幹的政治制度は、国民からの「委任」を前提に、それに「応答」する責務がある。代表制あるいは選挙制度の構築において、「理想的な委任」とは一票の格差がない平等な民意の伝達であることが前提とされてきたが、他方で、「理想的な応答」とはなんであったか。憲法学が、一票の平等を喧伝しながらも、それが「政治家に利益配分の平等を実現させるだけのプレッシャーはもち得ていない」現状を念頭におけば、応答のあり方が果たして真剣に議論されてきたのかと疑いの目を向けられてもやむを得ないところがある（第2章Ⅰ・大村論文）。入力さえうまくいけば、出力は自動的に保証されると考えてきたフシはないか。そもそも、出力についてどうあるべきかを設計に盛り込んできたのか。代表制の構築にとどまらず、一般に、制度設計と制度構築における〈イ

ンプットの過剰、アウトプットの過少〉（大村論文）は、統治のデザインにとって重要な問題提起である。この点、①インプットの設計は、アウトプットを規律できるようになされなければならないし、また、②アウトプットが実際にどのような帰結をもたらしているのか、その現実的妥当性の観点から制度の帰結を反省的にフィードバックすることが求められよう。

憲法学は、おそらく、インプットとアウトプットの間にどのような（規範的）インテグリティを構想できるかを中心に考えてきたと思われる。「投票価値の平等」を入力と出力を通貫するインテグラルな規範的要請とおいた場合、政治制度における委任の平等性だけでは応答の平等性が歪められていることへの対応が手薄になるとの指摘（大村論文）に対して、たとえば、参議院の場合は二院制からくる参議院固有の存在意義という別のインテグラルな規範的要請があると応ずることによって、歪みが生じることをある程度説明することが可能になろう（第2章Ⓘ・吉川論文）。が、投票価値の平等も参議院の意義もそれ自体では抽象的な要請であるから、応答に対する評価をあとづけするだけのものにとどまりかねない。もっとも、規範の学たる憲法学からすれば、あとづけであろうが何であろうが規範的インテグリティを示し得ることが、まずもって意味のあることなのかもしれない。とは言え、規範が貫徹しているという意味での〝法的安定性〟のみならず、規範の運用・実現の〝現実的妥当性〟も併せて求められるのは、法学入門で最初に習う当然の前提となっている。憲法学を設計の学とみるのであれば、現実的妥当性への配慮は、設計という営みにとっては重大な反省的回路を提供するものと思われる。

4. 憲法の内と外

統治の設計をする際、憲法を超える思想的資源、憲法に先行する体制選択、憲法より上位にあるシステムや規範体系、等々に立脚点を求めなければならない場合がある。これは「憲法」という概念を拡張するのであればいざ知らず、憲法典ないし実定憲法を基点にして考えれば、「憲法の外」に制度・システムの準拠点を設けるということを意味する。

たとえば、司法システムを「この国のかたち」の中に位置づけて設計すべきであるという提案（第5章①・浅羽論文）があるが、これは司法という法システムを歴史・国民感情・社会実態の中でそのあるべき姿を考えることを含意するが、直接的には、司法を自己完結したシステムではなく統治の全体像の中で考えようという提案である。確かに、戦後司法システム運用の歩みを振り返れば、「この国のかたち」の一翼を担っていたと言い得る歴史的瞬間を散見できる（石田コートにおける司法反動化、等）。ただ、普遍的規範をいただいた「法の支配」の砦である司法を、特殊日本的な物語の中に定位させて考えることは、その存在意義を阻喪する可能性がある。

次に、本書第7章の地方自治をめぐる再設計提案も、憲法内での議論ではかたがつきそうもない。憲法92条の「地方自治の本旨」という文言そのものはシンプルであるが、住民自治と団体自治に解釈上分岐されて語られてきた。そのさらなる具体化と憲法への明記の可否が論じられているが、他方で、国家と地方自治体の関係、特に権限移譲・税源移譲の規模や質を考える際、「国家」そのもののあり方をデザインしなければならない。「連邦国家」「単一国家」そして「いずれでもない第三の国家類型＝地域国家」（第7章Ⅱ・芦田論文）といった国家のあり方の選択が問題になる。が、そもそもこれらの類型を「選択する」ことは可能なのか。選択することができるとしても、それは憲法（改正？解釈？）によってなし得るのか。体制選択を人為的にやり直すとしても、解釈変更や改憲には相当の労力を要するだろう。そうなると別の観点からの入力が必要になる。それは、国家と地方の間における政治的意思の媒介を強化するという、民主主義からの入力である。右の権限配分問題を政治的意思の媒介者の力に委ねるわけである。この線で議論されているのが参議院改革であるが、他方で、政党という媒介が地方発信の政治的意思を国に伝達する役割の強化も問題提起されている（第7章Ⅰ・砂原論文）。この点、知事や市長がリードする「首長政党」の存在感が増しているところである（砂原論文）。

さらに、安全保障は、様々な憲法外との対話が不可欠な領域の最たるものであろう。執政作用の極致である軍事的安全保障は、統帥権の独立の例もあるように通常の統治機構から独立して（あるいは憲法外の政治現象として憲法規範から自律して）構想されがちである。この点、安全保障を《憲法の中に取り込む》という基本的決断をし、「憲法保障としての安全保障」という枠を基本設計にするアイディアが提示されている（富井論文）。こうして、統帥権独立論のように軍事力を民主的統制の外に置き、かつ、超憲法的な天皇の直轄下に置いて、総じて憲法外に別置する道は避けられた（もちろん、軍事力そのものを放棄して憲法の外に排除するオプションもある）。もっとも、憲法の内に軍事力を招き入れることは、憲法保障としての安全保障の目的である人権が、まさに安全保障の名による制限を受けるというジレンマを招き入れることも意味する。

そうは言っても、安全保障という事柄の性質上、別の外部、つまり、国際法規という外部規範体系、そして日米安全保障条約体制という外部システムとの連絡が不可欠となってくる。国連憲章、国際人道法、国際人権法、武器使用とＲＯＥ（交戦規範）、等々が問題となり（富井論文）、それゆえ安全保障のシステム設計は日本国憲法内で完結しない。また、安全保障システムの設計図のど真ん中に位置するのは、言うまでもなく、憲法9条であるが、この9条が何を意味するのかについては依然として解釈対立が続いている。そのため、9条を差し置いて、個々の事態に対応した法制度が形成され積み上げられていくという「事態主義」がとられているのが日本の現状である（第1章Ⅰ・楠論文）。もちろん、これらの個別法制度は、9条を差し置くとしても、日米安保という外部システムとの整合を図らねばならない。この日米安保システムは日本が当事国ではあるが、国内憲法の手が直接及ばないものであり、設計図が描きにくいところである。内容の定まった規範的指導原理（9条）を欠き、多くの国家非常事態を想定して各種事態法が乱立する中で、その〝場当たり的な対応〟にもかかわらず国民が不安と懸念を強めないのは、日米安保という外部システムの所与性と不動性がもたらす安心感のゆえかもしれない。

5．設計の空洞化——タテマエの呪縛、二重機能問題、人事

議院内閣制という制度設計の問題性はすでにみてきたところであるが、内閣と国会の緊張関係という設計思想はいまや「タテマエ」（片桐論文）にすぎなくなっており、両者一体的な運営実態を前に有効ではなくなっている。要するに、議院内閣制ないし権力分立という「基本設計」そのものが「タテマエ」に堕してしまい、また、その「タテマエ」にいまだに〝呪縛〟されているがために、制度構築がリアリティに欠け、もはやタテマエとしてすらも役に立たなくなっている可能性がある。このような場合、設計図を描き直すか、あるいは「タテマエ」通りにやってもらうか、の選択を迫られることになるだろう。その流れで、憲法改正ももちろん浮上してこようが、議院内閣制の〝顕教〟と〝密教〟のいずれに軍配を上げるのか、それ自体のしっかりとした見極めと、付随する諸論点に関する目配せ（行政統制機能の実質化、野党のコミットメントの実質化、アウトプットや具体的妥当性の検証、等）が前提となる。

また、設計図の空洞化という意味では、いわゆる「二重機能問題」も重要である。日本の司法システム、特に最高裁判所は、「憲法保障機能」（違憲審査機関）と「法律審機能」（法律最上級審）が二重になって設計されており、これらを切り離さないとどちらも不完全燃焼に終わる可能性が指摘される（櫻井論文）。

加えて、4で触れた「事態主義」も問題である。設計図の中に整合のとりにくい複数の任務が

記されていることからくる右の「空洞化」とは質を異にするが、「事態主義」は設計図（この場合は9条）そのものが解釈対立によって空転しているので、個別緊急事態に対応するかたちで制度が次々に積み上げられていくというタイプの空洞化である。そのような規範の欠如が憲法のまさに所期するところであればいざ知らず、そうでなければ、やはり「空洞化」の一例となるだろう。

さらに、設計図を空洞化させるものに「人事」がある。統治を左右するのは、制度・システムなのか、人なのか、という問題である。この点は、本書でも随所で問題提起されていた（文民統制については富井論文、内閣人事局等については竹中論文・横大道論文、裁判官人事については浅羽論文・櫻井論文、独立財政機関については上川論文）。近時話題の内閣法制局や検察庁の人事問題も含めて、慣例に委ねるのではなく、設計段階で人事の権限配分や手続についてしっかりと構想しておく必要があろう。

6．設計図としての憲法

憲法を制度やシステムの設計図とみた場合、基本的には、かかる設計図に従って、きちんと具体的制度形成がなされているか否か（つまり違憲・合憲の判定）を行うことになるだろう。他方で、設計図としての憲法そのものを問題にする視点も重要である。設計図の規律密度や「施工」に対する組織・手続的統制など、いずれも憲法解釈を通じてなされるが、場合によっては設計のやり直し（憲法改正）に結びつくこともあろう。

さて、たとえば、代表制に関して、「選挙制度の『正解』は一つではないので、憲法はその設計のあり方をあえて開いておいた」（吉川論文〔傍点省略〕）との指摘がある。当然、そのような設計密度の設定もあり得るだろう。このような設計の意味するところは、どんな制度設計もすべて「正解」になるというものでは必ずしもなく、一定の組織的手続的統制に服することが要請されたり、関連する他の「設計図」の要請に応答するという実体的条件が付いたりすることがあるだろう。要するに、設計図の開放性は、直ちに国会の完全なる立法裁量を意味しない。選挙制度が一義的に決まっていないだけで、一定の手続と実体的要請に従った〝制度コンペ〟がなされることになると思われる。

では、制度コンペは何に準拠してなされるのか。違憲・合憲の二値的な規範的裁断ではなく、「憲法上の望ましさ」という評価軸を立てることも一案かもしれない（吉川論文）。制度構築に開かれた（?）設計図の下、〝正解候補〟の制度提案を「憲法上の望ましさ」との遠近で比較査定するのである。権利侵害の争いに黒白をつけるのと異なり、統治の設計を規整する仕方としてはこちらの方が適切かもしれない。が、代表制・選挙制について言えば、比較査定に使われてきたのは、「国民代表概念」や「主権論争」であった。が、これらの概念は、対極的な見解対立を含み、また、政治の実態を隠蔽するある種のイデオロギー的性格を有すると批判されてきた前歴がある。「望ましさ」を尺度にするとしても、憲法がどういう方向を望ましいと想定しているのか、学説の刈り込みが必要である。

7. 利益相反

憲法が正解の見えない設計図を描いている場合、制度形成を実体的に統制することが困難であれば、やはり考えられるのは、組織的・手続的な統制を図ることであろう。この点、制度形成における「利益相反性」（吉川論文）が考慮されるべきである。選挙のルールに縛られる国会議員が選挙のルールを決めるという仕組み――しかも実体的統制が希薄なまま、広汎な立法裁量を与えられて――は典型的な利益相反と言えるかもしれない。こうした観点から、先に述べた機能分離の考え方なども視野に入れつつ、立法過程の丁寧な設計が行われるべきである。この点は、行政過程も同様であろう。憲法73条1号の「法律を誠実に執行し、国務を総理すること」（傍点筆者）は、利益相反の回避を含意していると解釈する余地がある。このような観点から、行政委員会をはじめとする国家行政組織法に言ういわゆる3条委員会の設置を再検討することもできよう。

8. 制度の解体

設計の出来にかかわらず、制度は経年劣化する。いったん制度が出来上がると、様々な利害関係者がその周辺に既得権益を積み上げていく。劣化した建築物は解体するしかない。制度も、統治の健全性の確保から、ある年数を過ぎたら適宜解体し、へばりついた利害やマシーンを一掃することが必要になろう。

＊　＊　＊

以上、本書から統治の設計の一般論に関して筆者が得ることのできた示唆をまとめてみた。各章で言及された具体的な制度提案については、それぞれの論稿を再読していただくことをここで改めてお願いする次第である。さて、制度やシステムの構築は、基本的には法律を通じて行われる。憲法はそれに指示を与える統治の基本設計を定めるものである。もちろん、憲法を超えた制度やシステム、すなわち、国際法体系、安全保障レジーム、さらには「この国のかたち」、等も統治の設計に影響を与えている。が、国内実定法の最高規範である憲法が制度構築にとって最大の基本設計であることは間違いない。憲法を無視するわけにはいかず、やはり、憲法にしっかりしてもらわないとならないのである。とは言え、最大の基本設計だからといって、無謬であるわけではないし、劣化と無縁であるわけではない。構造計算の誤りだってあるかもしれない。したがって、統治の設計ミスが主題化されれば、当然、憲法改正という事態もあり得る。統治の設計という企てにとって、憲法改正という選択肢を自動的に排除する理由はない。が、同時に、憲法改正に固執する理由もまたないのである。

制度やそれらの束としてのシステムが、重層的に絡み合う統治の構造体のどこをどう点検し、手直しするのかは、健全で実効的な統治を実現するという観点からなされるべきであり、〝憲法に手をつける〟ことを目的化したり、あらかじめ禁じ手にしたりすることは、「健全で実効的な統治」の実現をはなから放棄するに等しい。憲法が重要な法システムであり、憲法改正がもっとも重いイベントであることは確かであるが、それも統治の制度やシステムの一部にすぎない。そういう地平を開くことが本書の目的である。

2020年5月

編者を代表して

駒村 圭吾

編者・執筆者一覧（執筆順）

◎**駒村圭吾**（こまむら・けいご）▼1960年生まれ。慶應義塾大学大学院法学研究科博士課程単位取得退学。博士(法学)。現在、慶應義塾大学法学部教授。主著として、『憲法訴訟の現代的転回―憲法的論証を求めて』(日本評論社・2013年)。

◎**待鳥聡史**（まちどり・さとし）▼1971年生まれ。京都大学大学院法学研究科博士後期課程退学。博士（法学）。現在、京都大学法学部教授。主著として、『首相政治の制度分析―現代日本政治の権力基盤形成』(千倉書房・2012年)。

◎**楠　綾子**（くすのき・あやこ）▼1973年生まれ。神戸大学大学院法学研究科博士後期課程修了。博士（政治学）。現在、国際日本文化研究センター准教授。主著として、『占領から独立へ　1945〜1952』(吉川弘文館・2013年)。

◎**富井幸雄**（とみい・ゆきお）▼1960年生まれ。米インディアナ大学ブルーミントン校法科大学院修士課程修了（LL.M.（法学修士））。現在、東京都立大学法科大学院教授。主著として、『海外派兵と議会―日本・アメリカ・カナダの比較憲法的考察』(成文堂・2013年)。

◎**大村華子**（おおむら・はなこ）▼1980年生まれ。京都大学大学院法学研究科法政理論専攻修了。現在、関西学院大学総合政策学部教授。博士（法学）。主著として、『日本のマクロ政体―現代日本における政治代表の動態分析』(木鐸社・2012年)。

◎**吉川智志**（よしかわ・ともし）▼1991年生まれ。慶應義塾大学大学院法学研究科後期博士課程単位取得退学。現在、帝京大学法学部助教。主要業績として、「米国における選挙法学の誕生」法学政治学論究108巻（2016年）127〜162頁。

◎**松浦淳介**（まつうら・じゅんすけ）▼1980年生まれ。慶應義塾大学大学院政策・メディア研究科博士課程修了。博士（政策・メディア）。現在、慶應義塾大学法学部専任講師。主著として、『分裂議会の政治学―参議院に対する閣法提出者の予測的対応』(木鐸社・2017年)。

◎**村西良太**（むらにし・りょうた）▼1980年生まれ。九州大学大学院法学府博士後期課程単位取得退学。博士（法学）。現在、大阪大学大学院高等司法研究科准教授。主著として、『執政機関としての議会―権力分立論の日独比較研究』(有斐閣・2011年)。

◎**竹中治堅**（たけなか・はるかた）▼1971年生まれ。米スタンフォード大学修了(Ph.D.（政治学）)。現在、政策研究大学院大学教授。主著として、『参議院とは何か　1947〜2010』(中央公論新社・2010年)。

◎**横大道聡**（よこだいどう・さとし）▼1979年生まれ。慶應義塾大学大学院法学研究科博士後期課程単位取得退学。博士（法学）。現在、慶應義塾大学大学院法務研究科教授。主著として、『現代国家における表現の自由―言論市場への国家の積極的関与とその憲法的統制』(弘文堂・2013年)。

◎**浅羽祐樹**（あさば・ゆうき）▼1976年生まれ。韓国ソウル大学大学院修了（Ph.D.（政治学））。現在、同志社大学グローバル地域文化学部教授。主著として、『知りたくなる韓国』(有斐閣・2019年)。

◎**櫻井智章**（さくらい・ともあき）▼1977年生まれ。京都大学大学院法学研究科博士後期課程修了。博士（法学）。現在、甲南大学法学部教授。主著として、『判例で読む憲法〔改訂版〕』(北樹出版・2019年)。

◎**上川龍之進**（かみかわ・りゅうのしん）▼1976年生まれ。京都大学大学院法学研究科博士後期課程修了。博士（法学）。現在、大阪大学大学院法学研究科教授。主著として、『電力と政治―日本の原子力政策全史（上・下）』(勁草書房・2018年)。

◎**片桐直人**（かたぎり・なおと）▼1977年生まれ。京都大学大学院法学研究科博士後期課程単位取得退学。博士(法学)。現在、大阪大学大学院高等司法研究科准教授。主要業績として、「財政・会計・予算」法律時報88巻9号（2016年）4〜13頁。

◎**砂原庸介**（すなはら・ようすけ）▼1978年生まれ。東京大学大学院総合文化研究科博士後期課程単位取得退学。博士(学術)。現在、神戸大学大学院法学研究科教授。主著として、『分裂と統合の日本政治』(千倉書房・2017年)。

◎**芦田　淳**（あしだ・じゅん）▼1970年生まれ。成城大学大学院法学研究科法律学専攻（博士課程後期）修了。博士（法学）。現在、国立国会図書館調査及び立法考査局主査。主要業績として、「イタリア共和国憲法における『地域国家』と連邦制」憲法理論研究会（編）『対話的憲法理論の展開』(敬文堂・2016年）203〜215頁。

【編　者】
駒村 圭吾　慶應義塾大学法学部教授
待鳥 聡史　京都大学法学部教授

統治のデザイン――日本の「憲法改正」を考えるために

2020（令和２）年７月15日　初版１刷発行

編　者　駒村圭吾・待鳥聡史
発行者　鯉 渕 友 南
発行所　株式会社 弘 文 堂　101-0062 東京都千代田区神田駿河台１の７
TEL03(3294) 4801　振替00120-6-53909
https://www.koubundou.co.jp

装　幀　宇佐美純子
印　刷　大 盛 印 刷
製　本　井上製本所

ISBN978-4-335-35831-9